法律与金融丛书

法律与金融

（第七辑）

《法律与金融》编辑委员会 / 组编

当代世界出版社

《法律与金融》
（第七辑）
（按姓氏拼音排列）
编辑委员会

编委会委员：

安曦萌	陈晓芳	丁　勇	韩　强	贺小勇	洪冬英	姜　影	金小野
冷　静	李诗鸿	廉　鹏	梁　爽	廖志敏	刘丹华	刘凤元	刘　婧
刘　俊	罗培新	邵　军	史红光	王　晟	肖　宇	徐晓枫	张文研
张　勇	赵　蕾	郑　彧	周　莉	朱小萍			

指导单位：

华东政法大学国际金融法律学院　华东政法大学研究生教育院

指导老师：

李诗鸿

执行主编：

蔡卓瞳

编辑：

| 曹思依 | 杜靖雯 | 龚方琪 | 黄　凯 | 蒋巧霞 | 匡敏洁 | 赖芸池 | 刘伊健 |
| 娄旭垚 | 吴术豪 | 袁晨浩 | 章鲁涛 | 张文越 | 张玉燕 | 朱　江 | |

助理编辑：

| 陈丽樱 | 党志远 | 王羽婷 | 魏乐天 | 肖　遥 | 张立勤 |

卷首语

《法律与金融》第七辑共收录12篇文章，作者既有来自新加坡国立大学、日本东北大学、中国政法大学、上海交通大学、上海大学、上海对外经贸大学、华东政法大学的本科、硕士和博士研究生，也有来自杭州市铁路运输检察院、上海市协力（苏州）律师事务所的司法实务界人士。在栏目设计上，按照文章主题将稿件分为"法金前沿""证券法制""金融刑法""公司法研究""商法论坛"五个板块。

"法金前沿"栏目专注于金融法律交叉学科领域的热点问题，本辑研讨主题为金融科技。张超的《论美国法下DAOs区块链资产证券监管规则的重构》一文以美国法为背景，讨论区块链自治组织DAOs的证券属性。作者基于DAOs的"先成立、后众筹"的特殊运行模式，提出两类规则设想：第一，考虑公开发行备案制下的特定信息披露规则；第二，参照以Ralston案原则指导的非公开发行制度和《144A规则》建立成熟投资者制度，促进二级市场的自由流通，平衡投资者保护和DAOs自治性，实现自由与秩序的兼容。许晨在《现行合同法背景下智能合约的定位及进路》一文中认为，应将智能合约理解为合同法中的新型合同，而非替代传统合同；为了解决与现有合同法条款的矛盾，有必要处理好技术与法律领域的关系，可考虑将法律规则编入代码中，以法律规制代码。

"证券法制"栏目坚持实践性与学术性并重，关注资本市场立法、司法的最新动态。陈汇在《再论交易型市场操纵犯罪的主观心理——基于市场操纵实质的审视》中认为市场操纵的实质是对市场行情机制的"扭曲或干预"，即不在"与资本市场的制度价值或与市场基本功能符合"的目的所支配下的交易或信息行

I

为，在不同程度上作用于市场行情的形成过程。因此，市场操纵无须"引诱交易"或"影响行情"等特定意图，仅需在主观上不以正当交易为目的。徐艺玮在《论新〈证券法〉中债券集体诉讼制度的完善》中借鉴美国债券持有人参与证券集团诉讼的相关制度，认为新《证券法》应细化债券集体诉讼代表人的相关规则，明确债券受托管理人的角色定位，并制定适当的损失赔偿规则。顾亮在《永续债性质研究及违约救济困境之纾解》中分析了金融工具列报会计准则、永续债会计处理规定，并结合永续债募集说明书主要条款，得出永续债"债性"大于"股性"的结论，其特殊性质使得违约救济出现困境。对此，该文作者建议，可通过对永续债的募集作出不同于普通债券的限制性条款，并完善持有人大会制度、债券托管人制度，更好地保障持有人利益。

"金融刑法"栏目研讨金融犯罪中的法律问题。林秋璇在《刑事"套路贷"与高利贷的界限探析——以诈骗罪的认定为切入点》中认为高利贷属于民间借贷，其本质是"逐利"，而"套路贷"是以借贷为名的犯罪行为，其本质是"侵财"。通过对诈骗罪构成要件的分析可得，区分二者的要点为：行为人是否具有欺骗行为、是否具有非法占有目的以及被害人是否陷入认识错误。熊加玲在《论内幕交易罪与利用未公开信息交易罪的法律适用》中认为现行法律体系中对于"内幕信息"和"未公开信息"的区分可能会导致法律适用上的混乱，此种区分是否应当继续进行有待商榷。我国可以在立法和司法实践中逐步明确内幕信息的范畴，将"老鼠仓"行为纳入内幕交易的规制范畴，从而避免混乱。

"公司法研究"栏目关注公司法的理论与实践问题。袁炜娜在《股权先买权的法教义学分析及展开——以〈公司法司法解释（四）〉第17、20-21条为核心》中指出，在其他股东非因自身原因无法行使先买权时，可主张《公司法司法解释（四）》第21条第2款的损害赔偿请求权，但该请求权适用范围较小，往往因因果关系不具备或可预见性限制而被排除。在《公司法司法解释（四）》第20条下，先买权人对于任意反悔转让股东可主张履行利益之损害赔偿；但在转让协议非因转让股东反悔而被撤销、解除时，先买权人仅得对转让股东主张信赖利益损害赔偿。赵颖晨在《日本股份回购制度的改革变迁与制度借鉴》中介绍了日本股份回购制度历史沿革、日本现行法律规范的宗旨与内容，并在分析股份回购经济动机的基础上，结合我国现行《公司法》在股份回购方面的修改，寻求在不破坏公司债权人、公司股东和市场利益平衡的前提下，完善制度规范、促进市场发展的更优方案。

"商法论坛"栏目运用法解释学、法经济学、比较法等研究方法回应我国商法理论与司法实践中的疑难与热点问题。何心月在《破产法视角下的决议不成立之诉》一文中认为，破产企业的债权人会议取代股东会成为决策机关，其决议同样可能存在瑕疵。因此，对此不能套用公司法的三分模式，而现行破产法以撤销申请的方式统一规范未成立的决议有其合理性。汪辰光和江雨朦在《独立保函欺诈例外适用问题的审视与反思》一文中认为，欺诈涵盖的情形需更多考量司法政策和价值理念；而欺诈认定标准的确立则应强调主观故意与客观程度。在审查范围上法院应秉持有限审查与区别审查原则；而针对兜底条款的适用则可采用"同质解释为基础，目的解释为补充"的双重解释规则。肖静在《投保欺诈下保险人法定解除权和合同撤销权适用问题研究》中分析保险人法定解除权与合同撤销权在投保欺诈情形下的最佳适用模式，结合两个权利的构成要件、法效果及制度规范进行分析，以域外立法经验作为参考，探寻两个权利并存适用的可能性及可行性，并对我国建立保险人法定解除权与合同撤销权的适用关系提出建议，减少因权利适用问题导致的矛盾。

目录

卷首语 …… I

[法金前沿]

张 超
论美国法下DAOs区块链资产证券监管规则的重构 …… 3

许 晨
现行合同法背景下智能合约的定位及进路 …… 23

[证券法制]

陈 汇
再论交易型市场操纵犯罪的主观心理
——基于市场操纵实质的审视 …… 37

徐艺玮
论新《证券法》中债券集体诉讼制度的完善 …… 61

顾 亮
永续债性质研究及违约救济困境之纾解 …… 74

[金融刑法]

林秋璇
刑事"套路贷"与高利贷的界限探析
——以诈骗罪的认定为切入点 …… 91

熊加玲
论内幕交易罪与利用未公开信息交易罪的法律适用 …… 107

[公司法研究]

袁炜娜
股权先买权的法教义学分析及展开
——以《公司法司法解释（四）》第17、20-21条为核心 …… 123

赵颖晨
日本股份回购制度的改革变迁与制度借鉴 137

[**商法论坛**]

何心月
破产法视角下的决议不成立之诉 157

汪辰光　江雨朦
独立保函欺诈例外适用问题的审视与反思 176

肖　静
投保欺诈下保险人法定解除权和合同撤销权适用问题研究 194

法金前沿

论美国法下 DAOs 区块链资产证券监管规则的重构

张 超[*]

内容摘要：美国证券交易委员会以豪威测试（Howey Test）The DAO 项目而将其纳入证券监管范围，但并未采取强制措施和制定具体规则。传统证券监管框架对以 DAOs 为典型的类证券区块链资产不具有充分适应性。本文基于 DAOs 区块链资产及市场特点与传统证券市场的比较，通过共性与个性的归纳与区分，以传统证券监管规则与原理为参考范式，构建平衡 DAOs 自治性与投资者保护的针对类证券区块链资产的证券监管规则体系。首先，基于 DAOs 的"自治的实际有限性"与风险控制，信息披露制度以及证券监管辅以技术监管存在现实必要性。其次，基于 DAOs 的"先成立、后众筹"的特殊运行模式，应考虑中心责任主体淡化与强制注册豁免。据此，本文提出如下规则设想：第一，考虑公开发行备案制下的特定信息披露规则；第二，参照以 Ralston 案原则指导的非公开发行制度和《144A 规则》建立成熟投资者制度，促进二级市场的自由流通，平衡投资者保护和 DAOs 自治性，实现自由与秩序的兼容。

关键词：DAOs　证券监管　自治性　成本与风险　私募发行

一、引言

自美国证券交易委员会（U.S. Securities and Exchange Commission，下简称

---

[*] 张超，上海澄明则正律师事务所律师助理。

"SEC")做出 The DAO 调查报告,建议将去中心化自治组织和应用(Decentralized Autonomous Organizations,以下均用 DAOs 表示)纳入证券监管后,首次代币发行可归入证券监管的观点成为一种突破,也成为对各国监管探寻的启示。[1]然而,对于 DAOs 这种以数字货币为权益计量和资产核算的自治性组织的"自治性"创想和区块链"去中心化"理念,公法介入是对之起安全框架还是抑制牢笼之用和其监管价值值得探讨。国内学者的研究大多是对相关国家的立法或监管进行探索,并提出监管建议,[2]讨论集中于分类监管、沙盒监管、穿透监管,也多少涉及证券监管之思路,[3]但都没有对具体证券监管规则进行探讨。实际上从 SEC 目前的举措而言,具体可适用的明确的证券监管规则也付之阙如。[4]因此,笔者认为在 DAOs 区块链资产证券监管思路下,应落脚于其技术特点和市场特点调整具体监管规则,以适应和规范 DAOs 区块链资产的发展与运行。故本文将区块链市场与传统证券市场在证券监管规则体系构建具有关联性的方面进行比较,其"共性"为适用传统证券监管规则或原理的基础,"个性"则意味着传

---

[1] 2017 年 7 月,SEC 对 The DAO 项目进行调查,并发布 Report of Investigation Pursuant to Section 21(a) of the Securities Exchange Act of 1934: The DAO (Release No. 81207),将其纳入证券监管,这是 SEC 对数字货币监管实施的重大举措,对各国监管动向均有较大影响,具体内容见下文分析。

[2] 付蓉:《数字货币监管的国际经验借鉴和启示》,载《金融科技时代》2017 年第 2 期。文中指出各国监管主要集中于信息和道义劝告、准入监管、立法监管、反洗钱监管以及完全禁止。温信祥、陈曦:《如何监管数字货币》,载《中国金融》2017 年第 17 期。文中指出数字货币监管主要表现在以下五个方面:对数字货币的法律性质进行归类;监管 ICO;许可证制度;反洗钱法规;减免比特币交易税或制定监管豁免特权。范薇、王超、谢华:《美国数字货币反洗钱监管》,载《中国金融》2017 年第 10 期。刘蔚:《基于国际经验的数字货币发行机制探索与风险防范》,载《西南金融》2017 年第 11 期。贺同宝:《国际虚拟货币监管实践研究》,载《北京金融评论》2018 年第 3 期。文章对美国、日本、新加坡的虚拟货币监管现状进行分析,提出制定规则纳入审慎监管框架、业务穿透原则对 ICO 进行监管以及重点关注反洗钱、税收及消费者权益保护三点监管建议。

[3] 参见贺同宝:《国际虚拟货币监管实践研究》,载《北京金融评论》2018 年第 3 期,第 3-5 页。

[4] 实际上,SEC 对于 The DAO 项目的测试所得出的"可纳入证券监管的"报告监管指向性模糊,具体的证券监管规则和消费者指南仍悬而未决。如此,对于区块链市场投资者而言具有巨大的法律风险,区块链市场需要一份指南。而 SEC 委员海丝特·皮尔斯(Hester Peirce)于美国时间 2019 年 2 月 11 日在密苏里法学院提到 SEC 正在研究"补充性的指导方针"以更好地引导和保护投资者。而早在 2018 年 11 月,SEC 企业资金负责人威廉·欣曼(William Hinman)就曾表示,监管机构计划为开发者发布"简单易懂的"指南,以说明在何时、何种情况下,加密代币会被归类为证券。SEC Commissioner Peirce Confirms Guidance on Crypto Tokens Is Coming, COINDESK (last visited on February 20, 2019), https://www.coindesk.com/sec-commissioner-peirce-confirms-guidance-on-crypto-tokens-is-coming, "In a speech at the University of Missouri School of Law, Hester Peirce, one of the SEC's commissioners, said that the agency's staff are working on 'supplemental guidance' to help projects determine 'whether their crypto-fundraising efforts fall under the securities laws'".

统证券监管规则的非天然相适应性，是调整传统规则的依据。本文据此提出应基于传统证券监管的公开市场和非公开市场的二元划分，构建针对DAOs区块链资产的证券监管规则体系，以适应区块链技术的发展与市场交易需求。

二、纳入证券监管的区块链3.0：去中心化自治组织和应用（DAOs）

区块链的发展可分为三个阶段，即（1）区块链1.0：数字货币（cryptocurrency），又称加密货币或虚拟货币（virtual currency），[1] 数字货币的出现冲击了传统的金融体系；（2）区块链2.0：可编程金融，[2] 智能合约是其代表性应用，是指基于区块链的、可直接控制数字资产交易的计算机程序;[3] （3）区块链3.0：去中心化自治组织和应用。[4] 三个阶段的产物关系非常密切。

用区块链行业的术语来说，通用术语"区块链资产"是指发行和所有权由区块链或"加密货币"和"令牌"定义的虚拟资产。[5] 可以认为，数字货币、令牌（token）[6]、DAOs均属于区块链资产。区块链资产在技术上嵌入一个分类账（ledger）中，其中所有的交易都由协调维护和扩展其内容的节点来维护。DAOs作为一种区块链范式，完全由智能合约控制投资和运行的组织，[7] 持股人通过链上投票而非中心化的管理部门来决定组织的活动。[8] 该概念由维塔利克-

---

〔1〕 参见李文红、蒋则沈：《分布式账户、区块链和数字货币的发展与监管研究》，载《金融监管研究》2018年第6期。

〔2〕 See Melanie Swan, *Blockchain: Blueprint for a New Economy*, Sebastopol, O Reilly Media, 2015.

〔3〕 See Vitalik Buterin, *A Next-Generation Smart Contract and Decentralized Application Platform*, github.com (last visited on Apr. 1, 2018), https://github.com/ethereum/wiki/wiki/White-Paper.

〔4〕 See Marie Vasek, *The Age of Cryptocurrency*, 348 (6241) Science 1308, 1308-1309 (2015). Hal Hodson, *Bitcoin moves beyond money*, 220 (2945) New Scientist, 24 (2013).

〔5〕 See Shlomit Azgad-Tromer, "Crypto Securities: On the Risks of Investments in Blockchain-Based Assets and the Dilemmas of Securities Regulation", 68 *American University Law Review* 69, 79 (2018).

〔6〕 三种区块链中，公有链需要token，它是一种数字化的价值载体、权益证明。对于token的中文名称没有统一定义，一般称为代币或令牌。虽然token通常被翻译为代币，但它大多时候涵盖了比代币更多的功能。

〔7〕 依靠智能合约在区块链上运行，没有法律实体，可以把它理解成"去中心化的公司"。

〔8〕 See Raskin M., "The Law and Legality of Smart Contracts", 1 *Georgetown Law and Technology Review* 305, 305-341 (2017).

布特林（Vitalik Buterin）[1] 提出，提供管理 DAO 的智能合同。[2] 其操作过程可概括为发布智能合约，发行数字货币（ICO），众筹资金以及后续运营和投资。其技术架构与运行如图 1。

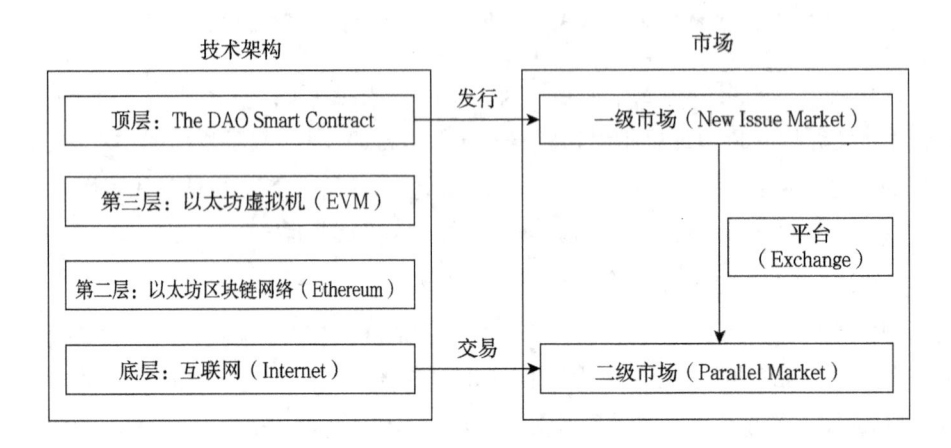

图 1　DAOs 技术架构与运行框架

The DAO 项目是去中心化自治组织设想的实践，也是最大的 ICO 众筹项目。[3] "The DAO" 黑客攻击事件[4]是有关区块链社区和监管的重要转折，也促使在 ICO 热潮中 SEC 出具了专门针对 The DAO 的调查报告，将该种区块链资产纳入证券监管，但是目前仍无对 DAOs 区块链资产具体证券规则适用的说明。

---

[1]　维塔利克·布特林和加文·伍德博士（Dr. Gavin Wood）创建以太坊（Ethereum），是美国区块链领先的软件供应商，以太坊实则是用于开发各种区块链应用的开源的区块链底层系统。区块链为智能合约提供可信执行环境，智能合约为区块链扩展应用。

[2]　See Glynn Bird, *Block Chain Technology, Smart Contracts and Ethereum: What Should Block Chains and Smart Contracts be Used For*, IMB (last visited on May 19, 2016), https://developer.ibm.com/clouddataservices/2016/05/19/block-chain-technology-smart-con-tracts-and-ethereum/.

[3]　The DAO 为 2016 年一家名为 Slock.it 的德国物联网区块链初创公司发起的众筹项目。其目的在于实践 DAO 创想，真正成立去中心化自治组织。The DAO 创建于不可伪造、不可虚构、不可篡改的程序代码并完全由其成员自由支配、自主运行，流通的 DAO 代币是用以太币（Ethereum）兑换而来。The DAO 不仅在短期内募集到大量资金，并且 The DAO 黑客攻击事件（DAO failure）以及"硬分叉"措施对区块链社区和区块链资产（数字货币）监管产生了巨大影响。

[4]　2016 年 6 月 17 日，The DAO 遭受黑客攻击，攻击者针对 The DAO 合约中包括递归调用（recursive calling）在内的多个漏洞进行攻击，并向一个匿名地址转移了 360 万个以太币，约合其众筹总量的 1/3。最终 The DAO 团队宣布辞职且被迫解散了项目。

三、证券监管规则适用基础：DAOs 区块链市场与证券市场的"共性"

证券监管的任务在于对证券市场中投资者进行合理、充分的保护。证券市场中对投资者构成威胁的主要包括信息不对称以及市场风险，信息不对称来源于证券市场中介的存在以及传统公司的管理者、控制者的存在使得投资者并非具有同等的充分信息知晓。而区块链市场和证券市场在这个方面具有相似性。造成这种相似性的根本原因有以下两方面：首先，实践中因为控制、监控成本仍然存在，并没有实现 DAOs "Code is law"（代码即法律）[1] 的完全自治理念，笔者将其概括为"自治的实际有限性"。其次，区块链市场建立于区块链技术之上，故其存在独特的技术风险以及同样的系统性风险，但是需要注意的是传统证券监管在应对区块链市场的技术风险上的表现、区块链市场和资本市场的联动风险的严重性程度仍有待商榷。

（一）自治的实际有限性：控制成本和监控成本

虽然每一种区块链基础资产都有其独特的功能价值，并被推销给期望提供特别创新产品或技术的潜在投资者，但区块链基础资产作为一种资产类别，受其技术和经济结构的影响，共享若干嵌入成本和风险因素。这些在区块链上具有独特表现：嵌入成本主要表现为控制成本、监控成本，风险因素则表现为技术风险。关注区块链资产实际运行的固有特定成本和风险因素，可以更具体地评估其作为证券的潜在监管能力。

DAOs 的设想在于完全的去中心化，而完全的去中心化意味着信息的完全共享。但实际上，并非所有区块链资产都能实现该创想，即"自治的实际有限性"。[2] 并非所有的区块链资产都能够达到所有人均为平等的管理人。

首先是对于控制成本的分析。控制成本可以理解为投资者从具有足够影响力对区块链施加控制的一方的行为中所产生的成本，即提供代币的企业家、发行

---

[1] 区块链爱好者认为并追求"代码即法律"，在去中心化自治组织中提前设置好的代码（智能合约）即组织的运行的规则，不容修改和破坏。其甚至认为代码终将取代法律，当然这一想法因过于激进而遭受批评。实然，正是突出了代码作为调整行为的规则与法律作为调整行为的规则在区块链去中心化自治组织中的不相容性。

[2] 判断是否应该介入证券监管的逻辑在于，如果区块链资产具有与传统资本市场、传统公司组织类似的治理成本，并没有达到理想的完全去中心化，则证券监管就有介入的必要。

人、中介，或任何能够显著操纵区块链业务及其运营的人。[1] 自治组织如果存在这样的控制者，就存在控制成本，便如同传统资本市场一般，存在信息不对称的问题。理论上，去中心化区块链技术能够为投资者创建一个没有传统的代理成本的外部效应的资产，让交易所和财产权的转让无需依赖中介，只需通过计算机处理在节点或者用户之间形成共识合约，从而取代传统控制者（controllers）和发行者。但实践中，并非所有区块链资产都能达到这种"自治化"，不同区块链资产的发行因为中心化的程度不同而在实际上意味着不同程度的控制成本。[2]

其次对于监控成本也是同样的原理。不同区块链有不同长度的链，将原始的现金生产资产与拥有该资产现金流经济权利的最终投资者分离开来。[3] 即底层资产的价值是否能够实现核实自动化。[4] 潜在价值来源（如实体经济资产、产品、服务、指数、大宗商品或技术）的外生表现附属于代币，在实际上由区块链的单位表示。作为衍生品合约，代币可以代表一个基础市场领域的价值，因此，其持有者将面临该基础市场的变动。当代币的值在链上（on-chain）时，区块链技术为形成事务的交换提供自动验证过程。但是，当附加到代币上的值脱离链（off-chain）时，区块链的自动验证协议是不足的——无法自动监控。当区块链所表示的值是模糊的、不能自动验证，或者当基础值与链外实体和预期的未来性能有关时，区块链基础值的监视成本将特别高。监控区块链的外链价值需要扩大区块链的自动化能力，从而导致信息不对称、机会主义、自我交易和其他潜在的

---

[1] See Lucian A. Bebchuk & Assaf Hamdani, *The Agency Costs of Controlling Shareholders*（June, 2018），available at https：//www.jstor.org/stable/412 6740? seq=1#metadata info tab contents.

[2] 例如比特币是一种加密货币，它依靠一个广泛的矿商社区来扩张和发展繁荣，用分散的用户网络取代传统的发行方，不存在控制方，故可以认为不存在控制成本，然而，Iota 币的 ICO 虽以去中心化的分布式区块链技术冠名，但是从技术上讲，它是一个通过 Iota 基金会运行的协调节点进行指导的。类似的，瑞波币（Ripple）被广泛认为是在集中服务器上运行的服务，这两种数字加密货币实际上都有不同程度的控制成本。

[3] 对比比特币和 Ethereum，说明不同区块链的链长不同，最终导致交易速度不同。See *Bitcoin vs Ethereum: Where to Invest in the Next 10 Years*, CRYPTOCURRY, http://cryptocurry.com/features/bitcoin-vs-ethereum-invest-next-10-years.

[4] See Off-Chain Transactions, BITCOIN WIKI, https://en.bitcoin.it/wiki/Off-Chain Transactions（last visited on Feb. 17, 2019），文中强调了区块链资产中链下交易（off-chain）与链上交易（on-chain）的重要区别。

代理成本,[1] 此时,监管的介入即具有必要性。

实际上,在结构评估区块链所需测量的位置上生产资产时,无论是从契约链的长度还是从最终的投资者和自动化平台的能力的角度,都会最终嵌入到区块链验证性能,从而减少其中的不确定性和潜在的操纵。[2] 监测费用会对投资者事前评价其投资的价值和事后评价其业绩的能力产生有害影响。因此,对成本的透彻理解应该成为评估区块链潜在证券监管的充分性的一个关键因素。

(二) 区块链市场的既有技术风险和系统性风险

既然在技术风险的预防上证券监管很难看到突破性,也许考虑技术监管是一种可试途径。对于系统性风险,应该个案分析系统性风险的存在隐患对应证券监管的必要性。

对于技术风险,区块链技术的分类账实然规避了一些风险,例如自然灾害、恐怖袭击、电脑病毒入侵等,并且由于分散的分类账在每个进行维护的节点上同时运行,因此对任何特定节点或小节点组的损坏不会破坏分类账的功能。[3] 但是同时也加重了以技术风险尤为典型的其他风险。将投资合同编码在区块链上构成代价高昂的错误和隐藏的漏洞(bug)可能会影响区块链的性能。基于区块链的资产中的错误或错误所造成的损害无法像传统投资一样通过撤销投资合同来弥补,因此,投资者会受到第三方的网络攻击、干预和操纵。与法院强制执行的传统合同不同,智能合同在技术上是不可改变的:根据其原始代码自动强制执行,不允许事后自由裁量。[4] 这就是其基于智能合约而不同于传统合同的技术风险,

---

〔1〕 See *Understanding Off-Chain Transactions in Blockchain for Fun and Profit*, MEDIUM (Dec. 4, 2017), https://mediumcom/liquidity.network/understanding-off-chain-transactions-in-blockchain-for-fun-and-profit-591e7e27cccO.

〔2〕 讨论智能合同的有益作用,通过确保协议在区块链中得到正确执行,从而减少不确定性和潜在的操纵。See Reggie O'Shields, "Smart Contracts: Legal Agreements for the Blockchain", 21 *North Carolina Banking Institute* 177.

〔3〕 用于维护分类账的协商一致协议依赖于对节点的一些假设,通常(在基于工作证明协商一致的区块链中)参与挖掘的节点中,至少一半的计算能力属于行为诚实的节点。这就是对计算机资源占有问题,也是能否硬分叉的关键。硬分叉的实现就是在于控制了一半以上计算机资源从而能够实现强制分叉,然而舍弃了部分不愿意分叉的节点,实则是对自治化的摧毁。

〔4〕 See Mary Juetten, *Legal Technology and Smart Contracts: Blockchain and Smart Contracts (Part IV)*, FORBES, https://www.forbes.com/sites/maryjuetten/2017/09/06/egal-technology-and-smart-contracts-blockchain-smart-contracts-part-iv,文章讨论了智能合约通常严格执行合约内容。

此在"DAOs"事件中得到充分体现，最终只能通过破坏自治实现硬分叉做事后补救。

区块链资产阻碍了透明度和合同灵活性，其运作方式可能会加剧市场普遍存在的财务困境，即系统性风险。[1] 这主要基于三个原因：区块链市场的固有狂热性[2]、分叉技术[3]以及区块链的刚性和黏性。[4] 对系统性风险的评估与所关注的问题的互联程度有关。[5] 截至2018年，大多数区块链资产的互联性仍然很低，交易量相当低，区块链空间和实体经济之间的合同活动也不多。然而，区块链资产的互联程度是系统性风险的一个潜在来源，如果区块链资产与实体经济之间有较大的互联性，则有对该系统性风险监管的必要，因此还应做个案分析。[6]

四、证券监管规则调整依据：DAOs区块链市场与证券市场的"个性"

以《1933年证券法》（The Securities Act of 1933）为主要规则的证券监管旨

---

〔1〕 See Hal S. Scott, "Reducing Systemic Risk Through the Reform of Capital Regulation", 13 *J. Int'l Econ. L.* 763, 763-764 (2010).

〔2〕 在金融危机之前，往往一种或多种资产的交易价格远远超过其基本价值的泡沫。价格信号的准确性部分取决于相关市场中知情交易者的存在。知情交易者的缺失，再加上交易者的过度兴奋和过度乐观，往往会扭曲价格信号，创造一个更容易形成泡沫的环境。而区块链产品天生就具有反映这种环境的结构。区块链发行的性质要求将代码翻译成英文，以评估投资条款，这使得许多（如果不是大多数）投资者实际上无法解读该合同。虽然没有公布区块链投资者的实证分析，但区块链领域缺乏机构代表性表明，这种价值加速增长至少部分源于投资者评估其投资标的资产质量的能力有限。

〔3〕 它本质上是映出了另一个镜像货币世界，其价值令人怀疑。在一个几乎所有软件都是开源的世界里，通过用户网络复制整个加密货币在技术上的微不足道引起了人们的关注。在对于投资者而言强行硬分叉属于系统性风险。

〔4〕 黏性指的是合同中"特别难以修改的安排"。合同的刚性和黏性增加了任何特定贷款被取消抵押品赎回权的可能性，因为重新谈判的可能性更小，而且成本高昂。

〔5〕 例如银行倒闭被认为是一个巨大的经济事件，因为当银行倒闭时，实体经济的许多其他部分也跟着倒下，无论是由于大量的合同承诺、衍生品交易，还是短期债务供应的简单下降。

〔6〕 See Anita I. Anand, "Is Systemic Risk Relevant to Securities Regulation"? 60 *University of Toronto Law Journal* 941, 943 (2010); THE ECONOMIST, *The Market in Initial Coin Offerings Risks Becoming a Bubble*, (Apr. 27, 2017), https://www.economist.com/finance-and-economics/2017/04/27/the-market-in-initial-coin-offerings-risks-becoming-a-bubble; Hillary J. Allen, "Financial Stability Regulation as Indirect Investor/Consumer Protection Regulation: Implications for Regulatory Mandates and Structure", 90 *Tulane Law Review* 1113, 1126-1127 (2016).

在保护投资者免受虚假陈述、信息和欺诈。[1] 为促进这一目的,《1933 年证券法》要求发行者披露项目风险以及与证券相关的信息,并且需要证券注册。传统证券监管的注册声明、信息披露以及担责主体的监管要求使 DAOs 的自治性框架陷入窘境,如果说 DAOs 区块链资产本身存在"自治的实际有限性",而传统证券监管规则的强制适用对其自治性也许是更致命的打击,可能会使其丧失因去中心化所带来的技术优势。

(一) 注册声明要求:资金筹集与自治组织成立顺位的矛盾

注册制是美国证券法的核心,即在向 SEC 申报注册声明书(registration statement)之前,任何人不得进行证券发行要约。[2] 并且在注册声明书生效之前,任何人不得销售证券。[3] 对于 DAO 而言,其用来筹集初始资金的众筹活动通常是在 DAO 形成之后立即进行的。因为证券法要求在证券发行前进行注册,故 DAO 要在注册声明提交并生效后才能进行众筹。如此,其既没有时间也没有资金来完成和提交注册声明,直到注册声明生效。但它不能在文件注册声明之前进行资金募集。

按照传统的监管规则,在证券出售给投资者之前,公司应 SEC 要求应填写注册表格,否则违反证券法。[4] 公司发行证券前,必须进行财务审计,并通过登记披露信息。根据发行规模决定披露信息的复杂性、成本和所耗费的时间。公司要求雇佣的审计师、律师、会计师等成本,即便不考虑公开发行的成本,大多在 150 万美元每年。[5] 然而,一些公司能够在证券法中找到豁免条款,从而允许它们在不提交注册声明的情况下出售证券。这些豁免要求对细节进行仔细的细化。但是对于 DAO 而言,在大多数情况下,其均无法适用。常见的两种豁免情形是私募和州内发行。对于私募而言,《D 条例》(Regulation D) 是私募的安全

---

[1] See *What We Do*, SEC.gov, https://www.sec.gov/about/whatwedo.shtml (last visited on Jan. 29, 2018).

[2] Securities Act of 1993 § 5 (c), 15 U.S.C. §77e (c) (2012).

[3] Securities Act of 1993 § 5 (c), 15 U.S.C. §77e (a) (2012).

[4] Securities Act of 1933 § 5 (c), 15 U.S.C.A. § 77e (c) (Westlaw through Public Law No. 115-190).

[5] See *Considering an IPO? The Costs of Going and Being Public May Surprise You*, STRATEGY (last visited on Sept. 26, 2017), https://www.strategyand.pwc.com/media/file/StrategyandConsidering-an-IPO.pdf.

11

港规则,这意味着如果一家公司决定出售未注册的证券,遵守该规则可以免除该公司未能注册证券的责任。[1] 而对于州内发行而言,公司必须是发行地州的居民并在该州经营业务,所有投资者必须是同一州的居民。[2] 故在此规则项下,DAOs 显然没有资格获得这两种豁免,因为它们目前无法确定投资者是私募要求的"合格投资者"或州内发行要求的"州内居民"。

区块链和智能合约用于运行 DAOs 的性能可能会让监管者对其执行后 DAOs 所需高昂的注册费用产生怀疑,也许正是因为意识到这个问题,他们在报告中并没有提出对 The DAO 进行强制执行注册。

基于上述分析,很明显,在当前的注册要求下,许多问题必须得到解决,DAO 的结构必须改变。但同时由于 DAO 的结构,如果不破坏这些组织的基础,这些问题中的大多数是无法解决的。DAOs 在没有众筹的情况下无法进行财务运营,在众筹完成后其才有资金提交注册声明。此外,正如所讨论的,DAO 的整个框架——这也是这些组织呼吁的原因,可能会在注册之后被破坏。故注册要求的强制满足实则是对 DAOs 结构和自治性的一种破坏。

(二)信息披露规则:适应监管的巨大挑战

对于 DAOs 而言,遵循传统证券法信息披露规则是一个巨大的挑战。首先,可以明确的是证券法所规定的信息披露规则的目的在于保护投资者。就对于 DAOs 的投资者而言,其面临黑客攻击风险、技术问题以及永远没有收益的风险。虽然投资者可以选择是否接受上述风险,但证券法的目的是确保在投资前披露有关证券发行的信息。大多数 DAO,特别是 The DAO,都没有披露这些重要的信息。因此,为了确保信息披露,监管的介入是必要的。如果没有监管,DAO 创建者极有可能会做出重大的错误陈述或遗漏,从而误导投资者。The DAO 就是一个很好的例子。如前所述,The DAO 告诉投资者,操作 DAO 的智能合约没有问

---

[1] See *Fact Answers*: *Regulation D Offerings*, SEC. gov(last visited on Sept. 26, 2017), https://www.sec.gov/fast-answers/answers-regdhtm.html.

[2] See Intrastate Offering Exemptions: A Small Entity Compliance Guide for Issuers, SEC. gov(last visited on Sept. 26, 2017), https://www.sec.gov/info/smallbus/secg/intrastate-ofering-exemptions-compliance-guide-041917.htm.

题，但实际上软件中存在一个递归调用，导致 The DAO 被利用，损失 5000 万美元。[1]

因此，对 DAOs 要求信息披露是对投资者的一种合理保护。然而在传统证券法严格的信息披露规则项下，虽然能够在"自治有限"的情形下尽可能减少信息不对称的存在，但其实则在这一点上与传统的资本市场主体会趋同，严格的披露必然使得披露主体的确定和责任枷锁，故面临着组织"去自治化"的风险。

（三）责任主体认定：对 DAOs "自治性"赤裸的侵蚀

注册声明、信息披露实则无形对组织提出责任主体认定的要求。该种监管要求在本质上与 DAOs "自治性"和"去中心化"的逻辑与技术设计是相悖的。传统的证券监管规则对于 DAOs 而言，可能会导致它的"失灵运行"（ultimate failure）。其逻辑在于若执行现有的监管政策，必须存在为未注册的证券承担责任以及承担信息披露责任或者违反规则责任的主体，如果存在前述主体，则意味着实际上其存在中央管理与决策主体，此时这个组织并非"自治"（autonomous），亦并非"去中心化"。

The DAO 项目和智能合约的基础是匿名性。而注册要求的强制执行要求某个主体对提交此类注册声明负责，并对重新注册期间提供的信息的准确性负责，如此，自治性则会遭到破坏。[2] 谁来签署注册声明？The DAO 项目的成立主体还是使项目运转的矿工？同时，谁来为信息的正确性担保？主要责任主体的设置将破坏组织的自治性，但是如果按照另一种思考逻辑，即将代币的持有者（token holders）视为责任的承担者，这种逻辑认为因为投资者正在做出一些管理决策，例如要执行哪些项目，所以他们不是投资者，而是组织内的实际合作伙伴。[3] 但该种逻辑值得商榷，原因在于：其一，在大多数情况下，投资者一般都不是具备认证所需知识的注册会计师或高管；其二，证券的发行和出售发生在持有人存

---

[1] See David Siegel, *Understanding The DAO Attack*, Coindesk (last visited on June. 25, 2016), http://www.coindesk.com/understanding-dao-hack-journalists/.

[2] See Tiffany L. Minks, "Ethereum and the SEC: Why Most Distributed Autonomous Organizations Are Subject to the Registration Requirements of the Securities Act of 1933 and a Proposal for New Regulation", 5 *Texas. A&M Law Review* 405, 25 (2018).

[3] See Andrew Hinkes, *The Law of the DAO*, COINDESK (last visited on May. 19, 2016), http://www.coindesk.com/the-law-of-the-dao/.

在之前。故也许最有力的论点是注册责任应该落在的创造者身上。基于其为智能合约的编写者以及项目的发起者，而其他投资者则为进入者。

即便如此，信息披露规则的适用也同样存在责任承担问题。然而，如上所述，信息披露是不得不采取的基础的对于投资者保护的规则。

五、基于"共性"与"个性"的证券监管规则体系探索

目前 DAOs 区块链资产的"自治的实际有限性"意味着证券监管的必要性。传统证券监管规则的直接适用难免对 DAOs 的合理自治性造成一定程度的破坏，故须进行 DAOs 证券监管规则的具体化，需结合证券法的立法目的，从保护投资者、稳定投资市场为出发点，建立自由、公正、公平的市场，实现科技发展与社会稳定的目标。因此，本文参考以私募证券发行制度为典型的证券立法原理对此进行探索。诚然，私募市场与区块链市场有差异，然参考可适用的私募的立法经验以及相关立法原则，对于 DAOs 监管会有所启发。

鉴于区块链市场不同于传统证券市场的特点，区块链市场适用规则必然不能生搬硬套传统证券市场立法，故仅是适用传统立法原则下的规则设想，而基于证券属性的认定和交易市场的共同特征，梳理私募发行制度的发展与立法原则，为区块链技术及投资市场的繁荣寻找自由发展与监管秩序平衡之状的可能性。

（一）考虑公开发行备案制下的特定信息披露规则

DAOs 类证券区块链资产实际上经历的是先成立、后众筹的过程。如上述分析，强制注册对于 DAOs 而言，与其自治发展和运行过程是有天然矛盾的，故应考虑强制注册豁免。但是强制注册实际上是为了保护广大投资者，如果对 DAOs 的发行不进行监管，适用特定信息披露规则，简单豁免其强制注册，则不利于公开发行下（非私募）的投资者保护。因此，DAOs 若公开募集，则无法适用私募的注册豁免，但可以考虑备案等机制下的特定信息披露规则以保护投资者。在证券监管下，应制定特定的豁免（或考虑备案制而非原来的强制注册）并配套相应信息披露规则，特别是初始众筹的信息披露。在保证 DAOs 自治结构不被强制破坏的前提下，也能够使投资者知情。规则调整的目标是：新的信息披露规则，既能避免"自治性"的破坏，也能够对投资者进行充分的保护。证券监管在这里的目标即监管披露主体履行强制披露义务，可分为成立后众筹前的披露和众筹

后的披露。

1. 众筹前的初始强制信息披露（Initial Mandatory Disclosure）

（1）披露主体：创造者。在 DAOs 成立之初，仅有一个主体[1]掌握或有能力获得该 DAO 运行基础的智能合约所有的代码，可称其为创造者，[2] 通常是 ICO 的发起人，因其所具备的能力和对项目的信息掌握，应承担特定信息披露的义务。虽然，如此义务主体下的要求会使之丧失一定的匿名性，但是如此要求是在保证投资者能够充分获取项目信息（最主要的是智能合约的代码）下的最小自治性损失。该基于信用的信息披露仅限于创造者（发起人），其负有一定责任，具有编写智能合约代码和监测代码问题的能力，因此，此时须对其进行监管，使其能够履行将项目信息充分披露给潜在投资者和代币持有人的义务。

（2）披露内容：创造者姓名（名称）、项目目的、智能合约条款、第三方服务提供者、潜在风险。在披露内容上，同样也应具有决定交易的强制披露的内容。首先，SEC 和投资者必须知道承担披露义务的主体的信息，如此，事后救济时才具有追责主体。其次，投资者必须在投资前获知项目的类型和目的。监管者实际上不能对目的的范围进行严格的限制，但应要求创造者对目的进行披露。实际上，大多数 DAOs 的目的都是总体、通用和概括的。[3] 目的的披露并不是为了让投资者能够避免作出一个非明智的投资决策，因为风险自担的投资原则并不能违背，而是保证投资者能够作出一个信息充分情况下的投资决策。而项目目的和第三方服务提供者又密切相关，因为特定第三方服务提供者的能力范围应受到限制，与项目的目的匹配，第三方服务提供者应编码进入智能合约。如果第三方服务提供者的经营范围与项目目的相匹配，则投资者可能会进行选择，[4] 故这种披露使投资者有机会研究服务提供商，以确定其可持续性、声誉和能力，是影响投资决策的重要因素。最后，DAOs 必须对智能合约进行全部、充分地披露，

---

［1］ 可以是一个人，也可以是一个团队，是智能合约的编写者、项目的发起人。

［2］ "…an owner (or creator) … works like an administrator, CEO or a president." See *How to Build a Democracy on the Blockchain*, ETHEREUM (Feb. 19, 2019), https://www.ethereum.org/dao.

［3］ 例如可能包括在区块链上维护旅行记录和文档。See *EthPassport*, GITHUB (Feb. 10, 2019), https://github.com/mdcuesta/EthPassport.

［4］ 例如假设一个 DAO 的项目目的是提供可持续能源的发展，但是智能合约里面的第三方服务提供者是煤矿领域的专家，由于并没有很好的匹配，投资者可能不会倾向于作出投资决策。故，第三方服务提供者必须进行披露，因为这是影响投资者作出投资决策的重要影响因素之一。

因为 DAOs 的运行基础就是智能合约，这是对 DAOs 起决定作用的部分。因此，对智能合约必须全方位强制披露。因为合约中如果有限制投资者权利的条款或者赋予他人主要控制权的条款，会严重影响 DAOs 的自治性基础，这些投资者都必须知道。

另外，如传统公司一样，DAOs 也应要求对主要风险在众筹前进行披露。这类信息，像其他的信息披露一样，是给投资者作出决策提供信息对称的前提，可分为所有 DAOs 都具有的一般性风险和特定的 DAOs 所特有的特殊性风险。一般性风险主要包括上文提到的技术风险，这是所有 DAOs 项目基于区块链技术、智能合约存在的风险，而特殊性风险则因不同 DAOs 的具体内容、目的而不同，可能涉及不同的行业，往往与系统性风险对应。

2. 众筹后的持续性强制信息披露（Sustainable Mandatory Disclosure）

可以明确的是 DAOs 在存续期间均应进行信息披露，则此时需探讨谁来做持续性披露以及持续性强制披露的内容应为哪些。显然，创造者希望 DAOs 达到自治的目的，以此减少自身的监控成本和披露成本，所以会倾向于在初次众筹后将责任转移给第三方。但实际上，现在还不存在为 DAOs 项目提供信息披露服务的产业，而 DAOs 的创始人会希望该种产业的发展既免去自己披露的成本和风险，也能够避免投资者不必要的后续损失，且创始人的控制退出，意味着将控制权交还给广大的投资者，更有利于其自治。因此，对于众筹后的持续性强制信息披露应如何进行还有待探索。但可以明确的是，第三方服务者的出现对于投资者和 DAOs 的自治性应该都算利好之音，然而现在由谁来承担风险和成本，仍未有答案。

(二) 建立非公开发行制度：以 Ralston 案原则等为指导

考虑参考非公开发行制度最重要的原因在于 DAOs 区块链资产必须适用如上所述的注册豁免，据此与适用注册豁免的非公开发行具有可比性。以 SEC v. Ralston Purina CO. 案（以下简称 Ralston 案）最高院对于私募制度制定应考虑原理实则是证券立法的原则之一，即应以投资者在交易市场中自我保护能力作为判断是否需要证券法保护的原则，因此，在考虑 DAOs 类证券区块链资产证券监管规则时，区块链市场的交易和传统证券市场的交易在实际上具有共通性，比照私募发行规则，将区块链市场的投资者在区块链资产交易时评估风险、投资等能力作为判断自我保护能力的标准，从而确定是否需要证券监管，进行投资者的划分以及制定相应的特定规则，建立区块链市场的非公开发行制度。

美国私募证券市场的演进主要伴随三大法规：《1933年证券法》、1982年《D条例》与1990年的《144A规则》（Rule 144A），从开始的私募注册豁免但限制转让到允许转让。回顾关于私募的证券立法，继《1933年证券法》中第4（a）（2）条"不涉及任何公开发行"（transactions by an issuer not involving any public offering）的对于区分私募和公募的模糊性私募立法后,[1] 1935年SEC的首席律师伯恩斯（General Counsel, John J. Burns）发布了一个解释公告，明确了SEC界定非公开发行的六大因素：（1）受要约人数；（2）受要约人之间的关系；（3）受要约人与发行人之间的关系；（4）发行证券的数量；（5）发行的规模；（6）发行方式。[2] 该通告初步体现出SEC对私募的界定对于人数、规模的考量因素。

然而在1953年Ralston案中，最高法明确否定了SEC的人数标准,[3] 而是结合证券法的立法目的，提出具有原则性的界定标准。认为"证券法是通过提供投资者在决策时所需要的全面信息来保护投资者"，即说明证券法通过信息披露制度来保护投资者，而私募豁免的范围是那些实际上不需要证券法提供保护的场合，故第4（a）（2）条所豁免的私募交易的界定标准应以"投资者能否保护自己"为标准，从而判断其是否需要证券法的保护。"Ralston案将界定私募的焦点从发行对象的人数和发行方式转向了受要约人的性质和特性上"。[4] 因此，实际上"豁免"的设置真正考量的因素应该是投资者在市场中的自我保护能力，以此来判断是否需要证券法保护，因为证券监管的一个主要理由在于保护散户投资者的脆弱性。[5] 而强制注册实际上是对众多投资者，包括缺少自我保护能力的散户的保护。因此，如果投资者具有所谓的"自我保护能力"，则豁免注册，此

---

[1] 《1933年证券法》对私募进行规定后并没有对"不涉及公开发行"做出界定，私募的界定方法是SEC和法院的任务，直到后续Ralston案以及其他立法的出现才逐渐清晰。

[2] Letter of General Counsel Discussing Factors to be Considered in Determining the Availability of the Exemption From Registration Provided by the Second Clause of Section 4（1），Securities Act Release No. 285（Jan. 24, 1935）.

[3] SEC v. Ralston Purina Co., 346 U. S. 119（1953）.

[4] 彭冰：《美国私募发行中公开劝诱禁止的取消》，载《社会科学》2017年第4期。

[5] Donald C. Langevoort, "The SEC, Retail Investors, and the Institutionalization of the Securities Markets", 95 *Virginia Law Review* 1025, 1027（2009）.

应为注册私募豁免制度成立的逻辑，也是私募所应有的界定标准。因此，该逻辑在于如果投资者具有自我保护的能力，则证券监管的部分规则是多余的。故在是否需要对 DAOs 进行监管以及应该如何证券监管的问题时，应从投资者的自我保护能力入手，这也是本文提出设想的主要理论依据。

而为对于"投资者是否具有保护自己的能力"的判断规则的成文化，SEC 于 1982 年制定了《D 条例》。[1] 其确立合格投资者制度，把私募证券的投资者分为"获许投资者"（accredit investor）和"成熟投资者"（sophisticated investor）。[2]《D 条例》中的 506 规则是私募安全港规则，并配以 501 规则、502 规则、503 规则的定义、信息披露、转售限制等条件。[3] 可见，该规则也同时限制了私募发行证券不能转售流通。

因此，可以看出，如果该发行行为的购买人，也就是我们所说的金融消费者能够进行自我保护，那么立法者就不存在保护他们的必要。而通过信息的获取进行风险的分析和投资的评估是购买人自我保护的最重要的方式。在区块链市场实则也是一样。区分不同自我保护能力的投资者，由监管机构进行识别，同样也可以适用于区块链市场。

（三）成熟投资者制度：以《144A 规则》为主要参考

私募证券转售限制伴随着《144A 规则》的出台被取消，属于"符合私募发行条件的私下转让"，无需受限。[4] 在《144 规则》（Rule 144）的基础上，SEC 于 1990 年发布了《144A 规则》，是 SEC "向实现一个更富有流动性、更有效率的'未经注册证券'的机构投资者转售市场（目标）迈出的第一步"。[5]

---

［1］ SEC 对私募发行进行成文化的努力始于 1974 年制定的《146 规则》，但那被实践证明是失败的尝试，但是《D 条例》是在其基础上改进的至今有效的成功立法。

［2］ 其中获许投资者由八类机构或个人构成，可以概括为三种基本类型：专业投资机构、发行人内部人、高净值个人投资者。除了获许投资者以外，还可以有不超过 35 人的成熟投资者购买私募证券，成熟投资者需要有金融和商业方面的知识和经验，有能力评估预期投资的价值和风险。

［3］ 毛海栋：《美国私募发行中的公开劝诱禁令的取消及其启示》，载《证券法苑》2015 年第 3 期。

［4］ 私募证券允许转让的条件包括三种情形：非自愿性转让、符合私募发行条件的私下转让以及独立于发行行为的公开转让。《144A 规则》正是美国法对于限制解除的立法例。"当私募证券持有人的转让行为完全符合私募发行制度各个方面的要求时，即便转让人在买入私募证券后立即转让，该私募证券也不会流入一般投资大众之手，不存在私募发行公开化的问题"。李赛敏：《我国私募证券的转让限制及完善》，载《清华法学》2008 年第 6 期。

［5］ See 55 F. R. 17933 (1990).

《144A 规则》虽然因为"合格机构购买者"的规定要求遭受"造成法律内在逻辑不统一"的批评,[1] 但是其出台极大地促进了美国私募证券的流动性,并吸引了大量外国发行人于美进行私募筹资。[2] "正是《144A 规则》促成了美国私募发行市场的迅猛发展"。[3] 根据《144A 规则》,满足四个条件的(见表1)私募证券便可以自由转让,而不受持有期限、数量等方面的限制。

表1 《144A 规则》中的四个条件

条件	内容
受让人要求	为合格机构购买人（Qualified Institutional Buyers,简称"QIBs"),或者转让人合理相信受要约人或购买人是合格的机构购买人。
出售证券要求[4]	所发债券具有"非替代性"（Non-fungibility),或称非公开交易性。即根据《144A 规则》转让的私募证券必须与已在全国证券交易所（包括 NASDAQ 市场）上市交易的证券属于不同种证券。
信息要求	如果发行人既不是《1934 证券交易法》中的报告公司,也没有被豁免报告义务,且非 405 规则所指的外国政府,则必须应相对人的要求向《144A 规则》下的证券持有人（或由其指定的潜在购买人）提供有关发行人的财务及业务的基本信息。[5]
告知要求	出售人应采取合理的措施,以确定受让人知悉出售人依照《144A 规则》的规定进行出售,并已经豁免《证券法》注册披露的义务。[6]

其中,合格机构购买者包括（a）任何拥有并自主投资至少 1 亿美元于非关联人证券的保险公司、共同基金、养数无限制老基金等机构投资者;（b）任何拥有并自主投资至少 1000 万美元于非关联人证券的证券经纪商;（c）任何拥有

---

[1] See e. g. Kellye Y. Testy, "The Capital Markets in Transition: A Response to New SEC Rule 144A", 66 *Indiana Law Journal* 233 (1990).
[2] 李赛敏:《我国私募证券的转让限制及完善》,载《清华法学》2008 年第 6 期。
[3] 李湛:《美国 144A 规则对发展我国中小企业私募债的启示》,载《金融与经济》2012 年第 7 期。
[4] 该规定旨在防止发行人以"144A 规则私募发行"之名行"公募发行"之实,逃避《证券法》的注册要求;防止 144A 市场对美国境内已有债券集中交易市场的冲击,明确公开发行与私募发行的不同功能定位。
[5] See 17 C. F. R. §230. 144A (d) (4) (2008).
[6] See 17 C. F. R. §230. 144A (d) (2) (2008).

并自主投资至少1亿美元于非关联人证券,并拥有2500万美元净资本的银行等。可以看出合格机构购买者实际上符合的条件与"获许投资者"相比,合格机构买方具有更高的门槛,必须符合更高的财力、经验方面的要求。实际上《144A规则》也是上述Ralston案确立原则的再适用。

并且,SEC解释之所以允许私募证券在符合上述条件的情况下自由转让,是因为这种转让是无须依《1933年证券法》第5条申请注册的私下交易。换言之,依《144A规则》进行的转让行为与私募发行一样,应豁免注册义务。[1]

因此,如上文所述,可参考私募发行制度建立区块链市场非公开发行的规则。但是同样,二级市场上的代币的流动也应有所限制,比照《144A规则》,提出类似的规则设想,允许成熟投资者在区块链交易中注册豁免,进行具有大量流动性的二级交易,与散户投资者(retail investors)进行区分。进一步区分成熟投资者和一般的散户投资者,也许更能促进区块链市场的规范运行下的活跃交易。

非公开流动市场对于区块链发展和市场具有很多好处。不同于公开市场要求的文件配置,对成熟投资者开放的非公开流动市场,一则能够让资本流向金融创新,二则鼓励不侵害散户投资者权益的企业家精神,同时允许成熟投资者对发行所需相关信息进行商谈并对后续的投资表现进行监测。如此的非公开市场为区块链发行者提供一个信息监管制度的选择权。为区块链项目发行设置多种选择优于单一监管机制,因为这样可以确定何种信息披露更有利于保护投资者。[2] 假设区块链项目的发行需要进行投资者成熟度验证,区块链的发行市场是否会有效地奖励或惩罚自愿披露或缺少自愿披露情形?其他例如交易所或者私人机构等有效市场是否能够承担该角色?如果该市场仅针对成熟投资者开放,则在其自愿信息披露的情形下,区块链项目的发行能够准确地合理定价,与强制披露制度下的信息披露情形相比,对于投资者而言,能获得更好回报。对于仅限于成熟的证券制度投资者的发行,反欺诈市场只提供类似于144A市场的流动性,这与区块链的性质非常吻合。

144A债券市场制度安排总体上是在不减弱投资者保护的前提下,不断放宽转手的限制条件,增强私募债券的流动性,活跃债券市场。其旨为某些私人(非

---

〔1〕 李赛敏:《我国私募证券的转让限制及完善》,载《清华法学》2008年第6期。

〔2〕 Roberta Romano, "The Need for Competition in International Securities Regulation", 2 *Theoretical Inquiries in Law* 387, 393-394 (2001).

公共）将受限证券转售给合格机构买家提供安全港，是对证券法注册要求的豁免。[1] 不受登记限制，只受反欺诈规则（anti-fraud rules）的约束。SEC 的监管审查仅仅集中在欺诈或不诚实的市场操纵上，然而，这样一来需要注意两个问题。首先，有限的行动范围并非意味着有限的执行政策，相反，有证据表明 SEC 针对不受联邦注册要求约束的发行的欺诈调查要比受注册要求约束的发行更多。[2] 因此，虽然 SEC 在 144A 市场上审查的范围缩小，但是力度与约束仍能够做到投资者保护和市场稳定的维护。其次，在该市场内，预计披露成本在一定程度上降低，并且发行方不受《萨班斯·奥克斯利法案》（Sarbanes-Oxley）等证券法的要求约束。但基于对于《144 规则》的实践，成熟投资者的披露要求与公开市场中 SEC 对公司的披露要求大致相同。[3] 因此，基于实践经验，投资者的披露内容并没有想象中的少。因此，对于 144A 市场的建立虽然有"豁免"和披露内容的差异，但是对投资者的保护仍然是毋庸置疑的。

如何判断区块链市场投资者具有自我保护的能力？基于嵌入成本和风险因素评估，成熟投资者能否提出要求并有足够的资源修复。控制成本和监测成本相当于《144A 规则》下非公开市场中传统投资合同的嵌入成本和风险因素（即投资者在公司投资中所承担的核心风险）。即便是基于区块链资产因透明度受损、合同僵化或"黏性"而被识别出的系统性风险来源，也普遍存在于 MBSs 和 CDOs 中，并非区块链独有的特征。[4] 如果在《144A 规则》调整的市场下，成熟投资者能够要求其所需的信息来评估投资和监测投资表现，其应该具有投资区块链资产时自我修复的必要的决策能力，无论是本人或是基于委托。

---

[1] See *Eliminating the Prohibition Against General Solicitation and General Advertising in Rule 506 and Rule 144A Offerings*, SEC. gov, https://www.sec.gov/info/smallbus/secg/general-solicitation-small-entity-compliance-guide.htm.

[2] See Joel Seligman, "The Historical Need for a Mandatory Corporate Disclosure System", 9 *Journal of Corporation Law* 1, 34–35 (1983).

[3] See Howell et al., "Regulatory Competition in International Securities Markets: Evidence from Europe in 1999-Part 1", 56 *Business Lawyer* 653, 667 (2001).

[4] See Kathryn Judge, "Fragmentation Nodes: A Study in Financial Innovation, Complexity, and Systemic Risk", 64 *Stanford Law Review* 657, 700–703 (2012).

六、结语

重构 DAOs 区块链资产的证券监管规则体系应把握区块链技术下的证券监管的变与不变。变的是该种监管对象前所未有的技术特点以及监管科技的运用,不变的是传统证券监管规则中针对投资者保护和市场稳定的原理,这并不会被技术所颠覆。监管机构、学者、法官、投资者和行业参与者也许尚未完全理解区块链这一新兴技术,其缺乏对区块链领域及其技术和经济属性的结构分析,这是为制定一种共同的语言来制定区块链投资法以管理新兴的加密市场而提供的一种额外条件。[1]

以 DAOs 为代表的证券型区块链资产实则反映了区块链市场所追求的自治性技术理念与传统证券监管规则的一场现实博弈,是高度自由自治与限制监管的较量,也是发展与稳定的取舍或折中。但可以明确的是,在面对任何金融创新之时,我们一直追求市场自由与秩序的平衡,金融创新与投资者保护的平衡,此为监管者与市场共同追求的目标,也是判断监管与否以及决定监管程度的衡量标准。实然,在对于 DAOs 的监管问题上一般无二。以 DAOs 为代表的区块链技术是新一轮技术革命与科技创新洪流中的技术高地,既是对监管提出的疑难,也是对规则制定与现代治理的全新挑战,正如纳斯达克首席执行官鲍勃格雷菲尔德所言,"区块链技术不仅在继续重新定义交易所行业的运作方式,还在重新定义整个全球金融经济"。[2] 面对区块链技术,理论界与实务界还应不断探索,寻求更多规则治理的可能性,以此为技术创新提供更多、更平稳的发展可能性。

(初审:黄凯 魏乐天)

---

[1] See Shlomit Azgad-Tromer, "Crypto Securities: On the Risks of Investments in Blockchain-Based Assets and the Dilemmas of Securities Regulation", 68 *American University Law Review*, 69, 71 (2018).

[2] See Philip Stafford, "Banks and Exchanges Turn to Blockchain", *Financial Times*, https://www.ft.com/content/764aed26-198a-11e5-8201-cbdb03d71480.

现行合同法背景下智能合约的定位及进路

许　晨*

内容摘要：智能合约是在区块链平台上以软件代码形式存在的协议，具有自治性和自动执行性、不可篡改性、去信任等特征。由于其是在与法律领域"平行"的计算机领域中创建和发展的，智能合约会呈现技术和法律两个方面交叉的性质，按照现行合同法的规定，仍可将智能合约的发布及其代码执行行为认定为法律意义上的协议。但由于计算机领域不涉及合法性、公平性、保护弱者等基本法律原则，智能合约遵守计算机领域下的原则执行就会产生与现行合同法的冲突，给现行合同法带来挑战。因此，应将智能合约理解为合同法中的新型合同，而非替代传统合同。为了解决与现有合同法条款的矛盾，有必要处理好技术与法律领域的关系，可考虑将法律规则编入代码中，以法律规制代码的自由。

关键词：智能合约　代码　法律　区块链

合同法是法律中最具活力的领域之一，它不断演变以适应新商业模式和新技术的出现。每种社会形态有其合同形式。[1] 农业社会中的合同以尊重个人意志为主，合同当事方公平地协商所有条款。工业社会则以更简化的合同形式为主，即标准化条款，以最少的人力保证更多人能参与其谈判过程并降低交易成本。信息社会将趋向于减少人的参与，不仅体现在磋商合同条款方面，还包括执行方面。而且，信息社会中的合同允许电子代理人在无需个人直接参与的情况下缔结

---

* 许晨，上海市协力（苏州）律师事务所律师助理。

[1] 以合同法的发展水平作为评估社会成熟程度的试金石。See Maine H., *Ancient Law: Its Connection with the Early History of Society and its Relation to Modern Ideas*, London, 151 (1920).

新型协议。智能合约就是朝着这个方向发展的典型形式。

一、智能合约的定义及特征

(一) 智能合约的性质

由于智能合约的新颖性和技术的复杂性，目前对其缺乏普遍认可的定义。根据自动执行协议的先驱之一尼克·萨博（Nick Szabo）的说法，智能合约是一种计算机化的可以执行合约条款的交易算法。但是，此定义很难将智能合约与一些已经实现自动化执行的合同结构相区别。比如自动售货机，它是一种独立的自动机器，当投入硬币或进行其他形式的付款（电子支付或信用卡）时，售货机便自动分配商品或提供服务。购买流程可以用合同规则对自动售货机进行编程，然后执行。如果自动售货机和智能合约之间没有原理上的区别，那么我们将不得不承认，智能合约和罗马法一样古老。关于自动售货机最早的参考文献来源于公元1世纪亚历山大的工程师兼数学家海伦（Heron）。海伦在公元62年出版的名为《气体装置》一书中记录了第一台自动售货机。只要将钱币投入该装置，圣水就自动流出来了。投入的钱币带动控制杆打开阀门放水，秤盘随着钱币的重量继续倾斜，直到掉下来将控制杆弹起再关闭阀门。[1] 现代自动售货机正是基于这一项已有近两千年历史的技术工作的。

虽说阳光下没有新东西，但仍然有必要分析一下，与自动售货机相比，智能合约是否有特别之处。在广泛使用自动交易系统的交易市场中，智能合约的创新性和特殊功能就显得尤为重要。例如在外汇市场中，交易通常不是由交易员本人执行，而是由按照计算机系统运行的交易程序执行的。截至2014年，在美国交易所交易的股票中超过75%是自动交易系统的订单。由此可见，自动合同本身并不是什么新鲜事物，它们已经存在很长一段时间，并广泛应用于许多领域。那么，究竟智能合约有什么特别之处呢？

吉迪恩·格林斯潘（Gideon Greenspan）提出了关于智能合约的另一种定义，智能合约是一段存储在区块链中，由交易触发的，并在该区块链的数据库中进行

---

[1] Segrave K., *Vending Machines: An American Social History*, McFarland and Company, Inc., Publishers, 3 (1944).

读写的代码。[1]

该定义更为具体，着重于将区块链技术作为智能合约的核心功能之一。但问题在于，区块链是否对订约过程产生法律影响，从而使智能合约具有法律意义。在笔者看来，区块链是合同领域中的"打破传统者"，它可以使双方履约的合同流程自动化运转。老式自动售货机只能自动执行一方的要求，另一方需要有人的参与（例如投币和使用银行卡）。而当双方都可以自动化执行时，就引发了这个问题：是否存在传统法律意义上的合同？区块链上的智能合约的特殊之处在于，它不仅能够自动化执行，还允许双方委托的电子代理人执行。在某些情况下，缔约方是分布式自治组织（Decentralized Autonomous Organization，以下简称DAO），它是一种将组织的管理和运营规则以智能合约的形式编码在区块链上，从而在没有集中控制或第三方干预的情况下自主运行的组织形式。组织理论家亚瑟·史汀奇康（Arthur Stinchcombe）认为，组织是无数合同的集合。从雇佣合同、员工福利到与供应商的交易、对客户的义务，再到建筑物租赁、设备买卖，公司需要一系列合同。传统上，这些合同义务必须以法律的形式存在，并通过法律强制执行，需要律师、法官或仲裁员的参与，因此成本很高。但如果通过区块链上的智能合约，合同成本可以大大降低甚至消零。这与市场上的传统公司相比，使得区块链上的组织更高效，更具成本效益和竞争力。

由此可见，智能合约远远超出了传统合同，代表着网络空间中的新模式。比如，智能合约可以创建资源池并根据商定标准进行分配。在众筹或保险类合同中，智能合约可以跟踪提交给众筹项目的资金量，一旦超过众筹总金额，该金额就被自动转给受益人，多余资金自动退还给捐助者。再比如，农民可以建立资源池，以抵御干旱、洪水或其他自然灾害。一旦发生此类灾难，机器会根据预设的过程进行验证（例如通过检查预先指定来源中的天气或新闻）并分配资源。在这个过程中，智能合约提供最高程度的透明度和可审核性，从而减轻中介机构的决策过程、"人为因素"以及时间延迟带来的风险。而且，此类支付可以跨界无缝对接。

但智能合约仍然是合同法赋予的合约吗？这是智能合约中最有争议的问题之

---

[1] Greenspan G., "Beware of the Impossible Smart Contract", *Blockchain News* (Apr. 12, 2016), http://www.the-blockchain.com/2016/04/12/beware-of-the-impossible-smart-contract.

一。一些学者认为,智能合约是一种自助形式,因为机器无需诉诸法院即可执行协议。自助是指"个人在没有法律强制的情况下采取法律允许的行为,在没有政府官员的协助下努力预防或纠正民事错误"。显然这种定义过于简单,剥夺了智能合约在合同法框架内的更深入作用。

根据《合同法》规定,合同是平等主体的自然人、法人、其他组织之间设立、变更、终止民事权利义务关系的协议。基于合同法的规定,笔者认为,智能合约是具有法律意义的协议。首先,智能合约用于管理与数字资产流通相关的关系和当事方之间的经济关系,涉及民事法律关系,且智能合约将区块链中的数字资产从一个人转移到另一个人,该行为具有法律效力。其次,尽管智能合约的执行是自动化的,但仍需要当事方的意思表示才能生效。当个人决定按照事先指定的条款订立此类协议,或使用电子代理人达成某些协议并同意受其行为约束时,该人即表示同意合同条款及其执行方式。且在智能合约下,个人无法干预协议的执行,一旦签订协议,就会产生一种类似于"信托"关系的信赖。与传统合同不同,传统合同的信赖依托于合同相对方,而智能合约中,当事人的信赖基于计算机算法。智能合约的形成过程中也存在要约和承诺。以众筹智能合约为例,其条款由受益人("要约人")预先定义,向众筹项目捐款的人以将资产转移到资产池的行为接受该要约。根据现行合同法的规定,[1] 在这种情况下的合同成立,也可被视为附合合同或标准合同。[2] 最后,智能合约仅通过电子形式订立,但这并不意味着它不具备合同外观。依据我国《合同法》第 11 条之规定,包括电子数据交换和电子邮件在内的数据电文属于法律所规定的书面合同形式。《电子签名法》第 4 条明确规定,只要能够有形地表现所载内容,并可以随时调取查用的数据电文,即可认定为法律规定的书面形式。因此,智能合约当然地属于数据电文。联合国国际贸易法委员会所颁布的《贸易法委员会电子商务示范法》也明确提到,只要一项数据电文所含信息可以调取以备日后查用,即可认定其满足了法律所要求的书面形式。

---

〔1〕《合同法》第 21 条:"承诺是受要约人同意要约的意思表示。"第 22 条:"承诺应当以通知的方式作出,但根据交易习惯或者要约表明可以通过行为作出承诺的除外。"

〔2〕 由一方提出合同的主要内容,另一方只能在此基础上作"取与舍"的决策,而不是由合同双方当事人经过协商而订立的。

(二) 智能合约的特征

基于目前对智能合约的理解，智能合约具备以下特征。通过对这些特征进行分析，可以寻找智能合约在现行合同法中的位置。

1. 完全电子形式

当事人订立合同，有书面形式、口头形式和其他形式。电子商务的发展大大增加了以电子形式缔结的协议数量，如点击即视为同意的协议（click‐wrap agreements）。但即使是电子合同，也仍需要书面文本，如发票、收据或交付证明等，尤其是当此类电子合同涵盖了购买线下商品或服务时，这些书面文件是电子合同的唯一凭证。但是，智能合约仅以电子形式存在，不使用任何其他形式（如口头或书面）。而且，智能合约与数字资产（如加密货币）或已在区块链中登记所有权的线下资产有关，其执行与某些电子事件或数据相关联，这使得智能合约不同于电子合同，点击即视为同意的协议不仅以电子形式存在，还对用户施加负面义务（例如在使用服务时不执行某些活动或不反对服务提供商执行某些活动）。此外，智能合约要求使用有加密技术的电子数字签名。

2. 双重法律性质

自动执行的智能合约中，规则以代码的方式出现，代码与法律的执行遵循相同的机制。计算机代码也是合约条款，基于契约自由原则，一般不禁止合同条款以计算机代码形式体现。因此有观点认为，每个智能合约就其法律性质而言，也是知识产权法上的计算机程序。也就是说，智能合约在法律上具有双重性质：一是约束合同相对方关系的"文件"，二是知识产权法保护的智力成果。根据客户的需求对智能合约进行编程的过程可视为软件开发过程，而对智能合约的后续权利分配应在知识产权法许可或转让的框架内进行。

3. 高度确定性

由于智能合约的核心是软件代码，其条款用计算机语言表示，而计算机语言实质上是形式化的语言，具有严格的语义和语法，不允许进行自由解释。这有效地改善了传统合同中自然语言的内在模糊性。词语通常有多种含义和解释。在许多情况下，模糊的语言可以使缔约各方更容易进行合同安排，在合同执行上创造灵活性。然而，模糊性和起草不当也可以被用来摆脱各方不想遵守的合同条件。

智能合同条款则是由机器根据布尔逻辑[1]解释的,编程语言的精确度能够减轻合同或执行方对合同条款的不可预测性产生的问题。尽管编程语言中可能存在歧义,但因为计算机可以识别的术语比人类可以识别的术语少,所以这些歧义比自然语言中的歧义要少。正因如此,现有的合同解释规则[2]不适用于智能合约,智能合约是独立的协议,不受外部实体或司法解释的管辖。该代码本身就是它所代表的"交易"的最终解释权威。

4. 自动执行性

智能合约一旦签订,其进一步执行将不再取决于其当事方或第三方的意愿,也不需要双方的任何其他批准或行动。而是通过计算机验证所有条件,转移资产并在区块链数据库中输入转移的指令。因此,智能合约在技术上对合约相对方均具有约束力,不再依赖于会受到错误和主观判断影响的人为干预,没有机会主义行为或"有效违约"[3]的余地。智能合约的这一特征会与传统合同法产生对立,这将在下文提及。

5. 自治性

传统合同下,未约定的事项应适用相关法律法规的规定。而智能合约的系统有自己遵守的一套规则,超越了法律的界限,默认或强制性的法律法规不能成为智能合约未约定事项的补充。这在跨境交易中尤为重要,意味着在世界各地可以适用同一套规则,而不用去考虑各国法律及其解释(包括地缘政治、经济制裁)的差异。

此外,与传统合同相比,智能合约的透明性和不可篡改的特性,使其订立不必依赖于对特定交易对手的了解和信任;同时,由于不再需要一个中心化的技术或组织(如复式簿记账本或版权注册机构)来验证交易标的真实性,为交易准备而支出的信息成本得以大幅减少。在交易执行环节,智能合约的自治性和自动执行性,强制各方严格遵守原始合同,消除了违约的可能性,避免了当事人一方监督另一方的资源投入和高额诉讼费用。但由于其中介的性质,智能合约的交易

---

[1] 布尔逻辑是代数的一种形式,所有的值要么是真,要么是假。布尔逻辑对计算机科学特别重要,因为它非常适合二进制编码系统,在二进制编码系统中,每一位都有一个1或0的值。

[2] 《合同法》第125条第1款:当事人对合同条款的理解有争议的,应当按照合同所使用的词句、合同的有关条款、合同的目的、交易习惯以及诚实信用原则,确定该条款的真实意思。

[3] 根据《布莱克法律词典》,有效违约理论是"关于允许一方违约并支付损害赔偿的观点,如果这样做在经济上比根据合同履行更为经济有效"。

达成成本较传统合同而言会更高。

因此，毫无疑问，在区块链上开发的智能合约数量会大大增加，类似于区块链的平台也会随之出现。这将引起人们对智能合约的法律性质以及传统合同法应用于智能合约相关问题的进一步关注。

二、现代合同法背景下的智能合约：问题与挑战

智能合约是在与法律领域"平行"的计算机领域中创建和发展的，计算机领域不涉及合法性、公平性、保护弱势群体等基本法律原则，取而代之的是确定性和有效性原则。智能合约执行仅遵守计算机领域下的原则就会产生以下问题。

（一）智能合约不产生法律意义上的义务

义务的概念起源于罗马法，是大陆法系合同法的关键。查士丁尼《法学阶梯》中提及，债是一种迫使我们必须根据城邦法律制度履行某种给付义务的法律约束。债是一种权利，每一项权利都必须承担相应的义务。根据《民法通则》第84条，债是按照合同的约定或者依照法律的规定，在当事人之间产生的特定的权利和义务关系。债权人有权要求债务人按照合同的约定或者依照法律的规定履行义务。债务人可以采取或不采取某些行动，且有一定的酌处权决定是否履行该义务。比如智能合约和自动售货机合约之间就是存在区别的。在后一种情况下，尽管履约程序是自动化的，但卖方（自动售货机的所有者）对合同的履行有酌处权，他可以通过关闭机器的方式干扰机器的运行，改变交易的结果。而在智能合约中，当事方无法通过关闭计算机来更改结果，即使计算机关闭，所有交易也会继续存在并在区块链中运行。因此，智能合约不产生传统法律意义上理解的义务，这就意味着与"义务"概念相关的所有法律制度对其均不适用，如履行方式、履行时间、履行地点、第三方履行等。

但这是否意味着智能合约是不包含任何义务的合约？现在下肯定结论未免为时过早。首先，当事方在签订合同时仍会表达其受行动结果约束的意思表示；其次，传统合同法中存在缔结时就立刻执行的合同（英美法中的"已履行"合同）[1]。或者换句话说，订立智能合约的结果不是"义务"的出现，而是通过

---

[1] 当所有合同当事人均已完全履行了合同，该合同称为"executed contracts"。

区块链技术对权利的自我限制。即使智能合约存在各方共享的某种义务，也是区块链平台上的技术约束，不会在双方之间产生法律约束。而这种约束往往比法律义务更牢固。

（二）智能合约的任何一方都不能违约

这源于智能合约本身的自动执行性及"代码即法律"的逻辑推论。如果情况发生了变化，出现了比履行合同更有利可图的选择，合同一方当事人也不得违约。这体现了罗马法中"约定必须遵守"（pacta sunt servanda）原则。因此，传统合同法中所有针对违约的救济措施，如损害赔偿、罚款（违约金）、特定履行等，除非明确包含在其代码中，否则与智能合约无关。换句话说，合同当事方在虚拟世界中拥有的所有救济和担保，在智能合约的数字领域均没有用武之地。这也一定程度上暴露了智能合约中代码的潜在漏洞，使其易于被合同方或第三方利用。

假设区块链上存在合同违约的情形，比如资产转移时账户里没有资产，或者向某个数据库传递密码，但密码错误或无效，当事方无法履行合同。然而，尽管上述合同可以通过计算机代码来实现自动化，但它们并不是智能合约。以计算机语言执行的合同并非都是智能合同，还有可能是基于区块链技术的电子合同。它们并无自行执行的效力，仍须根据合同当事人的自主决定权而定，这就不可能保证区块链内信息的可靠性。因此，像上述例子一样的合同应被视为电子合同，而非智能合约。

（三）无效或有瑕疵的意思表示不会对智能合约的有效性产生影响

与传统合同相比，无论是由于欺诈、胁迫，还是显失公平、重大误解，智能合约的履行都不受影响。如果考虑这些与当事人订约时真实意思相悖的情形，会和区块链上交易数据库的主要特征相矛盾。如果这些情形可以作为事后更改数据库内容的理由，那将破坏当事人对区块链的信任。因此，在智能合约中最关键的是计算机代码中表示的意思，这也是保护确定性和市场的胜利。当然，也会存在合同无效及其后果的相关规定，如要求损害赔偿、返还原物等。但只有在智能合约的当事人确认并在法律管辖范围内，这才有可能发生。

（四）智能合约不适用弱者保护原则

智能合约不保护弱者，例如消费者。消费者权益保护法和规制不公平现象的合同条款不适用于智能合同。就企业与企业（B2B）之间的智能合约来说，当事人往往有着线下的沟通和磋商，甚至签署了自然语言的法律文本，智能合约只是作为交易的一环被嵌入复杂的商业计划之中。此时，各方当事人的意思表示已通过传统合同和智能合约充分反映，并且凭借两者的彼此补充和相互联系，这一混合形态充分发挥了各自的优势，共同记录了当事人的缔约意图。相反，在企业与消费者（B2C）的场合，智能合约多为一方当事人事先编写，消费者只得全盘接受或拒绝，对于是否签订合同没有任何选择余地。而且，他们可能无暇顾及阅读合同条款和附加条件，或者即使他们阅读了，也不理解其中的条款，甚至即使有人理解合同条款并且有异议，也没有讨价还价的能力去改变合同条款，就算他们决定去找另一个商家——结果还是一样的。

但智能合约也为消费者提供了额外的权益保护途径。智能合约允许消费者使用电子代理人来达成协议，搜索有利的条款，甚至在既定的范围内进行谈判。例如，eBay 在线拍卖中"狙击手"（snipers）可以根据标准选择出价，也可以用特定的参数代表消费者出价。有人认为，在不久的将来，智能合同将允许消费者根据预先设定的条款来签订合同。当技术精英对某项技术感到厌倦时，它就会成为常规，成为大众市场。但在初始阶段，智能合同很少出现在主要存在于电子商务的 B2C 领域。

（五）智能合约容易成为违法犯罪行为的温床

区块链并不审核智能合约所约定内容的合法性。在中国，使用比特币本身并不违法，但有人会将比特币用于洗钱和资助恐怖主义等违法犯罪活动，而智能合约就可能成为这些违法犯罪行为的温床，例如为黑客攻击某个特定网站提供加密货币奖励。以太坊编程语言会按照智能合约中的计算机代码将加密货币提供给完成约定条件的主体，因此智能合约可能为某些违法行为（恐怖主义行为、暗杀、盗窃等）发放既定报酬。从向恐怖组织转移资金到贩卖儿童，从庞氏骗局到洗钱，智能合约可能被滥用于明显违背人类基本价值的活动中。虽然该合同因违反法律、行政法规的强制性规定而无效，但其中的程序代码仍会被执行。法律规制的仅是试图去匿名化，并在现实生活中追责参与交易的主体。

三、智能合约面临的终极问题及进路

即使智能合约不在现有的合同法律框架内，它也可以良好地运行。换句话

说，智能合约是法律体系的技术代替。在智能合约领域不存在法律条文之间的冲突，数学是人类的通用语言，因此，智能合约是真正的跨国合同，且不需要适用不同国家法律就能统一执行。这是新型网络空间监管关系的一个完美范例——雷登伯格（Reidenberg）的信息法[1]或莱斯格（Lessig）的"代码即法律"[2]。但在"代码即法律"的网络空间中，智能合约最终会面临一个终极问题。

（一）智能合约面临的终极问题

举个例子来说明这个问题，假设在区块链中，某资产由其所有者A转移到新所有者B。但后来所有者A声称受到了B的威胁，因此交易无效。该主张在法庭上胜诉，并且有一项判决认为该交易无效且资产属于初始所有者A。因此，存在两个相背离的现实：第一个现实是在区块链中资产的所有者已经是B，因为不可能进行内容的更改并反转其数据；第二个现实是法律现实，受到司法机关的权威认可，资产所有者仍然是A。怎么样才能以所有利益相关者都能接受的方式调整这些现实，同时又不会削弱智能合约的优势呢？这就是值得思考的终极问题。

当前可以提出两种解决方案，一是向政府引入"超级用户"（Superuser）的概念，将政府作为管理者引入，其可以在特别程序下修改区块链数据库；二是政府作为"离线者"追踪特定用户，迫使他们修改记录。政府可以通过硬件开发商、软件开发商、网络服务提供商与搜索引擎对智能合约用户进行追踪。第一个解决方案会导致区块链技术发生实质性变化，并剥夺了智能合约最具吸引力和创新性的优势：对外部数据的执行能力和完全信任性。第二种解决方案会产生效率低下和跨界执行的问题，且去匿名化和管辖权问题严重削弱了这种方法的有效性，并导致在网络空间区域政府的权威减弱。

可见，这两种解决方案似乎都不是最优的，这源于代码规则和法律规则的差异，社会价值观念作用于法律规则的结果在代码规则中很难找到，甚至本身就无意义。智能合约面临的终极问题仍在等待答案。

---

[1] 信息法是指由国际领域的互联网用户自发和独立制定的一组特定规则，构成了一个替代的规范系统，包括一系列特定的规则和习惯规范，直接来自于面向网络的基础设施设计所施加的限制。See Reidenberg J., "Lex Informatica: The Formulation of Information Policy Rules through Technology", 76 *Texas Law Review* 553, 555 (1997).

[2] "代码"具有强大的可塑性，本身可以转变为法律。See Lessig L., *Code and Other Laws of Cyberspace*, New York: Basic Books, 1999.

（二）代码和法律的互动联系

恰如莱斯格所言，"代码即法律"。在网络空间中，代码设定了人们交往架构，并控制着人们行为选择的可能性。这种社会学意义上的实然有效性和当事人的自由合意相结合，产生了智能合约在伦理上的有效性，并最终获得了法教义学上的应然效力。[1] 然而对智能合约的法律认可，绝非放弃法律规制。智能合约虽非传统意义上的合同，但并不意味着它会破坏现有合同法和法律理论。智能合约必须与传统合同法和理论所定义的验证过程和程序保持高度的互动性和可操作性。合同法是指适用于合同的整个规则集合，其中可能包括许多并非基于"承诺做某事"的合同规则，这构成了智能合约要想合法就必须满足法律认可的条件。而且合同的动态性质意味着它不断在发展，随着司法机关和立法机关面临新问题而迅速改变，在智能合约的过渡阶段，就不可能消除现有合同法的所有痕迹。因此，最好将智能合约理解为整个合同法中的新型合同，而非替代传统合同。

1. 代码重新定义法律的设计、实施和执行

随着市场交易的发展，智能合约及其中计算机代码的结构会越来越复杂。为了让动态的法律跟上区块链的发展，智能合约中所运用的技术可用于为组织、实体甚至政府机构建立规则和架构。该技术可用于反映社会价值观和法律规范，不需要外部个人输入，仅通过执行代码来自动实施。智能合约甚至可以绕开财产法的一些基本原则，有效地将财产甚至宪法权利转变为智能合约的一部分。

法律的程序执行也可能被区块链技术所取代。缔结智能合约时，可以在合同执行期间的某个节点介入一定程度的人为判断。譬如，将预言机（Oracles）与智能合约绑定在一起，在确定某些合同条件是否得到满足时，合同条件的设定可以依赖预言机的判断。预言机可以调整智能合约中约定的义务履行方式，也可以传达主观见解或支持私人争议解决和私人仲裁系统。如果发挥预言机的第二个功能，就可以在智能合约中引入裁判机制，即设定信息提供的第三方为司法机构、独立的仲裁机构或从互联网上召集的陪审团，达到扩大纠纷解决程序、缩小集中化司法机构的功能。[2]

---

[1] 许可：《决策十字阵中的智能合约》，载《东方法学》2019年第3期。
[2] 参见[美]亚伦·赖特、普里马维拉·德·菲利普著，王延川译：《分散式区块链技术与加密安全法的兴起》，载《民商法论丛》2019年第2期。

2. 以法律规制代码的自由

将莱斯格的说法与传统的法律理论比较时，需要法律观念的重大转变，让单独法律体系的构建具有正当性，使其能够更好地解释数字世界的独特特征。随着动态的新信息法学的发展，立法者倾向于更接近技术规则的方式起草法律，开始探索一种新的法律思维方式和监管方式。在这个意义上，智能合约已成为代码和法律转化的枢纽。[1]

当智能合约中需要法律塑造社会规范、结构市场和影响架构设计时，可以考虑将法律直接编入代码中，以规制代码中存在的非法交易行为。运用法律本体论的技术，将法律按规范框架、行为框架和概念描述框架的类别予以代码化，便于智能合约调用，[2]将法律条款和计算机代码相互配对。

此外，还应在预言机机制上发挥法律规制和政府监管的作用。制定预言机的技术标准和行业认证体系，促进其良性发展；推动可信第三方预言机和专业预言机在线提供信息，最终建立可审计的、交叉互证的去中心化预言机制度。这些第三方预言机可以通过签名的方式介入，阻止有风险的智能合约执行。

最后，智能合约将会创设自己的争议解决系统。2016年6月对以太坊DAO的黑客攻击案例[3]表明，智能合约的当事方之间就某些意外（未编程）事件达成共识的机制是必要的。这不仅不能解决智能合约的终极问题，反而会进一步加剧这一问题。目前还没有令所有利益相关者都满意的技术开发和法律构造，但显而易见的是，那些拥有对智能合约最友好的法律的司法管辖国家将在吸引创新商业模式和公司方面具有竞争优势。

（初审：赖芸池　袁晨浩）

---

[1] Primavera De Filippi & Samer Hassan, "Blockchain Technology as a Regulatory Technology: From Code is Law to Law is Code", 21 *First Monday* 12, 12 (2016).

[2] 赵精武、丁海俊：《论代码的可规制性：计算法律学基础与新发展》，载《网络法律评论》2016年第1期。

[3] 2016年，有黑客利用智能合约的漏洞转移价值高达5500万美元的以太币。针对该事件，有人主张接受现实，以维持智能合约的效力，但更多人主张强制回溯到黑客攻击之前的状态。由于最终无法达成共识，DAO被迫一分为二：以太坊（ETH）和经典以太坊（ETC）。这一分叉完成了两件本应是不可能完成的事情：一是重写智能合约的交易历史；二是引入人为干预来否定自动执行智能合约的后果。

证券法制

再论交易型市场操纵犯罪的主观心理

——基于市场操纵实质的审视

陈 汇[*]

内容摘要： 程序化交易环境下，虚假申报等新型交易型操纵与合法交易在客观上高度相似，界分违法行为的关键在于主观心理。从深层次看，交易型市场操纵的主观心理之厘清，有赖于对市场操纵实质的正确认知。不同于既有理论，本文认为市场操纵的实质是对市场行情机制的"扭曲或干预"，即不在"与资本市场的制度价值或与市场基本功能符合"的目的所支配下的交易或信息行为，在不同程度上作用于市场行情的形成过程。基于此，市场操纵无需"引诱交易"或"影响行情"等特定意图，仅须在主观上不以正当交易为目的。维护市值为目的的回购、有限的试单、超额配售等合理市场行为，不可否认在主客观上均具备市场操纵的构成要件，但在违法性层面可以因具备违法阻却事由而排除不法。

关键词： 市场操纵　金融犯罪　高频交易　操纵意图　程序化交易

一、问题的引出——交易型操纵的违法界限

2020年3月30日，上海市第一中级人民法院对唐某甲、唐某乙、唐某丙市场操纵一案宣判，这是我国历史上首次对虚假申报，或称"幌骗"（Spoofing）犯罪进行定罪处罚。虚假申报是近年来出现的新型交易型市场操纵类型之一，与信息型操纵不同，交易型操纵以交易手段直接作用于市场机制，而与传统交易型

---

[*] 陈汇，杭州铁路运输检察院检察一部。

操纵相比，新型交易型操纵往往依托于程序化交易或高频交易，采用多种组合交易策略或利用市场间行情的联动性以实现市场操纵，其隐蔽性、复杂性极高，因此在全球范围内对该类犯罪的认定和监管均是一道难题。而《刑法》第 182 条并未明示虚假申报等新型交易型市场操纵类型，所以就是否应对该类行为适用兜底条款以及如何适用，学界一直多有讨论。去年最高人民法院、最高人民检察院发布了《关于办理操纵证券、期货市场刑事案件适用法律若干问题的解释》，首次对虚假申报等新型交易型操纵作出规定，但依然没有彻底解决该难题。这是因为在程序化交易尤其是高频交易环境下，大量交易策略均体现连续交易、交易量巨大或申报撤单比例异常、伴随剧烈价格波动等特征，与交易型操纵在客观上无异，使得市场操纵与合法交易的界限模糊。就虚假申报而言，尽管司法解释设置了"不以成交为目的"的主观要件以作区分，但对于其他交易型操纵，规范上依然没有相应的主观要件。部分学者主张交易型操纵均应具备特定的意图，从而确定其违法界限，避免不当入罪或抑制资本市场的金融创新和正常交易。

事实上，在传统的交易型操纵研究中，对于主观心理的关注由来已久。就证监会对连续交易、联合交易及洗售的监管中，行为人多以其主观上不具备操纵故意或特定意图，或具有其他合理意图提出申辩。如主张行为乃正常投资活动，无操纵股价之意图，[1] 或交易基于既有投资计划或对于市场的分析，[2] 并非意在操纵市场。实践中，行为人也可能承认其行为不以投资为目的，但在其他合理目的下实施涉案行为，如影响交割价以避税、市值管理、为股权激励回购股份、反收购等。然而，由于对交易型操纵主观心理的认知不清，尤其对市场操纵是否应具备特定"操纵意图"，以及操纵意图或其他主观要件的内涵存在颇多争议，因而就上述主观方面的申辩中哪些可被接受，并未形成统一标准。例如，若将操纵意图限于影响行情以引诱他人买卖证券，则市值管理不构成操纵；若认为操纵意图放宽至行情的控制、支配，或摒弃该要件，那么市值管理依然可构成操纵。这种认知的缺失无法回应实践中认定市场操纵的需要，在行政层面可能导致不均衡或者选择性执法，而在刑事层面则因为规范适用的不明确性，直接导致刑事判例寥寥无几。在认定连续交易等交易型操纵时，由原本的"结果主义"向"行为

---

[1] 中国证券监督管理委员会行政复议决定书（唐建平），[2013] 6 号，2013 年 4 月 18 日发布。
[2] 中国证监会行政处罚决定书（刘长鸿、冯文渊），[2015] 58 号，2015 年 11 月 2 日发布。

主义"转变,围绕操纵意图予以认定,是各国立法的总体趋势,也更符合资本市场的复杂现实。[1] 这一点在2020年3月施行的新《证券法》中得以体现,因此亟须厘清市场操纵犯罪的主观心理,回应对恶性证券违法的刑事打击需求,构建协调统一的反市场操纵规范体系,全面、有效地遏制此类犯罪。

二、市场操纵实质的审视

对于交易型市场操纵的认定,有赖于市场操纵实质的正确认知。原因有三:其一,包括我国在内,各国就市场操纵普遍采取类型化立法,难以穷尽其手段,因而须以操纵实质为基础对兜底条款进行同质性解释,划定市场操纵非明示类型的入罪范围。其二,由于类型化立法缺乏一个明示的、抽象的统一行为定义,难以直接地涵摄到具体行为上,故对诸如罪过、主观违法要素、危害结果等本罪中经常讨论的构成要件的解释和厘定,离不开操纵实质的指引。其三,从深层次看,资本市场犯罪普遍缺乏自然的反伦理性,仅仅以规范的违反性作为启用刑罚的正当性基础显然过于单薄,因此有必要从行为中提炼出市场价值所不容许的特定实质以揭示其违法性。如通过将内幕交易归为证券欺诈、不平等的信息权或背信行为等实质,构建对内幕交易的法律规制。而对市场操纵实质的探索,最初来源于英国司法上为响应公众呼吁、稳定市场秩序,而力图对操纵作出否定评价或惩罚之需求。此外,对操纵证券、期货市场罪的实质进行符合资本市场发展现实的重述与诠释,更能为证券期货犯罪的立法、司法完善提供拓展性的理论视野。[2]

(一)实质分析的路径

《刑法》第182条既规定了概念性的"操纵证券期货市场",又列举了三种行为类型和一个兜底条款,并由司法解释填充了行为类型。这是因为资本市场犯罪发生于日益复杂且高度系统化的金融市场,其犯罪手段、模式、机理均难以在立法中予以高度明确和统一,使得立法者不得不从泛滥的不正当市场行为中归纳

---

[1] 郑彧:《从"结果主义"转向"行为主义"——论连续交易型市场操纵的认定》,载《证券法苑》2019年第1期。

[2] 刘宪权:《操纵证券、期货市场罪"兜底条款"解释规则的建构与应用——抢帽子交易刑法属性辨正》,载《中外法学》2013年第6期。

出抽象的概念涵括此类行为。然而概念过度的概括化、抽象化，完全可能使之失掉描述对象的具体特征和彼此联系，[1] 并且资本市场上高度专业化、概括性的概念更不利于刑法文字的明确，威胁到国民之预测可能性。此外，随着金融技术和理论的几何式增长，各类新型犯罪层出不穷，封闭的概念性立法无法将其涵摄，同时疑似行为入罪与否却缺乏界限，进一步破坏了法的明确性原则。

与之相对的是，类型化立法引入了具体类型对抽象概念提供实在的内容支撑，回避了仅使用抽象概念来解构社会生活的"不着边际"，从而舒缓了抽象概念的"空洞化"效果，并有助于罪刑法定原则之实现。[2] 类型的包容性、开放性特征很好地适应了行为的更迭，克服了概念的封闭性缺陷，满足了法的发展性要求。在类型化立法的适用中，应在不同的类型中探求共同的行为特征，并结合行为机理、立法原意和法益保护目的，锚定立法中行为之实质。此实质不是法益侵害性或规范违反性等抽象的价值性概念，而是展现行为核心特征的事实性描述，表现为比具体类型更概括的构成要件，具有双向度特征。行为实质来自于具体类型的彰显，并反映出立法的价值评价[3]——法益侵害性，而后者常被视作违法性的实质。行为实质和违法性实质是形与神的关系，分属不同层次。

资本市场操纵犯罪作为复杂、隐蔽的经济行为，远不如"盗窃"等行为具有普遍的社会认知基础，因而对经济机理的考虑尤为必要。过于宽泛的实质认知可能泛化兜底条款的范围，并不当扩大构成要件的解释广度。因此，纯粹基于文义的解释不足以精确勾勒操纵实质的内涵。事实上，立法的精神或者宗旨并不完全显明于法条的字面用语，而是蕴涵在法条的字里行间，需要秉承公正的价值追求，运用法学基本原理，结合法律规制现实和百姓生活经验法则予以阐明。[4] 资本市场中特有的现实或经验，集中体现于市场规律和经济机理。具体而言，其中既包括市场制度所体现的价值导向，也包括交易策略作用于行情形成机制的过程等。脱离经济机理的实质认知，易缺乏法学研究必要的科学性和实践性，难以在当前复杂多样的金融工具和交易策略中甄别和认定市场操纵，一旦"误伤"

---

[1] 杜宇：《再论刑法上之"类型化"思维——一种基于"方法论"的扩展性思考》，载《法制与社会发展》2005年第6期。

[2] 马荣春：《刑法类型化思维的概念与边界》，载《政治与法律》2014年第1期。

[3] 参见［德］阿图尔·考夫曼：《法律哲学》，刘幸义等译，法律出版社2004年版。

[4] 田宏杰：《操纵证券市场罪：行为本质及其司法认定》，载《中国人民大学学报》2014年第4期。

无辜,就会抑制金融创新和市场活力,导致有关市场"一管就死"。

因此,对市场操纵罪实质的解释和分析应在三个维度上展开。其一,规范基础的选择。当市场操纵行为可适用多个不同规范时,首先应考虑可选择哪一个或哪一些规范作为解释和分析的基础。如美国证券市场上的操纵行为主要以 1993 年《证券法》第 17(a)款和 1934 年《证券交易法》第 9(a)款为基础,亦可依据《证券交易法》第 10(b)款[1]及《证券法》10b-5[2]规则。期货市场上的操纵行为,则主要以《商品交易法》第 6(c)款与第 9(a)(2)款为基础。中国的市场操纵犯罪集中设置在《刑法》第 182 条及相关司法解释中。其二,符合机理分析的解释。依据选定的规范文本进行解释和分析,形成的结论可能多样,我们应选取其中符合市场操纵经济机理的结论作为其实质。法律不是脱离科学的文字游戏,不符合经济机理的实质解释结果,无法在实践中有效适用。其三,符合实践需求的价值导向。依据不同规范基础,通过不同解释方法,形成的操纵实质理论不同。在此基础上,具体市场操纵类型的构成要件不同,证明的难度也不同。如选择以《证券交易法》第 10(b)款及《证券法》10b-5 规则为基础,将市场操纵的实质解释为市场欺诈,须证明行为人有"欺诈意图",较之以同法第 9(a)款为基础,将其实质解释为价格操纵,所须证明的"操纵意图"更为困难。因此从便于指控犯罪的需求出发,宜选择后者作为规范基础。前述三者并非互相割裂,而是以实践需求为指导,将前两者有机结合、互相联动,通过高层阶的、抽象的法律适用为具体的法律适用提供基础和前提。

(二) 既有实质认知的商榷

在 16 世纪尼德兰的早期金融市场中,市场操纵即悄然诞生,至 1720 年英国南海泡沫案,无数投资者血本无归,社会公众才开始呼吁对资本市场中市场操纵、内幕交易等一系列"不公平"的行为展开制裁。英美司法实践中借鉴普通

---

[1] 美国《证券交易法》第 10 条(b)款:"禁止任何人直接或者间接地通过洲际商务、邮电通讯、证券交易等设施,使用操纵、欺诈或违反证券监管部门基于保护市场和投资者利益所制定的法规的方式,从事注册证券、非注册证券、以证券为基础的掉期合约等交易。"

[2] 美国《证券法》10b-5 规则:"禁止任何人直接或间接利用洲际商业设施、工具、媒体或者全国证券交易平台,针对证券以及证券交易实施下列行为:(1)使用任何形式、方法、策略或者计划进行欺诈;(2)就与证券有关的重大事项进行虚假陈述,或者对有必要向他人披露且能够避免他人受到误导的客观事实进行隐瞒;(3)欺诈或可能欺诈市场参与者的交易、操纵或者其他行为。"

法上的"欺诈"概念，通过 Rex v. Berenger 案等民事案件的审理，逐步形成以"欺诈"作为市场操纵之实质和非法性来源的观点——欺诈理论，并于1892年英国 Scott v. Brown 案[1]中最终成型。该案认为，市场操纵实质是以欺诈性陈述或制造市场假象，引诱投资者购买证券，并以后者的损失为代价使操纵者受益。随着资本市场体系的不断发展，在美国证券市场上，以《证券法》第17（a）款、《证券交易法》第10（b）款及《证券法》10b-5规则为中心的反欺诈规范体系逐步建立，市场操纵被认为是证券欺诈的一种形式而被规制。

普通法上针对财物的"欺诈"概念与针对公开市场的市场操纵，客观上存在诸多差异，典型的如后者通过扭曲市场价格诱使投资者交易，并不具备欺诈中"使他人产生错误认识，继而基于错误认识处分财物"的经典构造，司法实践中也很难以类似欺诈的证明方法实现指控。伴随着资本市场与金融理论的日新月异，理论与实务界对市场操纵之认知不断深化，就其实质形成价量操纵说、失当行为说、市场欺诈说、要素的非正当控制说、优势滥用说等主要理论。价量操纵说，仅关注操纵行为的外在结果要素，[2] 并未实现对操纵实质深层次的抽象概括，且实践中容易异化为交易量操纵，[3] 因此基本被通说否定。失当行为说又被称为禁止性行为说，认为市场操纵实质是违反相关法律法规的市场失当行为；但任何违法行为都为法律所禁止，有关该观点也没有实质性讨论。市场欺诈说是由传统上欺诈理论演化而来，但严格意义上并非对操纵本质的一种重新界定，其诞生主要为解决金融市场"非接触性"所导致的归责不能。[4] 美国在虚假陈述的审判实践发展出"市场欺诈"理论，即在有效市场下，原告证明市场价格遭到操纵影响，可认为操纵行为对整个市场实施了欺诈，推定投资人的错误投资与操纵行为之间存在因果关系。[5] 然而，首先，市场欺诈体现之保护法益主要为投资者利益，对于行为所直接侵害的对象——市场本身及其功能——缺乏重视。

---

[1] Scott v. Brown, Doering, McNab & Co., [1892] 2 QB 724.
[2] 实际上，市场操纵的价量并非操纵的结果要素而是具体危险要素。
[3] 中国《刑法》《证券法》中将市场操纵的实质解释为操纵交易价格或交易量的理论是独创的，其对于价格操纵和交易量操纵是选择关系，即市场行为只要满足任一标准，就认定该行为是市场操纵行为。但这也造成了实务认定中，出现了弱化价格操纵，只注重交易量操纵的趋势。
[4] 如在集中竞价交易的股票市场，操纵行为人与被害人不存在直接接触，很难证明行为人的操纵行为导致被害人进行了错误投资，即无法证明被害人被行为人直接欺诈的因果性。
[5] 这是因为在有效市场中，操纵行为和其他各类市场信息均可体现于市场价格中，投资者以当时的市场价格成交，其做出的决策可以被认为受到了不真实或错误的价格信号误导。

资本市场的功能在于促进资源有效配置,其实现有赖于价格机制的正常运行和足够的市场流动性,市场操纵则是一种会扭曲价格信号和导致市场流动性下降的交易策略,[1] 其危害在于降低资源配置效率。其次,严格意义上的市场欺诈所指的误导其他投资者之假象,特指操纵行为所形成的人为价格,而忽视了同样由其形成的供求假象或虚假交易量这些人为价格之外的市场信号,而后者可不经过价格信号对投资者的交易决策产生直接影响。例如幌骗通过大量虚假申报形成虚假供求,引诱其他投资者交易,至于人为价格则并不一定是行为人的目标。再次,市场欺诈所依赖的理论前提——"有效市场假说"过于理想化,使得证明交易发生于有效市场中成为另一难题。[2] 此外,金融研究表明,"有效市场假说"提供的前提可被正反馈投资决策理论证伪,[3] 即存在部分投资者并不基于市场价格进行资本配置,而更倾向依据过去市场价格的变化趋势做出投资。最后,传统交易型操纵并非对事实的虚假陈述,其背后是对事实的价值判断,不符合欺诈所要求的"虚构事实或隐瞒真相"。据此,1888 年纽约法院曾认为,洗售不过是对股票价值的判断,而非对事实的虚假陈述。[4]

同时,对欺诈说等实质观点的讨论往往建立在理论层面,大多未从司法实践角度去进一步检验。事实上,"市场欺诈"作为操纵犯罪的实质也无法满足反市场操纵的实践需求。其一,部分操纵犯罪并非以欺诈手段扭曲市场价格机制,如期货市场轧空手法,并非制造虚假行情欺诈市场,而是控制现货供应迫使空头高位平仓,便不符合欺诈这一实质。其二,市场欺诈基于单一市场建构了推定的归责渠道,但面对跨市场操纵时,还需要考量手段市场与目标市场间欺诈传导[5]的因果性,该因果性同样复杂、难以证明,若直接套用市场欺诈归责,意味着原有因果关系推定基础上的二次推定。推定本身是对事实的盖然性判断,在盖然性判断基础上二次推定,后续推定结论的盖然性会呈乘数效应,从而超越刑事证明

---

[1] Albert S. Kyle and S. Viswanathan, "Price Manipulation in Financial Markets: How to Define Illegal Price Manipulation", *American Economic Review: Papers & Proceedings*, 2008.

[2] 赵希:《论证券、期货市场新型操纵行为的刑法规制路径》,载《证券法苑》2018 年第 1 期。

[3] James Surowieeki, "The Wisdom of Crowds: Why the Many Are Smarter than the Few and How Collective Wisdom Shapes Business Societies and Nations", *Psychology*, 2006. 转引自杨松、石启龙:《市场操纵本质的新认知及监管制度创新》,载《江西社会科学》2009 年第 3 期。

[4] 陈建旭:《证券犯罪之规范理论与界限》,法律出版社 2006 年版,第 206 页。

[5] 或可理解为人为行情的传导。

标准的容忍程度。其三，欺诈要求行为人还须有诱使他人交易之目的，[1] 从而彰显欺诈性，即操纵行为的判断应以行为人主观上是否有诈欺市场的双重意图（意图制造市场假象、意图诱使投资人交易）为准。[2] 这一额外目的要件，即使有推定规则的辅助也会增加控方的举证难度，并且容易导致凭主观意图出入罪，威胁法的人权保障机能。此外，诱使他人交易之目的也并不必要，如健力士公司在收购 Distillers 案中操纵自身股价以提升收购报价的总体价值，其仅有制造虚假股价以便于收购的故意而无欺诈投资人的目的；类似的，不被法律允许的回购、不合规的信息披露等均无此特定目的，但其行为对于市场与投资者的侵害并无不同。各国立法上逐渐对此进行了调整，如德国《有价证券交易法》便删去了操纵犯罪的高位阶故意的要求，无需目的（Absicht）或确定认知（Sicheres Wissen），仅有影响价格的简单故意即可认定操纵犯罪。

非正当控制说是谢杰博士所提出的一种新观点，其主要着眼于操纵行为对金融商品要素和资本要素的双重控制，[3] 认识到了交易型操纵和信息型操纵作用于市场的路径之不同。但所谓资本要素控制，即通过制造信息作用于投资者，改变投资者的资本配置和交易决策，继而影响市场中的供求关系，形成人为的市场行情。资本操纵与金融商品操纵的唯一区别在于行为所直接作用的对象不同，但殊途同归，其实质均为对行情形成机制的干预。须注意的是，非正当控制的立论依据在于，资本操纵的因果关系链条过于遥远，不应与金融商品操纵相提并论。但这不过是证明上的问题，其行为实质是一样的，抢帽子交易最终作用对象也是行情形成机制，绝非止于对资本要素的控制。如果为了避免在抢帽子交易的具体认定中，信息操纵行为与投资者交易决策、投资者交易决策与市场行情变动之间二重因果关系推定超出刑事司法对盖然性的容忍程度，[4] 而强行在实质界定中忽视后半段行为过程，未免有削足适履之嫌。此外，非正当控制这一行为实质没有体现出违法性。"控制"一词相当中性，在资本市场中试图影响其他投资者来

---

[1] 美国判例中对证券欺诈的故意表述为"Scienter"，有特定的欺诈目的要求；操纵故意则为"Intent"，无特定目的要求。

[2] 庄永丞：《论证券价格操纵行为之规范理论基础——从行为人散布流言或不实资料之操纵行为开展》，载《东吴法律学报》2008年第1期。

[3] 谢杰：《市场操纵犯罪的机理与规制：法律与金融分析》，华东政法大学2014年博士学位论文。

[4] 谢杰：《操纵资本市场犯罪刑法规制研究》，上海人民出版社2013年版，第125页。

控制资本要素，还不足以彰显其违法性，顶多是在一定程度上影响了投资者的交易自由。[1] 由此，只能从非正当性中明确违法性；然而谢说对非正当性的解释仅仅是"法律禁止的要素控制行为"，那么等于市场操纵的实质内涵是市场禁止行为或失当行为。据此，所有的行政犯都属于这个内涵，这种非正当性的理解显然过于宽泛。笔者认为，这种违法性，就在于两种要素控制类型所共有的、对行情自然形成机制的有意扭曲或干预。

近年来，优势滥用说日趋兴盛，该理论实则将商法中垄断的概念引入证券市场，认为操纵实际上是一种利用资源优势进行的垄断行为，[2] 与反垄断立法中所禁止的"滥用市场优势地位"本质无二。这种优势既包括传统的资金优势、持股优势和信息优势，也包括技术优势、交易速度优势等。《刑法》第182条第1款第1项要求"集中资金优势、持股或者持仓优势或者利用信息优势"，使得该说有较好的规范适应性。然而市场优势滥用是对实践中操纵行为的不完全归纳，与市场操纵的经济机理存在较大背离。原因如下：其一，并非操纵犯罪皆须以滥用市场优势之行为实现，《刑法》第182条列举的三种行为类型中仅连续交易、联合交易明确规定了优势要件，其他两种类型的操纵则无此要求。将具体的行为类型作为实质理解，会不当地限缩刑罚范围，造成法律规则漏洞。如果依照反垄断法之理解，将优势定义为支配性地位或者显著的市场资源，那么大量操纵行为将因没有滥用优势而无法被认定。反之，如果为了维持足够的刑罚范围，宽泛地将任何可能影响价格的资源均认为是优势，那么实质的落脚点又回到了价格影响性上，优势这一要件也将形骸化。同时需要注意的是，"滥用优势"要件的存在本身给行为的鉴别与认定增加了成本，无论犯罪最终是否成立，都将导致证监会浪费宝贵的监管成本去查证行为人的资源优势，[3] 这一点在我国的监管实践中尤为突出。其二，并非滥用市场优势之行为皆须以操纵犯罪处罚。所谓滥用，其义在过度、过量地使用。从这个意义上说，市场优势的滥用无可厚非，如为实现利润最大化的目标，对于投资者不仅会倾其所有甚至设高杠杆配资入场，这种对资金优势的滥用虽然给投资者带来更多的交易机会和获利机会，但不意味

---

[1] 事实上，大量明知是庄家荐股坐庄的投资者，乐于追随荐股信息做出交易决策、以追求投机利益，那么其交易自由根本未受影响。

[2] 程啸：《论操纵市场行为及其民事赔偿责任》，载《法律科学》2001年第4期。

[3] 几乎所有涉及连续交易的行政处罚书，均有对"优势要件"的证明，而这是不必要的。

着对市场秩序的严重扰乱，无刑罚之必要性。将单纯的滥用优势行为纳入刑罚范围，既是刑法治理的过早介入，也给本已疲于应对的金融监管主体平添了更多的监管成本。此外，滥用信息优势的行为也可能构成内幕交易罪、利用非公开信息交易罪而非市场操纵犯罪，此罪与彼罪间的区别恰恰在于是否对行情形成机制的干预，忽略这一要素将直接导致上述三者间难以区分。

此外，由于反垄断立法与证券市场上的反操纵立法在制度设计、立法目的、适用对象等方面均存在较大差异，对垄断主要以行政手段恢复竞争秩序，不寻求对个人的严厉刑罚，因此以暂不具备刑事可罚性的垄断来界定操纵之实质，不免产生过当处罚的疑虑。两者虽然均主张对市场秩序、市场效率的保护，但具体的法益保护不同。前者是对竞争秩序的维护，确保具有市场优势者不会形成不正当的交易地位，而后者则是对自然供需所形成的"自由市场"的维护，[1] 防止行情机制被人为扭曲。具体到行为中，市场操纵行为人的意图并非止于滥用优势，而是利用滥用优势的手段，干扰行情的自然形成，继而通过人为行情谋取利益。可见，市场操纵的违法性体现于行为对行情形成机制的作用，行情才是反操纵立法关注的核心要素。事实上，各国、各地区的主流的反操纵立法也普遍立足于行为对行情之一的价格的影响性上。如英国《市场行为守则》要求市场滥用"以维持被扰乱的价格水平为目的"，德国《有价证券法》第20条a款的每一种操纵类型均落脚于"对金融工具市场价格的影响"，我国台湾地区"证券交易法"第155条第7项概括条款规定其他操纵行为乃"直接或间接从事其他影响集中交易市场有价证券交易价格之操纵行为"等。市场优势滥用说所体现出的违法性在于"滥用优势"，侧重于操纵的行为前提而非行为本身，实则是对反操纵的立法目的和核心要素的偏离，可能误导以此建构的反操纵理论的价值导向，致使实践中缺乏对行为之行情影响性的深入考察。

（三）行情操纵——市场操纵的行为实质

通过对既有认知的梳理和讨论，不难发现，资本市场的行情形成机制，才是市场操纵行为真正作用的对象。因而笔者认为，市场操纵的实质在于行为对市场行情机制的扭曲或干预，具体而言是通过交易行为或信息行为，影响市场中的自

---

[1] 转引自（台）陈建旭：《证券犯罪之规范理论与界限》，法律出版社2006年版。

然供需关系，继而形成人为的价格或交易量等行情。从《刑法》第182条明示的行为类型中，可以看到行为对市场行情形成机制产生作用。在此基础上，我们应当反思什么是"自然"供需关系，什么又是对行情机制的"扭曲"。事实上，这两个词均为规范概念而非事实概念，因为在经济机理上，任何交易（包含交易中的申报，下同）或信息行为均会直接或间接形成供需，继而作用于行情形成机制，这种供需是否是自然供需，而这种对行情机制的作用又是否是扭曲，答案显然是否定的。不然任何交易或信息都将被禁止，市场存在的意义荡然无存。如果从这种作用的程度或大小出发，认为刑法中明示的行为类型可能导致较大的市场行情影响力，因此产生了"非自然"供需。这种理解也是不正确的，因为正当交易或信息也可能产生了巨大的市场影响力，譬如金额巨大的大宗交易或者有关企业增发的真实信息公布。市场操纵与一般交易行为或信息行为在客观上毫无二致，但其被规范评价为"非自然"供需或对行情机制的"扭曲"，在于其不具有正当交易目的。需要注意的是，不具有正当目的不代表行为人需要追求特定目标，而仅仅是不追求市场所要求的正当目的。所谓资本市场所要求的正当交易目的，在于资本市场的制度价值所鼓励的基于价值判断进行的交易，或基于价格变动进行的投机交易，抑或基于套期保值需求进行的套期交易，而此三者交易目的也符合市场"价格发现"和"资源配置"的基本功能。但市场反对在此目的支配以外实施的交易，或根本不以实际交易为目的的申报，因其违背了市场的基本功能，使得上述三种正当交易所形成的市场信号被掩盖，不利于其他交易者开展正常的投资、投机和套期交易。不在"与资本市场的制度价值或与市场基本功能符合"的目的所支配下的交易或信息行为，在不同程度上作用于市场行情的形成过程，即可谓对市场行情机制的"扭曲或干预"——而这才是市场操纵的行为实质。简言之，不以上述正当交易为目的，实施影响行情的交易或信息行为。英美法上所谓的"非真实（Non bona fide）的交易"概念，其内涵也大抵如此。从这个意义上说，以影响或控制行情、制造人为行情为目的的交易只是符合市场操纵行为抽象实质的一种具体行为，其常见、典型但并不与之相等。部分国家或地区通过限缩目的，使得操纵行为在符合该实质的范围内局限于"以影响价格或交易量为目的"、"影响行情为目的"或"以诱导其他投资者为目的"等，即进一步将市场操纵的实质发展为"通过扭曲市场行情机制，使行情向特定方向发展""通过扭曲市场行情机制来诱骗投资者"等狭义实质，而将其余符合广义操纵实质的行为归于"市场扰乱"或"市场失当"行为。我国《刑法》第182条中没有任何要件规定行为之目的，而从操纵客观类型描述中，也很难解释出特定目的，同时《刑法》中也未像英美设置相关罪名以调整、区分操纵的实质，因此不应在目的层面对操纵的实质进行限缩。否则，实践中大量扭曲了行情机制、严重危害市场秩序却并非以学界所主张的特定目的支配下的行为，将失去刑法规制的可能性。

学界对市场操纵实质的各种理解，实际上是市场行情机制被扭曲这一行为进程的阶段或部分体现，侧面验证了行情操纵说之合理性。价量操纵是行情操纵在结果上的体现，但只有扭曲自然形成机制的价量操纵才可能评价为市场操纵，诸如利用计算机手段直接更改行情报价的行为就不能认定为市场操纵；非正当控制是行情操纵在过程上的部分体现，任何对行情机制的扭曲都有赖于行为人对金融商品和资本要素的控制，诸如不以制造人为行情为目的而影响他人投资决策的行为就不能认定为市场操纵；滥用优势是行情操纵在前提上的体现，但并非所有行情操纵都以滥用优势为必要。由此，本文通过对其他学说的探讨及对学说间关系的厘清，已证明该学说和市场操纵的经济机理更为吻合，且从法理上克服了前述学说的种种弊病，更加贴近资本市场秩序利益维护之立法目的。

三、交易型市场操纵的主观心理

在经济和金融犯罪领域，犯罪心理是难以直接观测的，且获得被告人对于自身心理的供述极为罕见，但这并不等于在此类犯罪的认定中可以严格责任直接消除对被告人的主观方面之要求。事实上，由于交易型操纵在客观形态上与市场中常见的交易行为具有高度相似性，须通过罪过和其他主观违法要素，界分合法与非法交易的边界，限制刑法的干预范围。对于市场操纵罪的主观要件之讨论主要围绕于操纵目的或操纵意图，目的要素的存在与否也直接决定了该罪罪过类型的范围。然而，《刑法》第182条并未设置特定的操纵目的，涉及"目的"之处唯两高司法解释中虚假申报的条款，即频繁、大量的报撤单"不以成交为目的"；此外未列其他目的要素。因此，问题在于类似"非法占有目的"之于财产犯罪，对交易型操纵的规范解释是否可得出隐性的目的要件？

对于隐性目的要素的解释应当谨慎。一方面，该种解释或涉及对罪刑法定原则的侵害；另一方面，这也可能不当地提高了市场操纵罪的指控难度。如前所述，金融犯罪中目的等主观要件难以直接证明，如美国的司法实践中指出，获得证明主观意图的直接证据通常很困难——有时甚至不可能，因此一般须通过情势证据（Circumstantial Evidence）[1]予以间接证明。[2] 公诉机关以一般理性人"合理的可接受性"为标准，通过大量基础事实引申出待证事实，同时须尽可能配合直接证据以达到排除合理怀疑，这在总体上较直接证明的难度有增无减。因此，切勿以经验主义或者归纳的办法草率地解释隐性的特定目的，避免不当地提高市场操纵的证明门槛，或在实质上人为限缩其入罪范围。

（一）特定目的要素之否定

就交易型市场操纵是否应具备特定的目的要素，学界早有讨论。在2006年《刑法修正案（六）》之前，《刑法》第182条第1款曾设置"获取不正当利益或转嫁风险"要件，当时学理上的争议在于该要件是主观要素还是客观要素，并有学者指出市场操纵是为了获取不正当利益或转嫁风险，而制造并希望特定人为行情的出现。[3] 随着该要件的剔除，相关规范在字面上不再对操纵行为的目的要素作要求；然而围绕目的要素的讨论却并未偃息。有学者从刑法修正案的意义出发，认为市场操纵不问"动机"为何，否定了目的要素。[4] 或从目的要素不当限缩市场操纵之规制范围出发，认为目的要素不必要。[5] 多数学者则认为，操作者须具有以行为诱导其他投资者对市场产生错误认识的故意，[6]即具有误导他人的目的。或是操纵制造了误导性的行情，目的在于引诱其他投资者交易。[7] 也有观点主张，市场操纵的目的仅在于影响市场行情，[8]或认为上述目的是操纵的或然要件，具备任何一种目的便构成操纵。[9] 具体到连续交易型操

---

[1] 又称间接证据、环境证据。情势证据和我国诉讼法中的间接证据并不相同，前者是反映待证事实或可据以推断出争议事实存在与否的证据，如行为人行为前后的表现，行为时所留下的迹象，被害人被害时的态度、语调、表情等事实情况。
[2] United States *v.* Morris, 576 F. 3d 661.
[3] 胡启忠：《金融犯罪论》，西南财经大学出版社2001年版，第288页。
[4] 曾静音：《刑法历次修正背景·释义·应用》，中国法制出版社2006年版，第199页。
[5] 王新：《操纵证券市场犯罪之主观故意的认定》，载《中国刑事法杂志》2016年第6期。
[6] 刘俊海：《现代证券法》，法律出版社2011年版，第233-240页。
[7] 陈辐宽：《金融证券犯罪疑难问题解析》，中国检察出版社2009年版，第12页。
[8] 陈晨：《操纵证券市场犯罪要素认定的司法观察》，载《证券法苑》2017年第3期。
[9] 萧鑫：《证券做市交易与市场操纵的界分》，载《比较法研究》2019年第1期。

纵，有论者指出连续交易中抬高或压低证券价格本身并不违法，只有在"诱使他人买卖证券"的目的下连续交易才构成市场操纵罪。[1] 也有观点认为，为了准确区分正常的连续交易投资或投机与连续交易操纵，后者主观上应具有诱导他人交易或制造价格或交易量的目的。[2] 具体到虚假申报型操纵，有学者指出，"不以成交为目的"的虚假申报，并非天然就具有不正当性，例如用于探测市场深度的探测订单和谋求议价优势的瞬时订单，因为此类行为的不正当性建立在"故意制造与内心不一致的表意以诱导他人"或"影响市场行情"的意图上。[3] 可见，对于不同类型的交易型操纵，学界普遍主张特定目的要素之存在。

前述争议主要分为目的要素必要和目的要素不要两大类，而前者又可归纳为"影响说（制造人为行情说）""引诱说"两种。无论主张市场操纵具备何种目的，无非立论于以下几点理由，对此笔者进行一一分析：

第一，目的要素才能界分操纵行为与其他合法交易行为，限制市场操纵罪的入罪范围。任何交易均可作用于市场行情机制，尤其是大单的证券买卖，势必造成行情的显著波动。主张该论者，以主观上特定目的，限缩市场操纵罪的入罪范围，保障正当交易的合法性。类似于国家救市护盘、合法的公司回购与市值管理、上市超额配售、股东增持计划等，凡涉及以二级市场交易影响市场行情的正当行为，均因不符合特定目的而不构成市场操纵。

但就"引诱说"而言，该目的要素过度限缩了市场操纵的规制范围，没有意识到市场操纵动机的多元性。除了引诱其他投资者买卖证券，继而高位出货或低位建仓外，通过打压股价降低上市公司收购成本、避免投资者行权、减轻可转债回售压力，或拉抬股价维持基金净值、股权激励等扭曲行情自然形成的行为，在国内外均普遍视为严重危害市场秩序的市场操纵行为。在这些行为中，操纵者实际上具有两个层次的目的，第一层次为制造人为行情，第二层次为利用人为行情谋利。前者在上述行为中普遍存在，体现行为人对市场操纵结果的积极追求，至于后者"具体以何种方式谋利"乃至是否需要"利用人为行情谋利的目的"，只是犯罪中的动机，难以证明，也没必要证明。

"影响说"扩大了市场操纵罪的入罪范围，但依然存在刑罚空白。影响市场

---

[1] 陈建旭：《证券犯罪之规范理论与界限》，法律出版社2006年版，第78页。

[2] 谢杰：《操纵资本市场犯罪刑法规制研究》，上海人民出版社2013年版，第110页。

[3] 王新：《操纵证券市场犯罪之主观故意的认定》，载《中国刑事法杂志》2016年第6期。

行情、制造人为行情是操纵行为作用于行情机制所可能导致的结果，是规范列举的市场操纵行为会产生的客观影响，并不要求行为人对此积极追求。明知该影响的存在，虽不以此为目的，却依然有意为之，或明知该影响可能存在，却为追求其他目的而放任该影响发生，其市场危害性和主观恶性与"影响说"中的行为毫无区别，具有相同的可罚性。在虚假申报中，"影响说"导致的刑罚空白尤为明显。例如，完全符合虚假申报规范文义的塞单交易，以大量虚假挂单瘫痪交易所的主机，继而获得不正当的抢先交易优势，客观上并无真实交易的发生，反而导致行情的异常波动。以追求流动性回扣而反复虚假申报的非法做市行为，其目的在于以虚假流动性赚取交易所回扣。以小额报单探测市场深度的试单算法（Pinging）[1]，在一定程度上因影响较小而能被交易制度容忍；但当行为人滥用该算法、大量试单导致虚假挂单充斥市场，引发行情震荡时，其行为具备可罚性，但其目的依然在于提高探测能力。前述列举的三种虚假申报类型，均扭曲了行情形成机制，具备市场操纵性，但因不具备影响行情的目的而排除违法。由此看来，当前占据主流的目的理论可能不当限缩操纵罪的适用。

　　第二，域外立法、司法和学理上普遍主张目的要素的存在。不少学者在论及我国刑法中市场操纵罪的目的要素时，常以域外法例、判决或理论为证。美国《证券交易法》在虚假申报所属的9（a）（2）款交易型操纵中要求"以诱使他人买卖证券为目的"，而在9（a）（1）款虚假交易操纵中要求"以制造交易活跃假象或市场假象为目的"。有学者认为，基于恶意（bad intent）的交易即为市场操纵，而该恶意应当包含"使证券价格向特定方向发展"的意图。[2] 日本《金融商品交易法》第159条第2款第1项规定了以现实交易为手段的"变动操作罪"，虚假申报归于该罪处罚；其中规定行为人主观上须"以引诱他人交易为目的"。判例上对该目的要素存在争议，如1972年东京协同饲料案中，行为人在增发新股期间拉抬股价谋取溢价发行利益，一审东京地方裁判所认为违法与合法交易的基准在于是否有"引诱目的"，而二审东京高等裁判所则认为该目的仅属动机，只要行为人意识到第三人将受引诱而想要证券交易即可。该案中被告方辩

---

〔1〕"试单"（Pinging）策略，即部署多笔小额订单，根据其成交情况，探测市场深度和可能的大额订单，并以其速度优势抢先建仓并利用随后到达市场的大额订单及其导致的行情波动获利。

〔2〕 Daniel R. Fischel & David J. Ross, "Should the Law Prohibit 'Manipulation' in Financial Markets"? 105 *Harvard Law Review* 503, 519-520 (1991).

护人以原《金融商品交易法》违宪为由上诉至最高裁判所，后者对"引诱目的"采狭义理解，明确行为人必须具有引诱第三人交易之目的。理论上，有论者认为该目的要素才使得行为具备了可罚的违法性。[1] 也有论者认为引诱他人交易是市场操作实行行为所生之结果，以该结果为目的，即所谓"断绝的结果犯"，行为人无须对该目的积极认识，而仅需对犯罪结果的未必故意，实质上否定了目的要素。我国台湾地区"证券交易法"第155条第1项第7款即兜底条款适用于虚假申报，其本属第6款，在1988年修法时将原有"影响行情的意图"删去，不再附目的要素。但考虑到第3-6款中各类典型市场操纵行为均设置意图要件，台湾"最高法院"在判决中主张，行为人主观上仍须"意图以人为方式影响证券市场价格，诱使或误导他人为交易"[2]之要件。有关论者同样质疑1988年修法之合理性，认为删除目的要素导致合法投资与违法操纵间的界限模糊。[3]

对此，首先，应当明确，在立法和修法过程中，参考域外做法调整要件无可厚非，但在法律解释和适用过程中，切不可直接依据域外做法，主张市场操纵罪中目的要素必要说。域外很少否认目的要素，争议主要聚焦于目的内容之"引诱说"与"影响说"，这是因为域外市场操纵的规范中明文设置了目的要素，而我国相应规范中无此规定，不可一概而论。依据域外做法，主张在我国市场操纵罪的构成要件中设置不成文的目的要素，无异于将域外法律适用于我国。即使在对操纵罪的学理讨论或修法活动时借鉴域外做法，也应注意比较不同理论所根植的制度土壤，以及不同国家或地区刑事政策与金融监管政策的导向，避免法律移植水土不服。其次，域外理论也提供了目的要素不要的某些依据，如日本学理上认为诱导他人交易是市场操纵实行行为所生之结果，该罪系断绝的结果犯，因此对该结果仅需未必的故意无须积极认识。同理，影响行情也可认为是我国市场操纵实行行为所生之结果，亦可认为仅需未必的故意。

第三，行政监管实践中对目的要素的肯定。既有的针对市场操纵的行政处罚中，普遍涉及对行为人目的要素的审查，具体而言，一是以具体指标推定行为的

---

[1] 转引自（台）陈建旭：《证券犯罪之规范理论与界限》，法律出版社2006年版。

[2] 台湾地区"最高法院"93年度台上字第5152号刑事判决。类似的还有"最高法院"97年度台上字第2012号刑事判决，以及"最高法院"98年度台上字第2659号刑事判决等。

[3]（台）林国全：《从日本法之规定检视"我国""证交法"第155条反操纵条款》，载《政大法学评论》1993年第49期。

操纵意图，二是以抽象动机、目的认定行为的操纵意图。前者更具体形象，后者更为灵活，但两种路径均暗含对主观要素的把握。[1] 部分虚假申报的调查中，证监会在认定"不以成交为目的"后，特意强调行为人"目的在于引导和强化个股走势"[2] 或有影响行情之意图。因此，目的要素也往往成为行为人阻却操纵故意的抗辩事由，[3] 成为证监会审查违法与否的重点。

但是行政机关在实践中的做法，对市场操纵犯罪的刑事认定意义有限。尽管客观上这导致了从行政阶段向刑事阶段移送的行为人往往具有该目的，但司法机关认定犯罪以《刑法》及相关司法解释为基准，并参酌前置法的规定，不会根据行政机关的做法增减构成要件。对市场操纵主观方面的其他目的要素，《刑法》中并无要求，而前置法上无论《证券法》还是证监会内部的《证券市场操纵行为认定指引（试行）》，对此也均未设置。从这个角度说，证监会的前述做法本身就可能不适当地超出了规范之要求，故值得商榷。因此应当认为，无论行政法还是刑法，只须行为人具备操纵市场的一般故意，无须解释出其他目的要素。

由此看来，市场操纵罪中存在特定目的要素的主要理由，经不起推敲。既然如此，在法律适用中额外给市场操纵设置目的要素，并无必要也不合适。不少学者凡论及市场操纵，便习惯性地认为市场操纵就应当具备某种意图，并以此为"预设答案"去积极论证；这种惯性思维，一是受域外立法和实践的影响，[4] 二是错把市场操纵中常见的情况认为是必然的情况。后者等于在法律适用阶段错误地使用归纳推理，以实践中目的要素出现的经常性、典型性为由，当然地在法定构成要件中增设该要件。这种做法本质上也有悖于罪刑法定原则。

（二）正当交易目的——合法与非法的边界

1. 不以正当交易为目的

以目的要素界分合法与非法——这种错误的惯性思维背后，反映出有关论者

---

[1] 汤欣、高海涛：《证券市场操纵行为认定研究——行政处罚案例的视角》，载《当代法学》2016年第4期。
[2] 中国证券监督管理委员会行政复议决定书（徐再聪），〔2018〕31号，2018年5月8日发布。
[3] 王新：《操纵证券市场犯罪之主观故意的认定》，载《中国刑事法杂志》2016年第6期。
[4] 域外往往要求市场操纵具备操纵意图（intent），而操纵意图在词义上接近于目的要素。

仅仅认识到了市场操纵行为的常见形态，而对于其实质没有正确把握的问题。否定目的要素的关键理由，在于前述的任何特定目的不符合市场操纵实质的要求。进一步说，只有从实质的角度出发，才可正确界定市场操纵主观方面的内涵。市场操纵的实质在于形成非自然的供求关系，继而扭曲行情机制的形成；所谓"非自然"供求或对行情机制的"扭曲"，在于其不具有正当交易目的。行为人即使不具备引诱他人或影响市场的特定目的，但客观上实施了足以影响市场行情的法定行为，而主观上又故意为之，且其行为并非意在追求前述正当目的，即构成市场操纵。因此，如上文中所涉及的，不以成交为目的，也不具备额外特定目的要素的虚假申报类型，均可归入市场操纵的刑罚范围。塞单交易策略，其目的在于瘫痪交易主机、谋取不正当交易优势，并不具备正当交易目的，即使并非意在制造人为行情或诱导他人交易，但仍符合市场操纵实质、也该当此罪的法定构成要件。同理，滥用试单交易时，行为人发出大量试单订单，即使长远上是为了探求交易可能性，但其直接目的在于探求市场深度而非真实成交，同样符合市场操纵的构成要件。

　　反之，主观上具备了前述正当交易目的，尽管行为人认识到其行为在客观上符合法定要件，且可能造成操纵罪所禁止的具体危险结果，但故意为之、放任该危险的发生，依然不构成市场操纵。例如东海恒信操纵180ETF案中，行为人客观上构成了洗售且故意为之，但不应被证监会定性为市场操纵。[1] ETF作为可以按特定股票组合申赎，也可直接在二级市场现金交易的指数基金，其交易价格与成分股价格间经常存在价差，交易者可在股票市场和ETF市场间套利交易。当ETF出现溢价时，行为人在A股市场购买一揽子股票组合，申购ETF并卖出；当ETF出现折价时，行为人买入ETF并赎回为股票组合，然后卖出。问题在于行为人挂出ETF卖单后，当ETF市场行情下跌但流动性不足时，为规避敞口风险，行为人买回ETF，重新赎回对应股票组合。其交易目的在于赎回并出售股票组合止损，因为ETF市场没有足够流动性以实现成交。东海恒信的避险操作事实上实现了日内回转交易，确实违反了《交易所交易基金业务实施细则》第22条的规定，但笔者对于证监会认定的洗售操纵行为并不认同。该行为客观上符合

---

[1] 中国证监会行政处罚决定书（青岛东海恒信投资管理有限公司、史堮、陈建国），〔2018〕99号，2018年10月11日发布。

"自我成交"的特征，同时由于 ETF 市场的准入门槛较高且交易主体为机构投资者，具备成熟的交易经验和较高的经济学水平，推定东海恒信应当明知在市场流动性不足的情况下，实施前述交易将进一步导致市价下跌、引发市场流动性枯竭，对结果发生具备间接故意。但该行为不构成市场操纵的理由，并非如有关论者主张的那样，是因为不具备特定目的，[1] 而恰恰在于其具备了市场所要求的正当交易目的。

可以看到，主观上仅设置"不以正当交易为目的"，较之特定目的要素，扩大了交易型市场操纵的入罪空间，可能招致刑法谦抑角度的批判。然而刑罚发动的谦抑不应与法教义学的结论相悖，也不可忽视监管实践的需求。一方面，如前文所述，规范解释已否定特定目的要素之存在；从经济机理来看，该主观心理的解释更符合市场价值和规律。另一方面，这也响应了对资本市场行情形成机制予以周延保护的实践需要和政策导向。英美国家除规定具备特定操纵意图的市场操纵外，将客观上符合市场操纵特征、主观上缺乏特定操纵意图的交易归于"市场扰乱行为"，另设置刑罚或其他处罚；而我国《刑法》仅在第 182 条涉及对市场行情形成机制的保护，前置法上亦无"市场扰乱"的提法，因此照搬域外立法对市场操纵设置特定目的，无疑不当限缩了刑罚范围，导致监管漏洞的出现。尤其当前改革进入深水期，由前期粗放的制度建设所导致的违法乱象和扩散性市场风险日益增加，因此有必要对市场操纵进行更全面的整治，为多层次资本市场建设提供良好的秩序环境。近年来，中央对打击金融违法犯罪作出统一部署，证监会多次开展"打击市场操纵违法行为专项执法行动"，进一步体现严密监管法网的政策导向。

此外，诸如股份回购、市值管理、安定操作等有意影响行情的行为，对于其中合理正当的部分，也无法通过排除特定目的实现出罪。当前述行为客观上违反相应规范的限制，并不当然地构成市场操纵。如日本《证券交易法》第 162 条第 2 款规定的股份回购及处分库藏股的要件及程序，违反该规定的非法回购仅在构成市场操纵时才以市场操纵论。美国的做法略有不同，其 1934 年《证券交易法》第 9（a）（6）款规定所有稳定或锁定价格的行为（即安定操作）应符合 SEC 的

---

[1] 栾春旭：《金融衍生品市场操纵行为的识别与规制——以国内证券市场首个 ETF 操纵交易案为例》，载《福建金融》2019 年第 11 期。

规则，同时 SEC 制定 10b-7 规则对前述行为进行明确规范。该规定被视作第 9 (a)（2）款交易型操纵的例外条款；但如果所稳定的价格是因操纵行为而形成的，即使符合 10b-7 规则之规定，亦违法。[1] 这说明在美国，安定操作本身是否合法合规与行为是否被定性为市场操作无关。不可否认的是，此类行为有助于实现稳定公司股价、维护股东权益、反恶意收购或优化公司股权结构等合法目的，尤其在股市震荡或暴跌时期，国家出面"护盘"将极大地保护中小投资者利益、恢复市场信心。因此，如何将此类行为正当化，从市场操纵的范畴中排除，是一个广泛讨论的问题。有学者认为，股份回购之所以可被用于操纵市场，是因为有心人以"牟利或避损"为目的利用其股价效应。[2] 换言之，在其看来：（1）市场操纵在客观上必须存在牟利或避损的目的；（2）股价效应并非行为人有意为之，而只是客观存在并被利用，即行为人不存在影响行情之目的。前者已经在上文被证伪，而后者无法解释为何以股价调控为目的的安定操作可以出罪。在安定操作中，行为人客观上实施了足以影响行情的行为，主观上故意为之，并且还具备影响行情之目的，完全该当市场操纵的要件。可见，即使在"影响说"下，也无法以目的要素阻却此类行为的违法性。事实上，上文已充分证明，构成市场操纵的行为，主观上无须特定目的，而只须不以正当交易为目的。诸如股价回购、安定操作等行为，主观上均不以正当交易为目的，但客观上符合市场操纵的要件，应当承认此类行为完整地符合市场操纵的构成要件。因此，有必要在市场操纵的构成要件之外探求排除违法的路径。

2. 违法阻却事由——目的之外的出罪路径

笔者认为，违法阻却事由或正当化事由将很好地解决这一问题。行为在该当构成要件后，已具备形式违法性，但行为存在违法阻却事由时，可例外地认为行为不具备实质违法性，从而排除不法。构成要件该当与否是类型涵摄的问题，而违法阻却事由存在与否，是相对价值或利益的比较问题。对于违法阻却事由的一般原理，传统上主要有三种理论，一是法益权衡说，即"比起该当构成要件的法益侵害，行为中存在着超过该侵害的利益"；二是正当目的说，即"为了实现正当目的而采用正当手段"；三是社会相当说，即"符合历史形成的特定社会群体

---

[1] 陈建旭：《证券犯罪之规范理论与界限》，法律出版社 2006 年版，第 14 页。

[2] 朱庆：《股份回购操纵市场"灰色地带"的形态及其法律规制》，载《法学》2011 年第 9 期。

之伦理秩序"；若缓和地理解，三者并非互相对立。[1] 张明楷教授从结果无价值的角度对法益权衡说进行补充，认为"法益性阙如"，即不存在值得保护的法益时，行为也应阻却违法性，如被害人承诺的毁坏财物行为。[2] 前述正当的行情影响行为在保护投资者权益、反恶意收购等正当目的下，以证券相关规范允许或市场习惯允许的适当程度的行情影响行为，进行有限度的行情调控，总体上其正当价值实现大于对行情机制的不利影响，因此从三个理论角度看均具有正当性。根据刑法等法律（出于法制秩序统一性的考虑，笔者认为此处包含刑法之外的法律）是否规定，违法阻却事由可分为法定事由与超法规事由。前者如《公司法》第142条第1款第6项规定了"上市公司为维护公司价值及股东权益所必需"的股份回购行为，并在第2款中规定了该回购的授权和决议前提、持有发行股比例、公开集中交易等一系列限制条件。依据该条文，以维护市值及股东权益为目的的回购，实质上构成了市场操纵罪的法定违法阻却事由，符合该回购条件的行为尽管符合市场操纵的构成要件依然排除不法。证券发行中超额配售选择权的行使，也可构成市场操纵的例外，对此证监会于2001年出台《超额配售选择权试点意见》予以规范。尽管该意见并非法律，但作为规范性文件，亦属于我国证券法秩序的重要一环，实质地影响行政机关和司法机关对该行为之定性，因此应归入法定事由中。就后者而言，虽然并非立法明确许可的出罪事由，但学理上认为在个案中仍应当作为重要的参考因素。参照较为权威的团藤重光教授之分类，属于常态行为的行情调控应当同时具备目的正当性、手段相当性与法益均衡性。[3] 如为防止恶意收购而在一定范围内回购、紧急情况下政府救市或公司护盘等，虽然没有法律规定，但仍应在符合前述限制性条件的基础上阻却违法性。对此类超法规事由，立法部门或监管部门应尽快研究形成规范性文件对其明确界定，减少超法规事由对罪刑法定的侵害，为实务部门提供具有操作性的具体标准。而在相关规范性文件还未出台时，司法机关应较法定违法阻却事由更为谨慎、严格地适用超法规事由，避免在实践中破坏构成要件的行为征表机能，使得构成要件形同虚设。

---

[1] [日]前田雅英：《刑法总论讲义》，北京大学出版社2017年版，第200页。
[2] 张明楷：《刑法学》（第5版），法律出版社2016年版，第194页。
[3] 陈庆安：《超法规排除犯罪性事由的体系建构》，载《河南社会科学》2010年第3期。

由此，当虚假申报中出现完整符合法定构成要件，但应肯定其正当性的行为，也可通过违法阻却事由实现出罪。如具备频繁报撤单特征的试单行为，其目的在于通过小额挂单探测市场深度，不以成交为目的，因此该当市场操纵的构成要件；不具有影响市场行情或诱导其他投资者的意图，不阻却其违法性。试单行为的正当性在于，通过探测市场深度、了解对手方市场的交易意向，在长远上增加了真实成交的可能性，因此，一定程度上有利于市场制度价值的实现。判断未达滥用程度的试单是否具备超法规的违法阻却事由，须依据具体的试单行为是否符合超法规事由的三个限制条件，从实质上评价其违法性。在未达到滥用程度的合理范围内，若试单行为对市场行情形成机制的侵害较小，而其对市场带来的正向价值更大时，可以例外地阻却其违法性。

(三) 市场操纵的罪过类型

对于市场操纵行为可由直接故意构成，学界并无争议，只是对其是否可由间接故意或过失构成尚存讨论。市场操纵乃具体危险犯而非结果犯，须以其行为所造成的"现实的市场影响性"这一危险结果为基准，判断罪过类型。传统上认为市场具备特定目的的论者，也会主张市场操纵主观罪过仅限于间接故意。具体而言，若认为市场操纵应当以影响行情为目的，或制造人为行情以诱导其他投资者交易为目的，则该目的与市场操纵罪之构成要件的结果一致，体现出行为人对该具体危险的积极追求的意志态度。认知到结果发生的可能性、希望或积极追求该结果的发生，则构成了直接故意的心态。并非目的犯均只能由直接故意构成，重点在于该目的是否包指向构成要件的结果。若是所谓的间接目的犯，即目的不指向构成要件的结果，如以牟利或传播目的，实施走私淫秽物品的行为，行为人完全可能为了实现其目的而放任构成要件的结果的发生，可构成间接故意。[1]上文已证明与市场操纵之结果相符的特定目的不必要，因此不成立目的犯，其主观罪过也不应当限制于直接故意。从另一个角度说，市场操纵行为缺失了市场所要求的正当交易目的，这种不具备正当交易目的也可以理解为一种"逆向的目的要素"；该目的要素的范围显然不仅仅局限于对市场行情的影响，因此与市场操

---

[1] 古加锦：《金融诈骗罪的间接故意否定之我见》，载《长春工业大学学报（社会科学版）》2014年第1期。

纵构成要件的危险结果不相符，可以间接故意为之。实践中，操纵之故意既可以表现为直接故意，亦可表现为间接故意，这就验证了上述结论。如塞单交易中，行为人为追求阻塞交易主机、谋求交易优势之目的，大量虚假申报，放任行情机制被扭曲之结果，实质上构成了市场操纵。有学者从帮助犯的角度，认为银行或金融机构拆借资金给期货或证券市场上的庄家，明知后者操纵市场，仍选择为后者提供资金帮助，放任该行为结果的发生，构成市场操纵罪间接故意的帮助犯，[1] 没有理由人为排除对该罪帮助犯的刑罚。

过失同样不构成市场操纵行为。首先，我国《刑法》以处罚过失犯为例外，具体而言，只有在以下两种情况下犯罪可以构成过失。一是《刑法》专门规定该罪可由过失构成，二是纯正的过失犯。所谓"纯正的过失犯"，即根据行为的性质只能由过失构成，不可由直接故意构成，[2] 如重大责任事故罪等。由于《刑法》第182条中未专门规定行为可由过失构成，若欲以过失对操纵行为归责，只能认为市场操纵罪是纯正的过失犯，不可故意为之——这显然与市场操纵的常态不符。其次，行为符合市场操纵客观要件的交易者，很少出现真正的过失心态。就疏忽大意的过失而言，要求行为人对客观上操纵行为对市场的现实影响性没有认识，这等于要求行为人是一个缺乏起码交易经验和市场常识的交易者。在具有一定交易门槛或对交易准入设置了投资者适格性调查的市场，这种疏忽大意的过失是相当罕见的。就过于自信的过失而言，即行为人明知危险结果可能发生，而轻信能够避免，或至少不对该结果持肯定的意志态度。然而在市场行为中，这种明知行为可能现实地导致行情波动，仍选择实施该行为，仅在意志因素上持否定态度，是几乎无法在实践中判断的。如在股市中常见的"跟庄"行为中，行为人以跟随庄家的交易决策、依靠庄家所形成的行情趋势盈利为目的，实施一系列的跟庄交易，其主观上可能"认为自己的这一点跟庄对行情波动起不了什么作用，也不希望自己的行为加剧行情波动"，亦可能"不排斥其行为多少起到了对庄家的交易趋势推波助澜的效果"，或可能在两者间摇摆、兼而有之。这一方面是因为在复杂市场环境下特定行为对行情之影响难以明确，交易者对其认知及由此产生的态度也随之多变；另一方面是因为对于该结果，在反复的利益权

---

[1] 周平：《证券市场犯罪的刑法规范简介》，载《中央政法管理干部学院学报》1998年第1期。转引自谢杰：《操纵资本市场犯罪刑法规制研究》，上海人民出版社2013年版，第115页。

[2] 陈兴良：《过失犯的危险犯：以中德立法比较为视角》，载《政治与法律》2014年第5期。

衡和侥幸心理作用下，行为人的意志态度往往具备模糊性，不是非此即彼的。行为人客观上符合了连续交易的要件，主观上完全可能是过失，也可能是间接故意。对此，美国《商品交易法》中的幌骗条款未对行为人主观心态作出具体规定，那么依据要素分析法，行为人至少应当具备轻率（Recklessness）的心态；美国商品期货交易委员会在解释性指引中也持相同观点。所谓"轻率"心理，美国《模范刑法典》要求行为人"有意识地忽视他实施的为法律所禁止的行为所引起的不合理的实质风险，或有意识地忽视危害结果将要发生的不合理的实质风险"，[1]类似于我国《刑法》中间接故意与过于自信过失的结合。当前我国立法中并无此罪过类型，因此当出现前述行为人心理不明的情况时，应采有利于被告人的立场认定过失，继而宣告无罪。但未来就证券行为专门性立法或对金融犯罪条款进行修正时，可考虑接受模糊认识论的指导，借鉴美国的做法，设置间接故意与过于自信过失的复合罪过类型。

四、结语

主观心理是界分交易型市场操纵犯罪和合法交易的关键，而主观心理的明晰则有赖于对市场操纵实质的准确把握。既有理论在不同程度上揭示了操纵实质，尽管各有其局限性，但皆体现出法学研究对市场行为理解的不断深入。认识到操纵对资本市场制度之基本价值的背离，将是市场操纵研究的出发点。在此基础上，任何构成要件的解释和分析，应结合资本市场中的经济机理和客观规律，防止在复杂多样的金融工具和交易策略中甄别和认定市场操纵时"误伤"无辜，导致法律干预市场时"一管就死"的怪象。此外，各国资本市场的监管现实可谓千差万别，在我国，不当交易行为对行情形成机制的干预，仅有《刑法》第182条一罪予以规制，如果照搬域外则可能导致监管漏洞的出现。总而言之，具体问题具体分析，充分考虑我国市场现实和监管实践，乃资本市场犯罪研究的关键。须承认，本文之研究主要着眼于交易型操纵的主观方面，而诸如虚假申报等行为之客观方面对于交易型市场操纵的认定也有很大意义，这些有待后人进一步探讨。

（初审：赖芸池　陈丽樱）

---

[1] 陈银珠：《论美国刑法中的要素分析法及其启示》，载《中国刑事法杂志》2011年第6期。

论新《证券法》中债券集体诉讼制度的完善

徐艺玮[*]

内容摘要：债券持有人依赖不同于股东的损害理论，股东依赖市场价格和市场完整性，而债券持有人依赖信用评级，因此有必要为债券持有人制定特别的保护规则。新修订的《证券法》缩小了股票和债券在法律制度供给方面的差距，通过规定适用于公司债券的临时信息披露情形、构建债券持有人会议与债券受托管理人双重治理机制等措施，加强了对债券投资者的保护力度。证券集体诉讼是投资者获得保护的重要路径之一，新《证券法》为债券持有人参与集体诉讼提供了依据和条件。本文借鉴美国债券持有人参与证券集团诉讼的相关制度，认为新《证券法》应细化债券集体诉讼代表人的相关规则，明确债券受托管理人的角色定位，并制定适当的损失赔偿规则。

关键词：债券持有人　集体诉讼　代表人

一、新《证券法》的债券投资者保护体系

新《证券法》通过证券发行制改革、信息披露制度完善、设立投资者保护专章和全面提高违法成本等举措，将投资者保护理念贯穿始终，构建起投资者保护的周密逻辑。新《证券法》通过对诸多规则的修订，逐渐缩小了债券与股票的立法差距，不仅对股票和债券适用统一的法律规则，还为债券投资者提供了特别的保护措施，新设立的债券集体诉讼制度是其中一大亮点。

---

[*] 徐艺玮，中国政法大学民商经济法学院 2019 级硕士研究生。

（一）对股票和债券适用统一的法律规则

旧《证券法》一直被诟病为"股票法"，整部法律缺乏对公司债券作为一种证券类型的顶层设计，诸多规则本身只针对"股票"而设，许多写着"证券"的条文，主要体现的是股票内容，无法适用于公司债券，导致后者长期处于"有规无法"的法制状态，与我国庞大的公司债券市场规模极不相称。[1] 新《证券法》除了针对股票与债券证券权属的差异做出专门规定外，还在证券发行监管机制、保荐与承销、证券上市与交易、禁止的交易行为、投资者保护的一般性规定、对应的法律责任等条文内容上，更多地采用"证券"表述。[2] 新《证券法》打破了以往重股轻债的法制状态，其中诸多的投资者保护机制，都可以同时适用于股票和债券，有利于平等地保护股东和债券持有人。

（二）以注册制取代公司债券公开发行核准制

债券公开发行注册制是对债券投资者自主选择权的保护。新《证券法》在第9条全面规定证券公开发行注册制，由市场取代监管者对证券投资风险进行评判并落地"买者自负"责任。新《证券法》第15条将公开发行债券的条件限于发行人应"具备健全且运行良好的组织机构"和"最近三年平均可分配利润足以支付公司债券一年的利息"，赋予大型公司和中小企业平等的发债待遇，有助于增强企业活力，促进债券市场繁荣，也给予债券投资者更多自由选择的余地。

（三）规定适用于公司债券的临时披露情形

公司债券信息披露制度是对债券投资者知情权的保护。新《证券法》第81条规定："发生可能对上市交易公司债券的交易价格产生较大影响的重大事件，投资者尚未得知时，公司应当立即将有关该重大事件的情况向国务院证券监督管理机构和证券交易场所报送临时报告，并予公告，说明事件的起因、目前的状态和可能产生的法律后果。"新《证券法》首次在法律层面规定了专门适用于公司债券发行人的临时信息披露要求，与定期信息披露义务一起构成了完整的公司债

---

[1] 洪艳蓉：《〈证券法〉债券规则的批判与重构》，载《中国政法大学学报》2015年第3期。

[2] 洪艳蓉：《新〈证券法〉债券规则评析》，载《银行家》2020年第3期。

券信息披露制度。[1]

股东依赖于市场价格和市场完整性，而债券持有人依赖于信用评级，在债券持有人依赖不同于股东的损害理论的情况下，债券需要临时信息披露的重大事项不完全同于股票的临时信息披露事项。股票价格受到公司预期盈利能力变化的影响，因此关系到公司投资经营的事项是股票信息披露的重点。而债券的估值与股票不同，债券投资者最担心的是掩盖了公司债务违约风险的欺诈行为，故债券投资者依靠债券评级机构的信用评级来计算违约风险，因此新《证券法》第81条规定了对公司债券信用评级发生变化的临时披露。公司债券本质上作为一种金钱债权债务关系，无论公司是否盈利，债券持有人都有获得利息支付和本金回报的合同权利。通过公司债券的临时信息披露，债券投资者可以更好地进行决策。

（四）构建债券持有人会议与债券受托管理人双重治理机制

新《证券法》在投资者保护专章规定公开发行公司债券的，应当设立债券持有人会议；明确公开发行债券的发行人应当聘请债券受托管理人，并且债券受托管理人的履职应当勤勉尽责，公正履行受托管理职责，不得损害债券持有人利益；为有效应对债券发行人的违约，债券受托管理人可以接受债券持有人的委托，以自己名义代表债券持有人提起、参加民事诉讼或者清算程序。

基于我国债券监管规范的特有安排，债券持有人会议与受托管理人在债券违约处置中扮演着关键角色。《公司债券发行与交易管理办法》规定，债券持有人会议形成的决议对全体债券持有人有约束力，债券持有人会议的所有职权都来自于各个持有人在合同中的明确承诺；《公司债券发行与交易管理办法》也规定，由债券受托管理人按照规定或协议的约定维护债券持有人的利益，受托管理人是全体债券持有人的代理人，对全体债券持有人负有忠实勤勉义务。[2] 分散的债券投资者往往会陷入集体行动困境，单个投资者因投资额较小难以像有凝聚力的

---

[1] 洪艳蓉：《新〈证券法〉债券规则评析》，载《银行家》2020年第3期。
[2] 邓晓明、易梦圆：《债券违约关键角色——"债券持有人会议"与"受托管理人"核心法律问题》，载微信公众号"天同诉讼圈"，2019年10月14日，https://mp.weixin.qq.com/s/4lpKCPgmhhZCw2TqptWiww。

集体那样去主动作为,而债券受托管理人制度则有利于其统一意志、集体行动。[1]

公司债券为企业从资本市场募集低成本、大规模的长期资金提供了极大的便利,同时在投资端也形成了投资者人数众多且分散的格局,近年来,随着公司债券打破刚性兑付,违约事件普遍化,债券投资者集体行动难题日益突出。[2] 新《证券法》第92条首次明确了债券受托管理人作为代表人参加诉讼的资格,并对债券受托管理人的选任、履职要求做出了原则性规定,为债券持有人参与新《证券法》第95条规定的中国特色证券集体诉讼提供了条件,拓宽了债券投资者维权的合法途径。

(五) 小结

投资者保护理念贯穿新《证券法》的始终,对股票和债券适用统一的法律规则有利于平等地保护股东和债券持有人,公开发行注册制是对债券投资者自主选择权的保护,而信息披露制度是对债券投资者知情权的保护。投资者保护专章中的投资者适当性制度、先行赔付制度、强制调解制度和中国特色证券集体诉讼制度,既可以适用于股票,也可以适用于债券,债券持有人会议和债券受托管理人则是债券投资者特有的保护机制。新《证券法》通过全面提高违法成本,健全证券违法的民事责任等举措,对证券违法行为进行威慑,补偿投资者因违法行为遭受的损失。

中国特色证券集体诉讼制度是投资者保护的重要路径之一,有助于提高投资者维权收益、降低维权成本。由于债券投资者依赖不同于股东的损害理论,应为其参与证券集体诉讼设立特别的规则。

二、新《证券法》中的债券集体诉讼制度及其不足

(一) 中国特色证券集体诉讼制度

中国特色证券集体诉讼制度在2020年3月正式生效的新《证券法》第95条

---

〔1〕 Schwarcz, Steven L., Sergi & Gregory M., "Bond Defaults and the Dilemma of the Indenture Trustee", 59 *Alabama Law Review* 1037 (2008).

〔2〕 洪艳蓉:《新〈证券法〉债券规则评析》,载《银行家》2020年第3期。

规定："投资者提起虚假陈述等证券民事赔偿诉讼时，诉讼标的是同一种类，且当事人一方人数众多的，可以依法推选代表人进行诉讼"，且"投资者保护机构受五十名以上投资者委托，可以作为代表人参加诉讼"。新制度参照美国证券集团诉讼默示加入、明示退出的方式，规定由法院发出公告征集受害投资者并进行登记。2020 年 3 月 24 日，上海金融法院发布了《上海金融法院关于证券纠纷代表人诉讼机制的规定（试行）》，其作为全国法院首个关于证券纠纷代表人诉讼制度的实施规定，正是积极探索符合我国国情和证券市场司法需求的民事诉讼机制的一大重要举措，细化了许多原本仅进行原则性规定的规则，并对争议焦点及法律空缺部分进行了明确，也留下了一些制度空间。上海金融法院证券集体诉讼审判规则将特殊代表人诉讼机制的范围限制在了虚假陈述、内幕交易和操纵市场三种情况下。根据目前上海金融法院证券集体诉讼审判规则的实施效果，其在未来是否会上升为更高层级的效力规范值得期待。

（二）我国债券违约求偿诉讼和破产诉讼

在我国债券违约的救济方式上，主要有通过谈判协商处置抵押物、寻求第三方代偿、债务重组，向法院提起求偿诉讼和破产诉讼，转让债券，借助受托管理人和债券持有人会议对投资者进行保护等。[1] 求偿诉讼是在债务人仍有清偿能力的情况下要求其还本付息，而在债务人资不抵债进入破产程序时，债权人可以申报债权，但是能够收回的本息有限。债券违约求偿诉讼和破产诉讼的共同特点是程序较复杂、处置周期长、救济成本高。且在新《证券法》出台以前，债券受托管理人是否可以以自己的名义代表债券持有人提起、参加民事诉讼或者清算程序并不明确。因此，在以往的实践中，对债券违约提起诉讼的效果并不好，选择采取诉讼方式进行追偿的情况在债券违约处置中所占的比例也不高。

（三）新《证券法》中的债券集体诉讼规则

新《证券法》第 92 条第 3 款规定："债券受托管理人可以接受全部或者部分债券持有人的委托，以自己名义代表债券持有人提起、参加民事诉讼或者清算程序。"该规定明确了债券受托管理人作为代表人参加诉讼的资格，有助于解决分

---

[1] 李诗瑶、朱新华：《我国债券违约处置机制分析》，载《中国物价》2020 年第 1 期。

散投资者的集体行动难题。但是由于新《证券法》第92条并非法定授权,债券受托管理人仅能代表有授权的投资者,而无法将行权结果及于全体债券持有人,因此,未必能保证所有的债券投资者都得到公平受偿。在以往的司法实践中,由于所有债券持有人都对担保物享有利益,受托管理人仅代表部分债券持有人起诉时,常常遇到法院暂缓分配担保物变价款的问题。

债券受托管理人不同于公益性质的投资者保护机构,在没有明确规定的情况下,债券受托管理人可以拒绝作为代表人参加诉讼,或者要求债券投资者支付高昂的费用。当投资者需要为参加债券集体诉讼付出额外的成本,其在诉讼中被代表的意愿就会下降;且如果债券受托管理人致力于通过诉讼获取利益,在美国证券集团诉讼中常见的代理成本问题和滥诉倾向就很容易出现,这会导致新《证券法》规定的集体诉讼制度无法达到预期的效果。

虽然"债券持有人会议可以决议变更债券受托管理人",但新《证券法》第92条第2款只对债券受托管理人的勤勉尽责做出了原则性规定,并未能将"避免利益冲突"作为其履职的约束条件给予规定。《公司债券发行与交易管理办法》第49条第2款规定:"对于债券受托管理人在履行受托管理职责时可能存在的利益冲突情形及相关风险防范、解决机制,发行人应当在债券募集说明书及债券存续期间的信息披露文件中予以充分披露,并同时在债券受托管理协议中载明。"实践中受托管理人与债券持有人发生利益冲突的情况并不少见,故要求受托管理人避免利益冲突的规定不应只存在于位阶较低的部门规章中。

新《证券法》第95条规定投资者保护机构可以作为代表人参加诉讼,第92条规定债券受托管理人可以作为代表人参加诉讼。目前,投资者保护机构能否参加债券集体诉讼、若能参加则其在诉讼中发挥何种作用均尚不明确,但是由于实践中存在原债券受托管理人被免除,并作为债务人的共同被告被同时起诉的情况,允许投资者保护机构介入债券集体诉讼是必要的。比如,在五洋建设债券欺诈案中,原债券受托管理人德邦证券就被债券持有人会议决议罢免,并作为共同被告被起诉至杭州市中级人民法院。不过,在投资者保护机构可以介入债券集体诉讼时,投资者保护机构与债券受托管理人之间是替代关系还是补充关系仍没有定论。

新《证券法》第95条适用于虚假陈述等证券民事赔偿诉讼,但是上海金融法院证券集体诉讼审判规则将特殊代表人诉讼机制的范围限制在了虚假陈述、内幕交易和操纵市场三种情况。债券投资者对发行人的违约诉讼应当属于新《证券法》第95条中国特色证券集体诉讼的范围,但是根据上海金融法院证券集体诉讼审判规则则不属于特殊代表人诉讼机制的范围,因此单纯的债券违约诉讼是否可以利用公益性质的投资者保护机构也是值得研究的问题。

由于我国在债券集体诉讼方面尚有许多制度空白,因此有必要借鉴美国债券持有人参与集团诉讼的相关规则进行完善。

三、美国的债券集团诉讼制度

(一) 美国债券持有人在集团诉讼中的重要地位

美国学界在探讨证券集团诉讼制度时同样着重于研究股东根据联邦证券法(federal securities laws) 提起的诉讼,当考虑一家公司未来面对证券集团诉讼的潜在风险时,起点也通常是该公司的市值(market capitalization)。美国学者普遍认为,在促使公司对其证券欺诈行为负责这方面,债券持有人发挥的作用非常有限。直到帕克(Park)教授发表第一篇展现债券持有人诉讼大量数据的文章,基于对从1996年到2005年间1660起证券诉讼的调查,得出结论:"债券持有人在证券集团诉讼中占有重要地位,而且债券持有人在证券集团诉讼中发挥的作用将会越来越大。"[1]

帕克教授指出,此前美国学者在进行调查时仅查看了把债券持有人明确列为原告的案件,这样做低估了债券持有人原告的数量,因为在某些类别的定义方式中可能已经包括了债券持有人原告,衡量债券持有人参与证券集团诉讼最准确的方式是通过查看和解书来搜寻债券持有人的损失补偿。基于帕克教授对从1996年到2005年间1660起证券诉讼的调查,五分之四的大规模证券集团诉讼和解涉及债券持有人的损失赔偿,债券持有人获得损失补偿的案件数要远多于债券持有人被列明为原告的案件数。

帕克教授发现,债券持有人正越来越多地参与到证券集团诉讼中,而且这种情况可能会持续下去。在1996年,即帕克教授证券集团诉讼案件数据库中的第一年,不足10%的诉讼是非股东原告寻求赔偿。然而在接下来的十年,在证券集

---

[1] Park James J., "Bondholders and Securities Class Actions", 99 *Minnesota Law Review* 585 (2014).

团诉讼案中代表公司公开交易证券的所有投资者提出索赔变得更为常见。截至2005年，近一半的证券集团诉讼都是代表此类更广泛的集团提出索赔。[1]

(二) 美国债券持有人参与集团诉讼的相关规则

美国的证券集团诉讼制度脱胎于1984年纽约州《菲尔德民事诉讼法典》规定的代表人诉讼制度，《美国联邦民事诉讼规则》第23条规定了证券集团诉讼的适用范围、法官的自由裁量权、律师费、和解等情形下的相关规范。[2]《美国私人证券诉讼改革法》将证券集团诉讼的管辖权统一收归于联邦法院，并规定了首席原告的产生方式、原告获得赔偿的比例、首席律师的审查等制度。[3] 美国的证券集团诉讼在受理案件的范围上没有限制，但是要符合《美国联邦民事诉讼规则》第23条的"先决条件"和"维持条件"。[4] 先决条件要求证券集团诉讼案件具有多数性、共同性、典型性和代表的充分性。维持条件要求案件属于必要的集团诉讼、寻求禁令的集团诉讼或普通的集团诉讼三种类型之内，集团成员共同的法律问题或事实问题与个别成员的上述问题相比具有主导性。[5]

在债券持有人提起证券集团诉讼时，提起诉讼的债券持有人为共同原告，集团代表人由法院自由裁量决定，受托管理人也有权代表债券持有人起诉。《美国私人证券诉讼改革法》要求证券集团诉讼代表人需要符合"最充分"（most adequate plaintiff）条件：诉讼代表人已经起诉或对集团诉讼的通知作出了回应且在赔偿中拥有最大经济利益；证明其能充分保护集团利益；可以挑选并控制律师，使其进行有力的代理活动；一个人在三年内不得五次作为集团诉讼代表人。[6] 债券持有人除以实施了欺诈、违约行为的债券发行人为被告外，也可以要求存在不当销售行为的承销机构和未尽勤勉义务的受托管理人共同承担责任。

(三) 美国债券持有人提起集团诉讼的常见情形

美国的证券集团诉讼在受理案件的范围上没有限制。债券持有人遭受证券欺

---

[1] Park James J., "Bondholders and Securities Class Actions", 99 *Minnesota Law Review* 585 (2014).
[2] See Federal Rules of Civil Procedure § 23.
[3] 杨柳：《我国证券侵权群体诉讼制度研究》，中南民族大学2018年硕士学位论文。
[4] See Federal Rules of Civil Procedure § 23.
[5] 张之梅：《论美国证券集团诉讼制度对我国的启示》，中国政法大学2014年硕士学位论文。
[6] 曾雅静：《中美证券纠纷群体诉讼程序比较研究》，华东政法大学2012年硕士学位论文。

诈时可以提起证券集团诉讼，如对虚假陈述（包括虚假记载、重大遗漏、不正当披露等情形）提起责任索赔，在出现债券违约、债券评级下降（评级机构认为发行人面临更高的债务违约风险）时提起证券集团诉讼也很常见。

债券持有人在遭受证券欺诈时提起证券集团诉讼主要包括两种情况。第一种是发行人向公众投资者发行债券（Bond Offering Fraud），第二种是二级市场上的债券交易（Secondary Market Fraud）。与股票一样，公司通过定期公开发行向投资者出售债券，在这种债券发行中购买债券的投资者受到《1933年证券法》第11条的保护，该法规定了发行人在向美国证券交易委员会（SEC）提交注册声明时实施欺诈行为的损害赔偿责任。[1] 如果债券的注册声明存在严重错误，发行人对债券价值的下降负有严格责任。[2] 与股票一样，债券通常在二级市场上进行交易。债券的价格部分由发行人的信息披露决定，如果这些信息披露严重抬高了债券在二级市场上的价格，受损的债券购买者可以根据美国证券交易委员会规则10b-5提起诉讼。10b-5规定"任何人利用任何洲际商业手段或设施、邮件，或利用任何全国性证券交易设施实施的、与任何证券买进卖出有关的以下行为均为非法：使用任何计划、技巧或策略进行欺诈；实质性虚假陈述或重大遗漏；从事任何可能构成欺诈的其他行为或商业活动"。[3] 如果欺诈发生在公开发行债券之后很久，规则10b-5可能是债券持有人能够做出的唯一补救措施。

（四）美国债券持有人集团诉讼对公司治理的影响

债券持有人集团诉讼在公司治理方面有一定影响，例如债券评级下降和未充分披露风险两种情形都涉及从债券持有人到股东的财富转移。陷入困境的公司通过发行债券来维持其自身正常运转、保护股东，或者采取高风险策略通过发债融资，如果成功的话将以高股价的形式回报股东。公司法传统上关注的是受信义义务保护的股东的权利，而不是由合同界定的债券持有人的权利，但债券持有人集团诉讼强调了欺诈如何损害非股东群体。在债券持有人以不反映公司真正风险的价格购买了债券的情况时，债券持有人可以要求获得损害赔偿。对同时拥有股票和债券的公司，债券持有人集团诉讼对股东为获取利益而不计后果的决策行为产

---

[1] See Securities Act of 1933 § 11, 15 U.S.C. § 77k (2012).
[2] See Securities Act of 1933 § 11, 15 U.S.C. § 77k (2012).
[3] See Electronic Code of Federal Regulations § 240.

生了一定威慑。

（五）区别对待债券持有人集团诉讼和股东集团诉讼

鉴于债券持有人原告的独特地位，在某些情况下，法院应区别对待债券持有人集团诉讼和股东集团诉讼。股东依赖于市场价格和市场完整性，而债券持有人依赖于信用评级，在债券持有人依赖不同于股东的损害理论的情况下，债券持有人应当被列入一个不同的子群体，拥有其独立律师。债券的估值与股票不同，债券价格不像股价那样容易受到公司预期盈利能力变化的影响。债券持有人最担心的是存在掩盖公司债务违约风险的欺诈行为：欺诈行为会导致债券价格上涨，当欺诈行为被揭露时，就会造成损失。与股东不同的是，无论公司是否盈利，债券持有人都有获得利息支付和本金回报的合同权利，这种固定收益比股东获得的剩余收益更安全，在破产过程中，债券持有人比股东享有优先权。[1] 债券投资者依靠债券评级机构的信用评级来计算违约风险，评级机构对发行人债券的信用价值进行收费评估，本质上是根据一系列不同的标准对债券进行评级。最高的债券评级 AAA 意味着发行人不太可能违约，最低的债券评级 BBB 意味着其存在不小的违约风险。AAA 级债券的利率低于 BBB 级债券的利率，因为投资者会接受违约风险较低的债券，其收益率也较低。尽管评级和债券契约降低了监管成本，但它们在保护债券持有人免受损失方面并不完全有效。[2] 如果一家公司试图操纵其证券价格，它就不太可能认真遵守契约或评级机构的授权，因此尽管有信用评级，债券持有人仍然容易遭受证券欺诈。[3]

（六）债券持有人在集团诉讼中面临的集体行动难题

美国的债券集团诉讼同样面临着集体行动难题。施瓦茨（Schwarcz）教授指出，分散的债券投资者往往会陷入集体行动困境（Collective-Action），即单个投资者因投资额较小难以像有凝聚力的集体那样去主动作为，而债券受托管理人制

---

〔1〕 Ayotte K. M. & Morrison E. R., "Creditor Control and Conflict in Chapter 11", 1 *Journal of Legal Analysis* 511 (2009).

〔2〕 Partnoy F., "The Siskel and Ebert of Financial Markets? Two Thumbs Down for the Credit Rating Agencies", 77 *Washington University Law Quarterly* 619 (1999).

〔3〕 Yakov Amihud, "Kenneth Garbade & Marcel Kahan, A New Governance Structure for Corporate Bonds", 51 *Stanford Law Review* 447 (1999).

度则有利于统一意志、集体行动。[1] 美国《1939年信托契约法》第310（a）(4) 条规定："合格的契约应要求受托管理人具有行使证券持有人权利、权力及特权的法定权力。"[2] 因此，受托管理人有权行使债券持有人所有的全部法律上的权利，也可以代表债券持有人起诉，受托管理人可以自行根据是否有利于维护债权人利益的判断而决定是否采取法律措施。

债券持有人参与集团诉讼是传统证券集团诉讼的重大演变，影响了学者、政策制定者和法官看待证券集团诉讼的方式，以及债券持有人在公司治理中的角色。债券持有人集团诉讼的兴起，反映了证券欺诈在一定时期内存在的重大社会影响，故应当采取更多措施确保债券持有人的利益在证券集团诉讼中得到充分体现。[3]

四、完善我国债券投资者保护制度的建议

（一）细化债券集体诉讼代表人相关规则

我国新《证券法》第92条明确赋予债券受托管理人作为代表人参加诉讼的资格，但是，由于新《证券法》第92条并非法定授权，债券受托管理人仅能代表有授权的投资者，而无法将行权结果及于全体债券持有人。在没有明确规定的情况下，债券受托管理人可以拒绝作为代表人参加诉讼，或者要求债券投资者支付高昂的费用。新《证券法》未能将"避免利益冲突"作为债券受托管理人履职的约束条件给予规定。对于投资者保护机构能否参加债券集体诉讼、若能参加则其在诉讼中发挥何种作用、其与债券受托管理人之间是替代关系还是补充关系都没有定论，以及单纯的债券违约诉讼是否可以利用公益性质的投资者保护机构也尚不明确。

由于实践中存在原债券受托管理人被免除并作为债务人的共同被告被同时起诉的情况，因此，有必要允许投资者保护机构介入债券集体诉讼。应当规定债券持有人可以选择投资者保护机构作为其诉讼代表人。在受托管理人拒绝作代表人

---

[1] Schwarcz, Steven L., Sergi & Gregory M., "Bond Defaults and the Dilemma of the Indenture Trustee", 59 *Alabama Law Review* 1037 (2008).

[2] See Trust Indenture Act of 1939 § 310.

[3] Park James J., "Bondholders and Securities Class Actions", 99 *Minnesota Law Review* 585 (2014).

或要求债券持有人支付高额费用、部分债券持有人未授权受托管理人起诉时，允许投资者在受托管理人和投资者保护机构之间进行灵活选择可以督促受托管理人更好地履行职责，也为债券持有人提供了更完备的保护。

受托管理人与债券持有人发生利益冲突的情况也并不少见，比如，发行人在发行两只或以上债券时聘任同一受托管理人，因此，应将"避免利益冲突"作为债券受托管理人履职的约束条件在法律中给予规定。

美国的证券集团诉讼在受理案件的范围上没有限制，债券持有人可以对证券欺诈、违约行为提起集团诉讼。虽然上海金融法院证券集体诉讼审判规则将特殊代表人诉讼机制的范围限制在了虚假陈述、内幕交易和操纵市场三种情况，但是单纯的债券违约民事赔偿诉讼也很常见，将其排除在特殊代表人诉讼机制的范围外并不合适。

当股东和债券持有人同时参与证券集体诉讼时，股东利益和债券持有人利益可能会存在冲突。而当债券持有人和股东面对证券欺诈处于不同立场时，他们应当拥有不同的诉讼代表人。如果债券持有人提起诉讼是为了抑制股东的过度冒险行为，如公司采取高风险策略通过发债融资，那么在股东获得任何补偿之前，债券持有人应该优先得到全部的损失赔偿。

（二）制定适当的损失赔偿规则

在债券集体诉讼中可能出现发行人同时涉及债券虚假陈述行为和债券违约的情形，债券持有人在符合条件的情况下，可以要求发行人同时承担违约责任和证券欺诈行为导致的民事赔偿责任，但不能重复补偿。

在债券虚假陈述赔偿诉讼中，需要制定适当的赔偿限度，既避免发行人的赔偿最终造成债券本息全额刚兑赔付，同时又能体现对发行人的惩戒。

在计算违约债券的虚假陈述损失时，有学者认为，在债券持有人因虚假陈述行为陷入债券违约困境的情况下，由于"基础损失"的认定可以采用最宽泛的因果关系标准，无论实际导致违约的具体原因是什么，都有理由将违约债券未清偿的本金、利息等损失认定为虚假陈述行为导致的基础损失；鉴于相关信息重大性的要求使虚假陈述行为与投资者的投资决策及日后陷入"债券违约"困境间存在因果关系，应当明确自债券本金违约日起，至判决作出之日，未清偿的本金及利息等部分都属于虚假陈述导致的损失。[1]

(三) 将债券受托管理人定位为信托受托人

纵观我国的相关法律法规，债券受托管理人的法律地位尚未被明确定位，理论界对此存在托管关系说和信托关系说两种争论。借鉴美国信托契约法，我国应通过明确立法将公司债券受托管理人定位为信托法律关系中的受托人，基于受托管理协议而对发债公司进行监督。债券受托管理人制度的目的是集中行使权利，解决集体行动难题，降低多人决策的成本和风险，承认这种信托的效力要比否定其效力更为公平、高效。

将债券受托管理人定位为信托受托人可以解决集体诉讼中债券受托管理人仅能代表有授权的投资者，而无法将行权结果及于全体债券持有人的问题。且新《证券法》第92条第2款未能将"避免利益冲突"作为债券受托管理人的履职的约束条件给予规定，将债券受托管理人认定为信托受托人可以要求债券受托管理人以管理自己事务的专注度来对债券持有人的利益进行管理，对债券持有人负有忠诚义务，以债券持有人的最大利益来选择行动。

(初审：袁晨浩 赖芸池)

---

[1] 邓晓明：《我国债券承销商虚假陈述责任法律制度的九个问题——兼评最高法院〈债券座谈会纪要（征求意见稿）〉》，载微信公众号"天同诉讼圈"，2020年4月21日，https://mp.weixin.qq.com/s/yOkBUqOW2zAR_A0RLUsGh8g。

永续债性质研究及违约救济困境之纾解

顾 亮[*]

内容摘要：永续债是当前债券市场中的一类特殊债券，其无到期日、可续期、利息可递延等特征使其兼具"股性"与"债性"。然而，在法律层面，永续债并无明确的性质界定。通过分析金融工具列报会计准则、永续债会计处理规定，并结合永续债募集说明书主要条款，可以得出，在实践中，永续债的"债性"大于"股性"。另外，永续债的特殊性质也使得其违约救济出现困境。通过对永续债的募集作出不同于普通债券的限制性条款，并完善持有人大会制度、债券托管人制度，可以纾解困境，以达到更好地保障持有人利益的目的。

关键词：永续债 金融负债 权益工具 募集条款 违约救济

一、问题的提出

2018年12月，上海市高级人民法院发布了2017年度上海法院金融商事审判十大案例，其中包括首例永续债合同解除案。通过分析该案例的裁判要旨及裁判理由，可以了解永续债持有人主张解除合同的司法裁量原则，但有关永续债的法律问题仍需梳理，其困境有待纾解。

该案件基本案情如下：2015年11月11日，乙公司（发行人）在全国银行间债券市场发行"15中城建MTN002"中期票据。该期债券约定，其于发行人依照发行条款的约定赎回之前长期存续，并在发行人依据发行条款的约定赎回时到期。根据这一特点，该期中期票据属于永续债。其他相关条款包括该期中期票据

---

[*] 顾亮，华东政法大学经济法学院2018级硕士研究生。

的赎回权为发行人所有，投资者无回售权；该期中期票据的本金和利息在破产清算时的清偿顺序等于发行人的一般负债；以及递延支付利息条款、强制付息事件、持有人救济条款等。[1] 甲公司（持有人）持有该债券5000万元，其以乙公司在募集期隐瞒部分信息、在履约过程中多次出现违约事件导致评级下降及未及时披露相关信息，且以行为表明不履行在一定期限内还本付息的主要义务为由，要求解除双方之间的合同关系，并要求乙公司偿还本金、赔偿利息损失。

在该案中，法院通过综合分析发行人怠于履行披露义务、重大资产变更、相关评级下降等因素，结合永续债持有人的投资目的和获利方式，认定发行人的行为构成根本违约，支持持有人解除合同、支付票据款并赔偿相关利息。[2]

该案之所以引起广泛关注，是因为其涉及资本市场上一种特殊的融资工具——永续债，而永续债的性质及相关法律问题并不明确。与普通债券相比，其最大的特点在于无固定到期日、发行人有权决定是否赎回债券以及发行人有权递延支付利息。永续债无具体明确到期日、无须按期持续支付利息的特点使其拥有了普通股的相关特征。由此引发了永续债性质之讨论。同时也正是因为这些特点，导致永续债持有人在面对发行人拒不付息甚至违约时，在救济途径上极为被动，尤其是在相关法律规定还未明确的情况下。

虽然在"中城建"永续债一案中，法院通过分析发行人违反信息披露义务，并根据该期债券发行根本违约的思路作出了审判，使持有人获得了满意的结果。这不失为一种很好的判案思路，但是，判断永续债性质、解决永续债违约等问题的法律障碍依然存在。本文旨在通过分析永续债的性质以纾解永续债违约救济的法律困境，维护债券市场的稳定、保护永续债投资者的权益。

---

[1] 参见《中国城市建设控股集团有限公司2015年度第二期中期票据募集说明书》，载非金融企业债务融资工具注册信息系统，http：//zhuce.nafmii.org.cn/fans/publicQuery/detail? instNo = 00000004192473&projTrackNo = 5EF0CD4E4F2D292DE0530D15010AE159&releaseTitle =%25E4%25B8%25AD%25E5%259B%25BD%25E5%259F%258E%25E5%25B8%2582%25E5%25BB%25BA%25E8%25AE%25BE%25E6%258E%25A7%25E8%2582%25A1%25E9%259B%2586%25E5%259B%25A2%25E6%259C%2589%25E9%2599%2590%25E5%2585%25AC%25E5%258F%25B8%25E8%25BD%25E5%25BA%25A6%25E7%25AC%25AC%25E4%25BA%258C%25E6%259C%259F%25E4%25B8%25AD%25E6%259C%259F%25E7%25A5%25A8%25E6%258D%25AE%25E6%2596%2587%25E4%25BB%25B6.

[2] 参见《2017年度上海法院金融商事审判十大案例》，载微信公众号"浦江天平"，2018年12月21日，https：//mp.weixin.qq.com/s/T_9doxVUxh5Sy6B7g-VPXw。

二、债股两性：永续债性质之确定

（一）永续债的发展现状及问题

根据上海证券交易所的介绍，永续债[1]是指赋予发行人以续期选择权，不规定债券到期期限的信用债券。在我国当前债券市场上，存量永续债券共有1312只，债券余额达到19891.77亿元，[2] 有将近两万亿的市场规模。永续债并不是一个独立的债券种类，在市场上的永续债包含中期票据（70.20%）、公司债（21.11%）、企业债（5.04%）、定向工具（2.13%）、金融债（1.52%），且它们受到不同监管部门的监管。

自2013年第一只永续债发行以来，永续债市场规模越来越大。对发行人而言，与普通债权相比，永续债可以计入权益，降低资产负债率，从而达到修饰财务报表的目的；与权益相比，永续债投资者不享有股权，不会影响股权分布，也不享有投票权，不会影响经营管理。因此永续债的发行受到一些具有去杠杆压力的、行业负债率高的国有企业的青睐，实际上，地方与中央国有企业作为发行人的永续债数量占比高达94.89%。[3] 对投资者而言，永续债的发行人往往具备较高的信用资质，[4] 票面利率也普遍高于同一发行人同期限普通债券，[5] 基于发行人通常会赎回债券的判断，投资者愿意对永续债进行投资。综合来看，永续债发行人及投资人可以达到一个双赢的局面。这也是永续债此类混合资本工具会被设计出来并得到发展的原因。

结合当前永续债的发展情况来看，永续债是债券市场中一个重要的领域。然而永续债"债股两性"的特点带来了理论与实践中的一些问题：首先，在法律层面，根据《公司法》的规定，"公司债券是指公司依照法定程序发行、约定在一定期限还本付息的有价证券"；根据《企业债券管理条例》（2011年修订）的

---

[1] 国际市场上永续债由来已久，境外一般称之为"永续债"，国内又称该类债券为"可续期债券"。

[2] 截至2019年7月9日存续永续债的债券类别，数据来源Wind。

[3] 截至2019年7月9日存续永续债的发行人属性，数据来源Wind。

[4] 永续债主体及债项评级为AAA的占比达60%以上，AA+及以上的占比达90%。

[5] 统计2019年7月发行的可续期债券利率，将其与同一主体近期发行的普通债券利率进行比较可知，可续期债券的利率平均比普通债券高75BP。

规定："企业债券是指企业依照法定程序发行、约定在一定期限内还本付息的有价证券。"由此可见，"债券"的一个核心特征就是"一定期限内还本付息"，而永续债并不符合这一核心特征。且永续债也不符合对于"股权"的相关定义，一般来说，股权被认为是股东对公司享有的人身和财产权益的一种综合性权利。永续债持有人不享有资产收益、参与重大决策和选择管理者的权利。因此，"永续债"在法律层面上缺少法定根据。

其次，在会计处理方面，将永续债处理成金融负债抑或是权益工具是发行人需要考虑的问题。这将最直观反映在财务报表上，涉及企业会计信息披露是否合法合规，甚至影响投资者的投资决策与监管者的监管行为。实践中，发行人基本将永续债计入权益工具，并声明"若未来因企业会计准则变更或其他法律法规改变或修正，影响发行人在合并财务报表中将本次债券计入权益时，发行人有权对本次债券进行赎回"。[1]

最后，在债券违约方面，永续债违约对于债券持有人的保护可能存在法律上的障碍。因为永续债募集说明书通常约定发行人是是否行使债券赎回权的决定者，并且享有递延支付利息的权利。而持有人则很难证明发行人违约或者是债券到期，要求发行人还本付息。这将导致持有人在救济途径上较为被动。

因此，有必要结合永续债的相关会计准则与募集说明书中的重要条款，为永续债定性，通过还原永续债的本质，解决理论与实践中出现的问题。

（二）永续债之会计处理

虽然我国法律并未对永续债作出明确的定义，但在会计层面，企业会计准则对永续债的会计处理作出了相关规定。众所周知，会计反映的是企业真实的经济业务，对于永续债的发行，不能拘泥于工具名称、法律形式或者监管规定，而应该关注永续债募集说明书具体条款反映出来的经济实质，从而进行会计处理。因此，对永续债之会计处理进行分析，可以更好地理解永续债的特征与性质。

根据《企业会计准则第 37 号——金融工具列报》（财会〔2017〕14 号）第 7 条的规定，"企业应当根据所发行的金融工具的合同条款及其所反映的经济实

---

[1] 参见《中国华电集团有限公司公开发行 2019 年可续期公司债券募集说明书（面向合格投资者）》，载上海证券交易所公司债券项目信息平台，http://static.sse.com.cn/bond/bridge/information/c/201908/ea0d60d9b0654893b05129a65afaae23.pdf。

质而非仅以法律形式，结合金融资产、金融负债和权益工具的定义，在初始确认时将该金融工具或其组成部分分类为金融资产、金融负债或权益工具"。第二章则给出了金融负债与权益工具的定义，并指出了两者的区分。符合下述条件则列为金融负债：向其他方交付现金或其他金融资产的合同义务；在潜在不利条件下，与其他方交换金融资产或金融负债的合同义务等。而权益工具则是应当不包括交付现金或其他金融资产给其他方，或在潜在不利条件下与其他方交换金融资产或金融负债的合同义务。

2019年1月30日，为进一步明确永续债的会计处理，财政部印发了《永续债相关会计处理的规定》（以下简称《规定》），该规定不仅适用于在境内外发行的永续债，也适用于其他类似工具。这似乎让其他兼具"债股两性"的混合资本工具也有规可循。《规定》指出永续债发行方在确定永续债会计分类时，除了应当依据《企业会计准则第37号——金融工具列报》中的规定，还应具体考虑到期日、清偿顺序、利率跳升和间接义务这三个因素。

关于到期日，可分为如下情况：其一，永续债合同明确规定无固定到期日且持有方在任何情况下均无权要求发行方赎回该永续债或清算的，则永续债应列为权益工具。其二，永续债合同未规定固定到期日且同时规定了未来赎回时间的，当该赎回时间仅约定为发行方清算日时，若清算发生取决于发行方，则为权益工具；若清算不受发行方控制或取决于持有方的，则为金融负债。其三，永续债合同未规定固定到期日且同时规定了未来赎回时间的，当该赎回时间不是发行方清算日且发行方能自主决定是否赎回永续债时，发行方应当谨慎分析自身是否能无条件自主决定不行使赎回权，若能，则为权益工具；若不能，则为金融负债。

关于清偿顺序，可分为如下情况：其一，发行方清算时永续债劣后于普通债券和其他债务的，则应列为权益工具。其二，发行方清算时永续债与普通债券和其他债务处于相同清偿顺序的，应当审慎考虑此清偿顺序是否会导致持有方对发行方承担交付现金或其他金融资产合同义务的预期，若有，则为金融负债，若无，则为权益工具。

关于利率跳升和间接义务，可分为如下情况：其一，发行方决定不赎回永续债则永续债利率上升的，发行方应当考虑利率跳升条款是否构成现金或其他金融资产的合同义务。若跳升次数有限、有最高票息限制且封顶利率未超过同期同行业同类型工具平均利率水平的，则列为权益工具。其二，若跳升总幅度较小且未超过同期同行业同类型工具平均利率水平的,则列为权益工具。其三,若封顶票息水平超过同期同行业同类型工具平均利率水平的,则列为金融负债。

因此,判断永续债是金融负债还是权益工具的关键在于发行人是否能够无条件避免交付现金或其他金融资产的合同义务。就到期日而言,拥有无条件自主决定是否赎回债券的权力,也就决定了能否无条件地避免合同义务。就清偿顺序而言,当永续债与其他债务处于同一清偿顺序时,《规定》要求发行方审慎考虑合同义务的预期。就利率跳升机制而言,则需要考虑利率跳升幅度的大小。跳升幅度大,发行人未来将面临更大的偿债压力,就会考虑赎回债券,也即产生合同义务;反之亦然。

(三) 永续债募集说明书条款分析

在当前永续债存量市场中,永续债债券期限一般约定为"3+N""5+N"等,其中最长的期限为"20+N",较为特殊的期限约定有"2+2+N"(18阳煤MTN004)和"2+2+2+2+2+N"(19北大荒MTN001A)。在所有1312只永续债中,偿付顺序为次级的有20只,占比1.52%,可见绝大多数永续债偿付顺序等同于发行人的一般负债。另外永续债通常包括特殊条款,诸如延期条款、赎回条款、利息递延条款、票面利率调整条款等,有的发行人还会约定更为详细且特殊的条款,例如交叉违约条款、事先约束条款、控制权变更、持有人救济等条款。[1]

债券募集说明书中的核心条款能够反映该金融工具的经济实质,各种条款的组合或措辞不一,所反映的经济实质也将千差万别。在了解永续债会计处理的准则规定后,需要结合债券募集说明书中的条款进行分析,得出该期永续债是金融负债抑或是权益工具的结论。可见确认永续债之性质对于会计处理及解决持有人的违约救济等法律问题将大有裨益。

本文就将以前述案件所涉永续债"中国城市建设控股集团有限公司2015年度第二期中期票据"的募集说明书为例,分析该期中期票据的发行条款。该期中期票据期限为"于发行人依照发行条款的约定赎回之前长期存续,并在发行人依据发行条款的约定赎回时到期"。该期中票的赎回权为发行人所有,其有权在该

---

[1] 以上根据永续债数据整理所得,数据来源Wind。

中票第 5 个和其后每个付息日赎回票据。且该中票的投资者无回售权。根据此期限条款并结合赎回条款，该期中票符合"权益工具"的特点。

该期中票的发行利率是有利率跳升机制的。该期中票"采用固定利率计息，在前 5 个计息年度内保持不变，自第 6 个计息年度起，每 5 年重置一次票面利率。如果发行人不行使赎回权，则从第 6 个计息年度开始票面利率调整为当期基准利率加上初始利差再加上 300 个基点"。由此可以看出，该期中期票据的利率跳升幅度为 300 个基点。根据华泰证券的一份研究报告显示，以目前存续的永续债来看，90%以上的永续债的跳升机制将跳升幅度设定为 300 基点及以下，这一跳升幅度并不会对发行人递延支付利息或不赎回债券产生太大压力，因此不需要转为金融负债；而少部分设定为 400 基点、500 基点及 600 基点的，则需要转为金融负债。[1] 但值得注意的是，当到达第二个及其之后的赎回期，若发行人仍不行使赎回权，那么总跳升利率可能超过同期同行业同类型工具平均利率水平。因此，根据利率跳升机制，该期中票有计入权益的可能，也有计入负债的可能，还需结合实际情况审慎考虑，以便作出恰当的处理。该期中票的本金和利息在破产清算时的清偿顺序等同于发行人的一般负债。按照规定，在此情况下，发行方需要审慎考虑清偿顺序是否会实现持有方对发行方承担交付现金或其他金融资产合同义务的预期，并据此确定其会计分类。因此在考虑清偿顺序时，该期中票的性质认定依然存在一定变数。

此外，该期中票设置条款赋予发行人利息递延权，"除非发生强制付息事件，在该中期票据的每个付息日，发行人可自行选择将当期利息以及已经递延的所有利息及其孳息推迟支付，且不受到任何递延支付利息次数的限制。递延利息在递延期间按照票面利率加跳升基点累计计息"。值得注意的是，前述利息递延不构成发行人未能按照约定足额支付利息。当然，条款在赋予发行人利息递延权的同时，也规定了强制付息事件及利息递延下限制事项：向普通股股东分红；减少注册资本以保护投资人利益。对于投资者的保护，该中票另外约定了持有人救济条款，如果发行人在强制付息情形下仍未付息，或违法利息递延下的限制事项，该中票的承销商可以召集持有人会议，由持有人会议达成相关决议。

---

[1] 参见华泰证券："《永续债相关会计处理的规定》点评：永续债会计新规留下的疑点与启示"，载慧博投研咨询，2019 年 2 月 1 日，http://webview.hibor.com.cn/docdetail_2544955.html。

综合《永续债相关会计处理的规定》及债券募集说明书的具体条款，永续债依然能计入权益工具，但应该注意到《规定》中监管态度的细微转变，特别是使用"谨慎分析""审慎考虑"等字眼的地方。判定需要考虑的主要因素还是三点：发行人是否能够无条件自主决定赎回权；清算时永续债的清偿顺序；利率跳升机制的跳升幅度。在最严格的情形下，永续债就会被认定为金融负债。从绝大多数永续债都有被赎回的预期，以及若不赎回将面临的巨大压力来看，永续债的"债性"大于"股性"。

三、打破刚兑：永续债违约如何救济

2018年全年，债市违约事件涉及46个发行企业的120只债券，违约规模为1112.17亿元，违约债券只数同比增长264%，违约规模同比增长315%。[1] 长期以来，我国债券市场上存在刚性兑付这一特殊的市场行为，阻碍了债券市场的健康发展及国际化的进程。在打破刚兑的背景下，债券违约将进入常态化，这不仅有助于完善我国债券定价机制，也能倒逼违约处置机制的建立和健全。

（一）债券违约处置方式

债券违约市场化处置方式通常有三种：一是自主协商；二是司法诉讼，包括违约求偿诉讼和破产诉讼；三是债券置换、批量转让、折价回购等方式。[2]

自主协商机制，即债券持有人与发行人及担保机构等相关方通过自主协商，就违约债券的本息偿付问题达成一致的解决方案。这种自主协商的机制类似于破产程序中的和解，其目的都是使债权债务人达成一致方案，解决债务偿还问题。自主协商的具体方式有担保人代偿、抵质押物的处置、债务重组。前两种方式适用于有增信措施的普通债券，如果该违约债券已经设置了担保，那么债券持有人可以通过抵押权或质押权实现债务的优先偿付。而债务重组则是自主协商机制下促使违约债券得到兑付的核心方式。其实质是债权人与债务人建立起新的债权、债务关系的过程，内容涉及偿债资金的来源以及偿债方式两个方面，具体措施包

---

〔1〕 参见中央结算公司统计监测部：《2018年债券市场统计分析报告》，载《债券》2019年第1期。
〔2〕 参见张晓旭：《当前信用债违约高发对我国债券市场改革发展的启示》，载《浙江金融》2017年第1期。

括债务展期、本息削减等。[1] 自主协商通常适用于债务人发生临时性的资金问题，以及债务最终得到偿付的预期较高的情况。

违约求偿诉讼与破产诉讼的适用差异在于债券到期时债务人是否还具备偿付能力，若债务人还有一定的偿付能力，则不满足破产讼诉的条件，应当采取违约求偿诉讼；若债务人已资不抵债或明显缺乏清偿能力，则应当采取破产诉讼。债券违约求偿诉讼与一般违约诉讼无异，根据《合同法》第107条的规定，证明债务人不履行合同义务或履行合同义务不符合约定的，可请求债务人继续履行及承担赔偿损失等违约责任。而在债权人提起破产诉讼后，将根据债务人的实际情况，进入到破产清算程序或是破产重整、和解程序。当债务人进入破产清算程序，极强的程序性可以保障债务人可分配财产在债券持有人之间公平清偿，只是受偿额度将极可能大大受损且破产程序往往是旷日持久的。

债券置换、批量转让、折价回购则是各种市场化交易机制，使得违约债券能够在二级市场上及时转让或退出。然而，当前债券市场尚未形成此类成熟的市场化交易机制。在面临债券违约时，根据具体情况可以选择合适的途径寻求救济，但在现实中，应用的情况并不理想。

(二) 永续债违约处置之困境

诚然，永续债在债券市场上受到不少发行人与投资者的青睐，但其"永续"的特性也为永续债持有人在面临违约时采取种种救济措施增设不少阻碍。

一是自主协商路径。在我国境内发行的永续债，绝大多数的担保情况均是无担保，这也即意味着债务人无法通过担保人代偿、抵质押物的处置得到偿付。而债务重组需要债权债务双方达成一致意见，重新构成债权债务关系。且不论这是债务人为得到偿付所作的妥协，在"永续"的债券条款安排下，债务人可能并不愿意进行债务重组。

二是在债券置换、批量转让、折价回购等市场化处置机制尚未建立成熟之际，司法途径是永续债持有人需求救济的最终方式。在债券发行方尚未出现资不抵债情形下，持有人提起违约求偿诉讼。然而，若持有人以债券到期为由请求对

---

[1] 参见窦鹏娟：《新常态下我国公司债券违约问题及其解决的法治逻辑》，载《法学评论》2016年第2期。

债券进行清算，发行人可以债券可续期进行抗辩；若持有人以利息支付违约为由请求还本付息，发行人可以利息递延支付进行抗辩；若持有人以预期违约为由，则持有人将承担大量举证责任，且司法机关鲜少有单以预期违约为由作出解除合同的审判。因此，除非债券发行方出现根本违约的情况，否则持有人很难通过违约求偿诉讼达到偿付之目的。而对于永续债而言，何谓"根本违约"，因其种种特殊条款的设计，也很难论证。

在债券发行人出现资不抵债的情形时，持有人可以尝试通过破产诉讼以得到清偿，然而其向法院申请发行人破产时似乎依然存在障碍。《破产法》第7条第2款规定："债务人不能清偿到期债务，债权人可以向人民法院提出对债务人进行重整或破产清算的申请。"但永续债因其"永续"之特性，使得持有人无法证明债务到期，进而主动向法院申请发行人破产。永续债持有人能做的只能是等待其他到期债权人申请发行人破产，启动破产程序，进而根据《破产法》第46条第1款规定的"未到期的债权，在破产申请时视为到期"，参与到破产程序中进行债权申报。[1] 如此，永续债持有人在发行人破产程序中也处于极其被动的位置。

(三) 永续债违约困境之纾解

在"15中城建MTN002"永续债纠纷一案中，法院根据债券发行人一系列的信息披露违约行为，致使持有人合同目的不能实现的事实，认定发行人构成根本违约，进而支持持有人解除永续债合同。这的确体现了法院在缺乏具体法律规定和监管规则的情况下，对法律技巧的适当运用。但对于永续债纠纷的解决，不能仅仅局限于信息披露这一角度，当信息披露均合法合规的情形出现时，也应当考虑好对策。因此应该更多地利用永续债募集说明书条款来解决问题，建立好违约前的预防机制、给予存续期间持续的关注以及完善违约后的处理机制。

在实务界，有律师认为永续债风险的控制可以从限制永续、限制递延付息的角度入手，其认为递延付息从产品设计上就是发行人在"耍流氓"。[2] 然而，

---

[1] 参见乃菲莎·尼合买提、王荞芹：《一文详解"债券中的股票"永续债破产法律玄机在哪里》，载威科先行网，2018年11月16日，http://lawv3.wkinfo.com.cn/document/showarticle? showType = &tokens = 6e8eb45ae7442fe3abf73f4027d21e35&language = 1&collection = article&aid = NjAwMDAwNDMwMjI%3D&modules = &bid = &format = &sysLang = zh_CN&searchKeys = 6e8eb45ae7442fe3abf73f4027d21e35。

[2] 参见杨培明：《十大金融案例丨永续的末路？评首例永续债合同解除案件》，载微信公众号"大队长金融"，2018年12月26日，https：//mp.weixin.qq.com/s/wiBHzpSQl74dvlZ_n5xWmw。

可续期、递延付息正是永续债与众不同的地方,是这一产品的存在意义及价值所在,限制这两个本质属性等同于限制了永续债的发展。因此永续债的纠纷解决及风险控制应该另辟蹊径。债券募集说明书中的条款旨在分配债权债务双方的权利义务,持有人意欲在债券违约或濒临违约之际保护自己的权益,应重视募集说明书条款的设计,尤其是债权人利益保护条款。[1]

1. 约束性条款的设计

通过综合分析 1312 只存量永续债的特殊条款可以发现,有一部分永续债具有约束性条款,其在债券募集说明书中被称为"特有的投资者保护条款"。以《绿城房地产集团有限公司 2019 年度第一期中期票据募集说明书》为例,其中的约束性条款有交叉保护条款、事先约束条款(财务指标承诺)、控制权变更条款(控制权变更构成违反约定)。[2] 然而约束性条款的设计并不普遍,具体而言,在 1312 只永续债中,131 只拥有"交叉违约条款",占比 9.98%,102 只拥有"事先约束条款",占比 7.77%,13 只拥有"控制权变更条款",占比 0.99%。但值得注意的是,在总体基数不大的情况下,约束性条款的运用是在逐年递增的。

交叉违约是指当发行人在其他债务履行中出现违约时,也将被视为对此项债券的违约。其旨在公司不同债务之间建立关联,以形成公司整体偿债能力的预警网络。[3] 以"19 绿城房产 MTN002"中期票据为例,其交叉违约条款触发的情形包括:"发行人及其合并范围内子公司未能清偿到期应付的其他债务融资工具等;未能清偿本期债务融资工具利息;未能清偿到期应付的任何银行贷款本金或利息,且单独或累计的总金额达到或超过人民币 1 亿元或净资产的 5%(以较低者为准)。"此交叉违约条款规定了违约的主体、债务的种类以及违约起点金额,可谓严谨。一旦交叉违约情形发生,债券发行人需要进行信息披露,并召开持有人会议,除非持有人会议通过豁免的决议,发行人需要提高票面利率以使债券存续或是全部赎回本期债务融资工具。

---

[1] 参见李立新:《债券违约刚性兑付的形成机理与破解法门》,载《河北法学》2017 年第 11 期。

[2] 参见《绿城房地产集团有限公司 2019 年度第三期中期票据募集说明书》,载非金融企业债务融资工具注册信息系统,http://zhuce.nafmii.org.cn/fans/publicQuery/detail?instNo=60000001680074&projTrackNo=6F656EB700CA00EEE0530A0110021B4B&releaseTitle=undefined。

[3] 参见阎维博:《债券交叉违约条款:溯源、演化及保护功能优化》,载《南方金融》2019 年第 4 期。

事先约束条款在债券募集条款中通常指财务指标承诺，即在债券存续期间，发行人应确保每年度的财务指标符合一定的要求，如资产负债率等。如果未满足约定的财务指标要求，则触发约定的保护机制。控制权变更条款顾名思义，当发行人的控制权发生变更、出现约定的情形时，即构成违约，触发持有人保护机制。当然，债券发行人可以根据自身实际经营及财务状况，灵活约定一项或多项约束性条款。总之，约束性条款的设计是为了扩大违约事项的范围，使永续债能够更容易触发违约处置机制，避免前文提到的在违约求偿诉讼中所遇的困境。同时，约束性条款也能倒逼发行人谨慎经营，严格控制债券风险。

2. 持有人会议制度的健全

目前债券市场上对投资者的保护制度主要是持有人会议制度，然而从债券市场上已经发生的违约事件中能够反映出，持有人会议制度对投资者的实际保护效力非常有限。对于永续债而言，我们已经采取相关违约救济的措施诸如约束性条款的设计，但这些条款的落实需要债券持有人会议制度的配合。以"交叉违约条款"为例，当触发交叉违约情况时，该期债务融资工具持有人会议的召集人应当开始筹备召开持有人会议，当宽限期满后，发行人未能对触发交叉违约条款的债务进行偿还的，则应发布公告并召开持有人会议。而持有人会议的作用在于决议是否对该次交叉违约实行豁免或者以何种条件进行有条件的豁免。

然而在实际中，债券持有人会议会存在一些问题，以致不能很好地起到保护持有人的作用。如债券发行文件中，关于投资者保护和债券持有人大会的内容比较模式化，召开持有人大会的触发条件不够细致具体。常见的召开持有人大会的条件基本都是明显的信号资质恶化情景，而缺乏细致的个性化情景约束。而且一些隐蔽的财务处理行为看似没有影响到公司的偿债能力，却为未来丧失偿债能力埋下伏笔。这些情况往往不会触发筹备并召开债券持有人会议的条件。再比如，持有人大会审议的事项实际意义不大，虽然投资者可以提议，但所提一案并不直接具有强制执行力，能否落实仍要依赖与发行人协商的结果。[1] 债券持有人会议表面上赋予了所有持有人权利以作出民主的决议，达到最符合持有人利益的目标。然而实质上持有人会议仍然是发行人与持有人力量的博弈，在发行人面前，尤其在已有违约征兆或者已经部分违约的情况下，持有人往往会妥协，并按照发

---

[1] 参见王瑞娟、姬江帆：《债券违约求偿途径及相关问题探讨》，载《债券》2015年第9期。

行人的要求，给予发行人更多的宽限，希望发行人的情况能有所好转，以便最后能得到更多的偿付。但这到底是给了发行人更多机会待其重整并进行偿付，还是使得持有人坠入更深的"损失"之渊，犹未可知，且实际情况似乎并不乐观。

欲完善持有人会议制度，首先，需要强化投资者保护意识。在"超日债"和"湘鄂债"出现盈利恶化、债券尚未到期时，主承销商多次给发行人及其实际控制人发函要求提供保障措施。而相应召开债券持有人会议时，多次出现因持有人出席人数达不到会议有效条件，使得会议决议不生效的情况。永续债作为一种特殊的债券，其持有人较之普通债券持有人，更有可能不积极参与到债权人会议中。原因如下：其一，永续债发行主体大多为中央或地方国有企业，因此永续债持有人的"刚兑预期"较大，也相信这些企业不会出现极其严重的财务恶化；其二，永续债到期可续期、利息可递延等特点也导致较难触发持有人会议召开的条件。因此要对永续债投资者做好适当性管理并加强投资者教育。

其次，需要在募集说明书中设置更加细致的债券持有人会议召开、决议等条款，一旦出现如重大资产变化、财务指标不达标等情况，即刻启动相应的保护措施。以及约定当企业发生重大事项，该重大事项有可能影响到发行人偿债能力的，必须经过债券持有人大会决策通过才能进行。

最后，债券持有人会议参与主体有发行人、持有人、主承销商、债券托管人等多方，其之间的利益冲突不可避免。所以持有人要积极主动寻求自身利益的最大化，承销商、托管人也要不偏不倚地履行好持有人会议的职责，充分考虑到持有人的利益。

3. 债券受托人制度的完善

债券受托人是由发行人聘任的，由债券信托合同指定享有债券信托合同权利，并为债券持有人的利益要求债券债务人履行债券信托合同义务的主体。如前所述，在债券违约之后，债券持有人会议往往会成为各方利益博弈的平台，持有人寄希望于主承销商或受托管理人，希望他们牵头与发行人沟通或提出切实可行的解决方案。然而在实践中，受托管理人往往由主承销商担任，其作为承销商在完成债券募集之后，就收获了全部的承销收入；而其作为托管人从事受托管理事务则没有任何收入，因此受托管理人没有经济上的动力去履行职责。

在英美法中，债券受托人制度的基础法律关系是信托关系，受托人作为独立于发行人与债券持有人的专业机构，对持有人承担信义义务。信义义务是一种最高标准的注意义务，其核心是受托人应毫无保留地代表全体持有人的最大利益行事，发生利益冲突时，后者利益优先。[1] 债券受托人作为国际债券市场的基础制度之一，能够更好地代表分散、众多的持有人进行债券管理和集体活动，给债券存续期管理和违约处置提供更多的灵活性。

受托管理人的核心问题就是要处理好利益冲突问题。受托管理人在面对利益冲突以及潜在利益冲突时，需要履行必要的披露义务或者在征得持有人同意的情况下继续担任职务。在国内，倘若继续由主承销商负责受托管理事务，应要求承销机构内部对其部门设置、人员配置等进行相应调整，实现隔离，以适应债券受托管理业务的开展。[2] 另外，债券市场上也应该培育出专业的债券受托管理人机构。

行文至此，可以看出，通过一系列设计和机制，可使得永续债的违约救济方式趋近于普通债券，在永续债"债性"大于"股性"的情况下，为永续债提供一般化的救济方式是应有之义。

四、余论：永续债发行利益之再平衡

永续债作为一种创新的债务融资方案，是受到市场认可的。我国 2013 年开始发行永续债，但一直是以非银企业为主。2018 年 12 月，央行发文鼓励符合条件的银行用"无固定期限资本债券"补充资本金，2019 年 1 月，中国银行发行了 400 亿元银行永续债。从非银企业到商业银行能够看出，永续债具备良好的发展前景。

不可否认的是，目前的现实情况是永续债的发行制度设计总体有利于发行人，募集说明书的制定也由发行人主导。因此，永续债券持有人的利益格外值得关注。但同时，发行人的需求也不得不加以考虑，如果设置极其严格的限制条款，发行人极易触发违约情形，不仅将对发行人产生巨大不利影响，甚至会引起连锁反应，波及整个债券市场及金融市场。再以"交叉违约条款"的设置为例，其初衷是建立风险预警机制、增加发行人的信用、保护投资者的利益。但交叉违约条款的设置若极易使得发行人陷入违约处境触发"交叉违约"，会导致大量债

---

[1] 参见李霞等：《债券受托管理人制度的英美法实践》，载《清华金融评论》2018 年第 12 期。
[2] 参见王凌飞、李霞：《债券受托人制度的跨法系比较》，载《中国金融》2019 年第 2 期。

务均被视为加速到期，从而加倍放大了违约的惩罚效应。而一旦发生连锁效应，关联企业都将面临流动性压力，从而导致市场的不稳定性。因此，交叉违约条款的设计在保障投资人利益的同时，也需要在违约的性质、违约的金额等方面作出相关规定，考虑发行人的实际债务情况，再平衡发行人的利益。我国债券市场正向着市场化、法治化、国际化的目标发展，一个充满"正和博弈"的市场是市场参与主体都乐而见之的。

（初审：袁晨浩）

金融刑法

刑事"套路贷"与高利贷的界限探析
——以诈骗罪的认定为切入点

林秋璇[*]

内容摘要： 随着《关于办理"套路贷"刑事案件若干问题的意见》的出台，"套路贷"案件成为近年来刑法学界关注的热点，"套路贷"案件被认定为诈骗罪的情形占大多数，其中高利贷被频繁提及，"套路贷"与高利贷的区分有较高研究价值。高利贷属于民间借贷，其本质是"逐利"，而"套路贷"是以借贷为名的犯罪行为，其本质是"侵财"。通过对诈骗罪构成要件的分析得出区分二者的要点为行为人是否具有欺骗行为、是否具有非法占有目的以及被害人是否陷入认识错误。

关键词： "套路贷"　高利贷　诈骗罪　非法占有目的　认识错误

一、问题提出与现状窥视

2019年2月28日，最高人民法院、最高人民检察院、公安部、司法部《关于办理"套路贷"刑事案件若干问题的意见》（以下简称《意见》）的发布，引起了刑法学界对"套路贷"案件的广泛关注。其实，早在《意见》发布之前，我国对"套路贷"（尤其是涉黑恶势力的"套路贷"）的打击力度就在不断加大。

为了进一步了解"套路贷"案件的研究热点，笔者通过"无讼"网[1]进行了案件检索。检索结果发现，就一审案件而言，从2017年到2020年7月，涉嫌

---

[*] 林秋璇，华东政法大学刑法学2018级硕士研究生。

[1]"无讼"网址：https://www.itslaw.com/bj，最后访问时间：2020年2月24日。

"套路贷"的刑事案件为 972 件,其中被指控为诈骗罪的案件为 728 件;涉及"高利贷"的诈骗罪的案件为 214 件。这些数据说明被认定为诈骗罪的"套路贷"案件与"高利贷"关系密切。

从以上司法现状可以看出,在"套路贷"研究的热潮中,高利贷是该领域的研究重点之一。刑法学界对于高利贷的争论大多聚焦于暴力贷的研究和高利贷是否能认定为非法经营罪。[1] 但随着经济社会的发展,某些非暴力高利贷已向"套路贷"悄然转化,逐渐丧失高利贷的实质属性。至今,理论上对这部分行为与非暴力高利贷的区分研究甚少。《意见》出台之后,其列举了"套路贷"的一系列手法与步骤,一定程度上完善了认定"套路贷"的标准。然而,有些非暴力的"高利贷"行为在手法、步骤上与《意见》中列举的"套路贷"极为类似,但现今司法实践中往往将其认定为诈骗罪,高利贷与刑事"套路贷"之间的界限越来越模糊。由此,本文将结合诈骗罪的构成要件要素,对刑事"套路贷"与高利贷进行区分与讨论,以期补充这方面的缺口,对司法实践中"套路贷"的认定有所裨益。

二、高利贷与刑事"套路贷"的区分

区分高利贷与刑事"套路贷"的关键点在于厘清二者的关系,因此,首先应当从二者的概念上进行区分,明晰高利贷与"套路贷"的内涵和外延。

(一)高利贷的本质

1. 概念之厘清

"高利贷是指违反国家法定利率上线出借资金,索取高额利息的贷款行为。"[2] 所谓高额利息,是指高于《中华人民共和国合同法》及《最高人民法院关于审理民间借贷案件适用法律若干问题的规定》(以下简称《民间借贷规

---

[1] 如有的学者认为高利贷中的暴力贷可以属于刑法的规制范围,但并不构成非法经营罪,而普通高利贷则由民事规制即可(参见张勇:《高利贷行为的刑法规制》,载《江西社会科学》2017 年第 7 期)。随着最高院《关于被告人何伟光、张勇泉等非法经营案的批复》出台,我国对高利贷不再以非法经营罪定罪处罚。

[2] 陶建平:《高利贷行为刑事规制层次论析》,载《法学》2018 年第 5 期。

定》）对于民间借贷的利率上限的利息，即年利率超过 36%。[1]

2. 高利贷属于民间借贷

《民间借贷规定》第 1 条："本规定所称的民间借贷，是指自然人、法人、其他组织之间及其相互之间进行资金融通的行为。经金融监管部门批准设立的从事贷款业务的金融机构及其分支机构，因发放贷款等相关金融业务引发的纠纷，不适用本规定。"其并未对贷款的利息作出相关限制，只是将金融机构排除在该类借贷关系的放贷主体之外。由此可见，高利贷已然符合民间借贷的概念。

另外，早在 2001 年，中国人民银行办公厅《关于以高利贷形式向社会不特定对象出借资金行为法律性质的批复》同样以非经营性高利贷的角度诠释了高额利息对民间个人借贷的认定并无影响："民间个人借贷应是个人之间因生产、生活需要的一种资金调剂行为……出借人为此获取一定利息回报，但出借人一般并不以此作为经常性的牟利手段，若利率超过最高人民法院《关于人民法院审理借贷案件的若干意见》中规定的银行同类贷款利率的四倍，超出部分的利息不予保护，但行为性质仍为民间个人借贷……"

3. "逐利"本质与"本金无涉"

上述举例并非将经营性高利贷排除在民间借贷之外，相反，笔者主张经营性高利贷是非金融机构（无论是否合法）与自然人、法人、其他组织之间的民间借贷。首先，无论是经营性高利贷还是非经营性高利贷，虽然两者在资金出借对象、行为发生频次、行为法律效率等方面存在显著差异，但在本质上两者均为凭借拥有的资本从事放贷行为，收取超出法律规定利率范围外的利息获取暴利的行为，仍以"逐利"为其精髓，未突破"以钱生钱"这一资本性获利行为的本质，其行为本质并不因为利率的量上的差异发生根本改变。

其次，高利贷是"本金无涉"的，即高利贷放贷人的最终目的不是为了获得本金。正因为高利贷属于民间借贷，高利贷的本金如正常借贷一样具有资金性

---

[1]《中华人民共和国合同法》第 211 条规定："自然人之间的借款合同对支付利息没有约定或者约定不明确的，视为不支付利息；自然人之间的借款合同约定支付利息的，借款的利率不得违反国家有关限制借款利率的规定。"《最高人民法院关于审理民间借贷案件适用法律若干问题的规定》第 26 条规定："借款双方约定的利率未超过年利率 24%，出借人请求借款人按照约定的利率支付利息的，人民法院应予支持；借款双方约定的利率超过年利率 36%，超过部分的利息约定无效，借款人请求出借人返还已支付的年利率 36%部分的利息的，人民法院应予支持。"

质，其主要作用是在放贷人和借贷人之间流通，而非放贷人的最终目的，高利贷放贷人的最终得利始终应当是借款时约定的高额利息。可以说，高利贷的"本金无涉"与"食利"的本质将其与刑事"套路贷"直接区分开来。

(二)"套路贷"的本质

1. "套路贷"的概念

《意见》在第一大点"准确把握'套路贷'与民间借贷的区别"中指出："'套路贷'，是对以非法占有为目的，假借民间借贷之名，诱使或迫使被害人签订'借贷'或变相'借贷''抵押''担保'等相关协议，通过虚增借贷金额、恶意制造违约、肆意认定违约、毁匿还款证据等方式形成虚假债权债务，并借助诉讼、仲裁、公证或者采用暴力、威胁以及其他手段非法占有被害人财物的相关违法犯罪活动的概括性称谓。"由此可见，"套路贷"并非民间借贷，其当事人之间也并非借贷关系，他们之间形成的关系是虚假债权债务关系，行为人的"放贷"目的并非发放贷款、获取利息，而是以非法占有"借款人"财物为目的实行的犯罪行为。

2. "侵财"本质与"本息一体化"

虽然大部分"套路贷"由高利贷演变而来，其假借借贷的形式，实质具有非法占有之目的。"套路贷"与高利贷外部行为高度相似，但其行为本质已与高利贷形成根本区别。首先，"套路贷"中的本金已不再具有资本特征，而更多的是诱饵的作用，利用本金为诱饵诱使借款人进入"套路贷"的陷阱，假借行业行规、保证金等模糊的原因，表达仅需还实际借款和利息即可等意思，诱使借款人签订虚高的合同或进行担保、抵押，再制造银行流水、通过诉讼等一系列"合法手段"迫使借款人"还款"或直接侵夺其大额不动产。因此，站在"放贷人"的角度而言，"套路贷"的目的已然不是获得高额利息，而是非法占有"借款人"的财产。其行为已经超出了"以钱生钱"的资本性获益，出离了高利贷获益的范畴，实质上是佐以各种违法行为的"以钱套钱"，具有明显的"侵财"本质。

其次，与"本金无涉"对应的是，"套路贷"在本质上并非借贷行为。因此，在"套路贷"中实际上并无本金和利息的概念，而是通过借贷关系中的各种资金的名义，侵犯被害人的财产，在此基础上"放贷人"向被害人所主张的一切"本金""利息""保证金""手续费"等财物均属于"放贷人"欲非法占有的财产,虽呈混同趋势,但实际上这些财产是一体化的。

(三) 区分二者之要点总结

前文分析了高利贷与"套路贷"的本质,得出了高利贷属于民间借贷,而"套路贷"不是借贷关系;高利贷的本质是"逐利",仅以获取高额利息为目的,并不包括具有资本性的本金,而"套路贷"的本质是"侵财","本金"只是侵害他人财产的幌子,其目的是将被害人的"贷款本金"及"贷款利息"越滚越大,直至达到非法占有被害人财产的目的。在"套路贷"中,被害人的财产呈一体化,无需按"本金""利息"区分。根据以上分析结论,结合《意见》中的规定,可以进一步将二者的区别细化总结如下:

1. 是否为借贷关系

无论是前文对高利贷与"套路贷"的概念分析,还是《意见》中第一大点直接说明的"套路贷"并非民间借贷,而仅是"假借民间借贷之名"的犯罪行为,都可以说明区分二者的标准在于是否为借贷关系。但是在实务中,"套路贷"依然是以借贷的形式存在,尤其是处于灰色地带的高利贷,对二者仅有概念区分是远远不够的,往往还要借助以下要点综合判断。其中"虚假债权债务关系"是判断"套路贷"的关键之一,正因为"套路贷"与高利贷的区别是其不属于民间借贷,"套路贷"所形成的债权债务关系应当是虚假的。至于如何判定是否为虚假债权债务关系,后文将详细讨论。

2. 是否意思自治

《意见》在第一大点"准确把握'套路贷'与民间借贷的区别"中规定:"2.'套路贷'与平等主体之间基于意思自治而形成的民事借贷关系存在本质区别",从中可以进一步推出作为民间借贷的高利贷同样需要具备意思自治的特点,而作为犯罪行为的"套路贷"则并不具备这些特点。行为人诱使或迫使被害人签订"借贷"或变相"借贷""抵押""担保"等相关协议,通过虚增借贷金额、恶意制造违约、肆意认定违约、毁匿还款证据等方式形成虚假债权债务,并借助诉讼、仲裁、公证或者采用暴力、威胁以及其他手段非法占有被害人财物。[1]从上述"套路贷"的行为模式不难看出，相较于高利贷而言，"套路贷"上方的意思自治演变为一方的意志对另一方的凌驾甚至是支配，被害人的意志自由被行为人的"套路"逐步消解，从最先开始的"小额贷款"到最后的被追讨"天价本金"、不动产被查封等这些超出被害人处分意志之外的情形。"套路贷"通过故意制造的"证据"，营造对被害人极为不利的环境，使之丧失通过法律救济的渠道与途径，具有很强的欺骗性质。被害人的资金需求已经被人为和恶意地扭曲，而非被害人权衡利弊后自主选择的结果。总的来说，在借款人的角度，二者的区别便是借款人的对于放贷人主张的债权债务是否具备意思自治的条件。

3. 是否以非法占有为目的

从放贷人的角度而言，二者的区分在于放贷人是否以非法占有为目的。首先，在《意见》中谈及"套路贷"与民间借贷的区别，被提及频率最高的词便是"以非法占有为目的"，如"民间借贷的出借人是为了到期按照协议约定的内容收回本金并获取利息，不具有非法占有他人财物的目的……"，这说明高利贷的目的仍然是收回本金并获取利息，而"套路贷"的目的已出离了债权债务的本质，"套路贷"的行为人在"套路贷"之初便已明确其目的并非借贷，而是"侵财"，将被害人的"债务"越滚越大是其计划中关键的一环；反之，高利贷放贷人虽有可能一直给借款人放贷，也存在"借新还旧"的情形，但其与"套路贷"的本质区别是放贷人的主观心理并非非法占有，而始终是形成正常的借贷关系。

其次，《意见》还提到："应当注意非法讨债引发的案件与'套路贷'案件的区别，犯罪嫌疑人、被告人不具有非法占有目的，也未使用'套路'与借款人形成虚假债权债务，不应视为'套路贷'。"这说明虽然有些高利贷也涉及非法讨债的行为，但是否使用暴力或威胁并非"套路贷"的认定标准，"套路贷"的认定标准始终是被告人具有非法占有的目的，而与借款人形成虚假的债权债务关系，"套路贷"与高利贷抑或是非法讨债的高利贷的区分点在于"套路"，其中是否使用暴力与威胁则无需讨论。

---

[1] 参见最高人民法院、最高人民检察院、公安部、司法部《关于办理"套路贷"刑事案件若干问题的意见》，法发〔2019〕11号，2019年4月9日发布。

4. 是否将数额整体评价

前文已经得出高利贷应当"本金无涉"和"套路贷"侵害财产应当一体化的结论，《意见》第二大点也给出了相对应的说法："6. 在认定'套路贷'犯罪数额时，应当与民间借贷相区别，从整体上予以否定性评价，'虚高债务'和以'利息''保证金''中介费''服务费''违约金'等名目被犯罪嫌疑人、被告人非法占有的财物，均应计入犯罪数额。"整体记入犯罪数额的原因则在于"套路贷"犯罪一般以诈骗罪论处，[1] 所涉金额无论名目为何，实际上均是由行为人单方面操控与认定的，而被害人处于被欺骗的状态。试想，如果"套路贷"中的犯罪数额可以按照本金和利息分别计算，那么在"借新还旧"的情形下，被告人可以狡辩先合同债权债务关系已清，后借的"本金"偿还了先借的"利息"，从而大幅降低犯罪数额；且这样认定也完全违背了"套路贷"根本就不属于民间借贷的理论基础，无借贷关系，又何来"本金""利息"等说法呢？因此，这些数额整体上都是行为人欲非法占有的财物，应当作整体评价。

三、界限区分之诈骗罪的认定

前文业已分析得出"套路贷"与高利贷最大的不同在于高利贷属于借贷关系，而"套路贷"属于以非法占有为目的、具有欺骗性的犯罪行为；同时，未采用明显暴力、威胁手段的"套路贷"往往被认定为诈骗罪，而普通的高利贷却不构成诈骗罪。因此，可以从诈骗罪的认定入手，进一步分析"套路贷"与高利贷的区别。

诈骗罪构成要件的内容为使用欺骗方法骗取数额较大的公私财物，其责任要素除故意外，还要求具有非法占有目的。具体而言，诈骗罪的构成要件可以细分为：①行为人实施欺骗行为；②对方（受骗者）产生（或继续维持）错误认识；③对方基于错误认识处分财产；④行为人或第三者取得财产；⑤被害人遭受财产

---

[1] 参见最高人民法院、最高人民检察院、公安部、司法部《关于办理"套路贷"刑事案件若干问题的意见》法发〔2019〕11号，2019年4月9日发布，"二、依法严惩'套路贷'犯罪：4. 实施'套路贷'过程中，未采用明显的暴力或者威胁手段，其行为特征从整体上表现为以非法占有为目的，通过虚构事实、隐瞒真相骗取被害人财物的，一般以诈骗罪定罪处罚；对于在实施'套路贷'过程中多种手段并用，构成诈骗、敲诈勒索、非法拘禁、虚假诉讼、寻衅滋事、强迫交易、抢劫、绑架等多种犯罪的，应当根据具体案件事实，区分不同情况，依照刑法及有关司法解释的规定数罪并罚或者择一重处"。

损失。[1] 其中，欺骗行为从实质上说是实施使对方陷入处分财产的认识错误行为。所以不难看出，总体而言，诈骗罪的认定难点集中于何为欺骗行为、被害人是否陷入认识错误、行为人是否具有非法占有目的的判断上。因此，下文将结合上文的初步结论，对诈骗罪认定的这三个方面进行讨论，从而总结出认定"套路贷"而非高利贷的标准与二者的界限。

(一)"套路贷"诈骗中的欺骗行为

1. 何为欺骗行为

刑法理论普遍认为，诈骗行为的方法是"虚构事实、隐瞒真相"。要进一步了解何为欺骗行为，则必须了解欺骗的实质、欺骗的内容和欺骗的程度。欺骗的实质为必须是使他人"受骗者"陷入或继续维持处分财产的认识错误的行为，此处有两层含义：一是欺骗行为旨在让被害人做出财产处分行为，如果仅仅只是转移被害人注意，则并不构成诈骗罪；二是欺骗行为的效果是使被害人陷入错误认识，我国刑法通说认为，欺骗行为与财产处分之间必须具有因果关系，如果被害人并非由于对行为人的行为产生错误认识从而处分财产，则行为人的行为不能算欺诈行为。[2] 欺骗的内容包括就事实进行欺骗和就价值判断进行欺骗。"事实"包括客观的外在事实，也包括主观的心理的事实，后者的常见形式便是虚假许诺。行为人是否就意思做了虚假表示，应当综合案件全部事实进行客观判断，即使行为人为实现诺言实施了某种行为，也不能一概排除行为的欺骗性。实务中不能够单纯以被害人知晓虚增本金或利息的协议内容作为脱罪借口，而无视行为人后续制造虚假给付痕迹、肆意认定违约等行为的欺骗性。如"董浩诈骗案"中法院认为需要综合考察行为人的全部行为，如果系明显不符合正常民间借贷的套路行为，则应当认定具有非法占有目的，构成"套路贷"，被害人是否主动要求借款、是否明知借款协议内容，并不能改变本案"套路贷"犯罪的定性。[3] 此外，欺骗的程度也是判断欺骗行为的关键。规范违反说认为在日常生活和在人际交往与社会交易中，有些谎言往往能被一般人容忍，则不能说这是欺诈行为，

---

[1] 参见张明楷：《刑法学（下）》（第5版），法律出版社2016年版，第1000-1006页。
[2] 参见张明楷：《论诈骗罪的欺骗行为》，载《甘肃政法学院学报》2005年第3期。
[3] 参见董浩诈骗案，浙江省温州市中级人民法院（2020）浙03刑终426号刑事裁定书。

而不具有社会相当性、违反诚实信用的谎言则超过了容忍的程度，即为欺诈。但该学说缺乏合理性的原因在于，某些新型的谎言因超出了人们的认知范围而无法判定是否能被容忍，且该标准往往会将刑事欺诈与民事欺诈相混淆。因此，判断虚假表示是否达到了欺诈的程度，关键在于该行为是否达到了使被害人基于错误认识处分财产的危险性，如果达到了这种危险性，即使被害人未陷入错误认识，理论上也属于诈骗未遂。

2. 在"套路贷"中的表现形式

《意见》在第一大点中描述了实践中"套路贷"的常见犯罪手段："3. 制造民间借贷假象。犯罪嫌疑人、被告人往往以'小额贷款公司''投资公司''咨询公司''担保公司''网络借贷平台'等名义对外宣传，以低息、无抵押、无担保、快速放款等为诱饵吸引被害人借款，继而以'保证金''行规'等虚假理由诱使被害人基于错误认识签订金额虚高的'借贷'协议或相关协议。有的犯罪嫌疑人、被告人还会以被害人先前借贷违约等理由，迫使对方签订金额虚高的'借贷'协议或相关协议。"从以上条款可以将"套路贷"的典型欺骗行为概括为：一是诱使被害人贷款之时作出"低息、无抵押、无担保、快速放款"等虚假表示；二是在与被害人签订合同时以"保证金""行规"等虚假理由诱使被害人签订金额虚高的合同，被害人基于行为人给出的虚假理由陷入无需还增高部分金额的错误认识，从而签订高额协议。

3. 判断标准

有些高利贷为了使高额利息合法化，往往也会签订本金金额虚高的合同，在追讨本息时以合同上虚高的金额追讨。但是判断其行为是否属于"套路贷"仅凭是否存在虚高金额的合同是不够的，判断是否存在欺骗行为还需注意行为是否符合欺骗的实质和程度，即行为与被害人陷入错误认识进而处分财产有因果关系，行为达到了使被害人产生或维持错误认识进而处分财产的危险性程度。高利贷与"套路贷"最大的区别之一在于，其行为手段无法达到被害人产生错误认识进而处分财产的程度。因此，笔者主张判断是否为欺骗行为的标准不仅应当考虑到是否签订了虚高合同，也应当注意是否有《意见》中所提及的先合同引诱以及签订合同中的误导行为，同时应当考察欺骗的程度是否已达到法益侵害的危险性。司法实践中对上述判断标准论证考察程度较低,如在"杨运辉、朱冰诈骗案"[1]中认定诈骗罪的事实判定时仅主要提及存在虚高金额的合同和本金被减去了"砍头息""保证金"等,虽然在一定程度上可以推断出行为人不断垒高本金利息、肆意加高金额的行为具备极大恶意,但并未交代与考察签订虚高合同之时行为人是否"虚构事实、隐瞒真相",虚构和隐瞒的对象应当是被害人而不是其他人(包括法官),以及被害人是否产生错误认识等涉及欺骗行为认定的关键上。另外,对于欺骗程度的认定,笔者主张在"危险性"的基础上进一步细化,就"套路贷"而言,行为人做出的虚假意思应当达到被害人在特定环境下(可能是急于用钱的环境)基于诚实信用和一般人的判断错误认为,借钱之后可以按照双方口头约定或行为人承诺的方式还款,而非按照合同上虚假的金额全额还款,在特别的情势下签订合同、处分了自己的财产。

值得注意的是,"套路贷"与高利贷的区分不仅可以以诈骗罪为区分标准,因"套路贷"的精髓在于"套路",司法实践中经常出现因行为人肆意认定被害人在正常未虚高金额的合同中违约,利用自己的优势地位,威胁、恐吓被害人签订后续虚高金额的合同等情况,实务中的判例将其认定为套路贷。[2]但这种情况不能与上面的欺骗行为相混淆,此时被害人不存在认识错误的危险,而是存在其他法益的危险,可能会涉及敲诈勒索罪等其他犯罪,而非诈骗罪。诈骗罪的欺骗行为,其关注点往往在于,订立合同或其他财产处分行为时是否有"虚构、隐瞒"情形,上述判例在认定的罪名上存在误区。

(二)"套路贷"诈骗中的被害人认识错误

由上文可知,欺骗行为的认定与是否能让被害人陷入认识错误息息相关,如何判定是否达到了被害人陷入错误认识的程度、被害人可能知晓、明知或自陷风险对判定被害人是否陷入认识错误的影响等问题亟待解决。

1. 被害人的怀疑

被害人对欺骗行为及事项表示怀疑是能否认定为陷入认识错误是诈骗罪中的一个疑难问题。德国传统理论认为,受骗者对行为人的欺骗内容存在怀疑时,原

---

[1] 参见杨运辉、朱冰诈骗案,河南省平顶山市中级人民法院[2019]豫04刑终48号刑事裁定书。
[2] 参见程琦、汪崇利、朱佩君等诈骗案,浙江省杭州市下城区人民法院[2018]浙0103刑初463号刑事判决书。

则上并不妨碍陷入认识错误的认定及诈骗既遂的成立，如"认识错误并不意味着被害人必须是积极地形成了不同于客观事实的印象。被害人潜意识里理所当然地觉得一切正常的，就已经足以被认定为诈骗罪中的认识错误"。[1] 日本传统通说认为，欺骗以行为时的具体情况为前提，要求具有一般人陷入错误可能性的行为即可，因此当被害人对诈骗事实存在怀疑而交付财务时，当然也属于陷入认识错误而交付财物。英美法理论通说及判例的多数意见认为，行为人的欺骗行为并不严格要求在他人的意识中起到实质作用，被骗者的错误并不需要达到肯定程度的确信，只要欺骗行为是受害人财产处分的其中一个原因即可，不要求虚假的陈述必须是可信的。此外，我国刑法理论的有利见解认为，即使被害人在判断上有一定错误，也不妨碍欺骗行为的成立。[2] 可以说，在刑法理论界大多数观点对此持肯定态度。对于"套路贷"中诈骗罪的认定而言，《意见》也持肯定态度，虽然没有明文表述，但其列举了各种"套路贷"的手段，实践中亦有不少借款人实际上是持半信半疑的态度签订的合同，《意见》中仅频繁使用"诱使"一词，但并未对被害人的心理进行规定与明确，实则默认了对被害人怀疑等情况的容忍。

对于以上观点，也有学者指出了其中的不合理性，并进一步提出在被害人解释学的角度解决该问题。[3] 首先，"怀疑"与"信任"在心理事实的角度是无法共存的一对概念，既然已经表示怀疑，那就不可能还存在信任。其次，传统理论既然认为受害人的认识错误包括有怀疑的情形，那么便需对被害人的确信需要达到何种程度这一问题给出清晰的解释。实务中往往依赖于具体承办案件法官的自由裁量，标准不一。与传统见解不同，被害人解释学认为，被害人对诈称事项表示怀疑与被害人陷入错误认识有区别，被害人的具体怀疑不能被涵盖在诈骗罪的认识错误之下。既然客观上存在足以令人怀疑的实施，被害人主观上也确实产生了怀疑，却仍然交付财物，便可以认为被害人在足以保护其法益的情况下不予保护，在评价上属于风险投机行为，缺乏刑法保护的必要性。这种观点的精髓在

---

[1] 参见王钢：《德国刑法诈骗罪的客观构成要件——以德国司法判例为中心》，载《政治与法律》2014年第10期。

[2] 参见张明楷：《刑法学（下）》（第5版），法律出版社2016年版，第1005页。

[3] 参见缑泽昆：《诈骗罪中被害人的怀疑与错误——基于被害人解释学的研究》，载《清华法学》2009年第5期。

于，如果行为人的欺骗行为已经能够引起一般人的怀疑，且被害人已经产生了这种怀疑，则应当否认被害人已陷入认识错误这一构成要件。

在"套路贷"案件中存在这样的情况：随着某些高利贷业务逐渐转变，有些借贷公司发布的广告往往存在虚假宣传的情形，借款人在看到"低息""无担保""无抵押"等宣传字眼时往往也会产生怀疑，但在签订合同时，被行为人反复保证、劝说后选择信任，保持着将信将疑的态度签订虚高金额的合同。这种情况并非少数，但不能因被害人产生了怀疑就全盘否认被害人陷入了错误认识，否认其刑法保护的意义，需要具体案情具体分析。笔者主张结合被害人解释学的理论综合判定这种情形下被害人的怀疑是否会影响认识错误的判定。被害人解释学的要求是欺骗行为能引起一般人在该特定情形下的怀疑，则被害人陷入认识错误的结论可能会被推翻。因此要判断在涉嫌"套路贷"的情形中行为人的哪些行为能够引起一般人的怀疑十分重要，例如仅凭行为人"快速放款""低利息""无抵押"等承诺并不能引起一般人的怀疑，不能因为"一般不会有这么好的事"就认为这种虚假宣传行为一般人均会怀疑，尤其是借款人借款金额较少或者仅限于私人资金周转使用的情形，社会上对于小额贷款不乏低息或无抵押等情形，引起怀疑的可能性小。但是，对于借款金额较大的业务，若行为人仍承诺低息、无抵押等承诺则可能会引起一般人的怀疑，但不能完全持肯定态度，还要结合行为人其他的行为进行综合判断，若虚高金额过高、行为人语言反复、知晓其他借款人曾经被骗等情形，能加大行为人欺骗行为被怀疑的程度，从而影响陷入认识错误的判断。

值得注意的是，在"套路贷"中，受害人往往处于弱势地位，且多为对相关业务不熟练的行外人士，因此，应当在遵循上文判断标准的前提下，适当限制与降低认定被害人产生怀疑的可能性，有利于被害人的保护。一些明显属于被害人投机且在已查明被害人主观上已经产生怀疑的情形下，应当直接认定为被害人因怀疑而没有陷入认识错误，从而否认欺骗行为与处分财产之间的因果关系，不属于刑法保护的情形。

2. 被害人自陷风险

被害人的自陷风险是否能成为故意犯的排除违法性事由理论界有所争论，我国通说认为被害人自陷风险有必要纳入排除违法性事由中。在被害人承诺中，存在意思方向说与意思表示说两种学说。前者认为，只要被害人具有现实的承诺，即使没有表示于外部,也是有效的承诺。比如,出租车司机在雨天路滑且视线不佳的情况下,为了赶时间去交班,采取了超速飙车的方式,乘客发现了司机超速,但他心想快一点也好,能够早点到达目的地。如果后来发生事故,能否归责于司机?意思方向说认为乘客的想法亦属于被害人承诺,因为司机在替被害人实现"冒险获利",二者的意思在方向上有一致性。然而意思表示说认为,承诺的意思必须以语言、动作等方式向行为表示出来。[1]

就诈骗罪中被害人的自陷风险而言,笔者主张采取意思表示说。因为在诈骗罪的情形下,行为人不但明知被害人没有完全的风险意识,而且还利用了对方这种不完全的风险意识。其主观上不是帮助被害人实现"冒险获利",而是使被害人遭受财产损失,因此,在诈骗罪中的被害人承诺认定上应当以意思表示说为原则。

(三)"套路贷"情境下的非法占有目的

1. 非法占有目的的概念与推定

我国刑法通说认为,非法占有目的是指排除权利人,将他人的财物作为自己的所有物进行支配,并遵从财物的用途进行利用、处分。即非法占有目的由"排除意思"与"利用意思"构成。[2] 刑法上的目的犯包括刑法分则规定需要具有非法占有目的的犯罪。对于目的犯如何认定,有学者认为,应当采用推定的方法正确认定目的犯的目的。主观目的的证明不能以行为人的口供为转移,即不能因行为人供有则有、供无则无,而应当将主观目的的证明建立在客观事实的基础之上。为此,有必要采用推定方法,根据客观存在的事实推断行为人主观目的之存在。推定的方法包括采用司法解释、立法解释的方法规定推定的基础事实,为适应通过推定认定主观目的,我们传统的事实观需要转变。[3] 换言之,判断是否具有非法占有目的,首先要结合行为人的客观行为综合判断,其次利用司法解释或立法解释进行推定,在司法实践中,法院对于非法占有目的的认定也基本紧随

---

〔1〕 参见王骏:《论被害人的自陷风险——以诈骗罪为中心》,载《中国法学》2014年第5期。
〔2〕 参见张明楷:《论财产罪的非法占有目的》,载《法商研究》2005年第5期。
〔3〕 参见陈兴良:《目的犯的法理探究》,载《法学研究》2004年第3期。

于对行为人骗取行为的认定之后。[1] 对于没有司法解释或立法解释的情形该如何考量，有学者提出以下方法：其一，行为人的履行能力和条件是否具备。应当审查行为人是否具有法律规定的主体资格和履约能力，如果行为人并不具备与合同规定相一致的商品交换能力，可以作为行为具备非法占有的客观外在表现方式之一。其二，客观上是否具有骗取行为。即审查行为人在主观上是否具有《最高人民法院关于审理诈骗案件应用法律的若干问题的解释》第2条所规定的六种情形，如虚构主体、挥霍对方财物等，同时还应当结合行为人的经营背景、交易诚信记录、经营项目、技术力量条件、资金流向等多方面要素综合分析。其三，行为人事后态度及是否具有归还财物的意图。[2] 总结而言，亦即需考察行为人的能力与资质、是否有法定的欺骗行为或手段、行为人的事后表现这三个方面。

2. "套路贷"中非法占有目的的推定方法

对于上述学者提出的方法，笔者认为在"套路贷"诈骗的特殊语境下，相关考察角度应该更侧重于对行为人是否有骗取行为，而行为人是否有归还意图不应在本罪的非法占有目的的考量之下。原因在于，考察行为人归还意图的诈骗行为模式一般是行为人本身对被害人负有一定债务，如贷款诈骗罪中行为人的非法占有目的需要通过隐匿、挥霍的事后行为或者是否具有还债能力来体现。而"套路贷"诈骗的行为人与被害人之间的债权债务关系正好相反，行为人恰巧是通过收款最终达到非法占有目的，其收取款项后的行为已不再对被害人带来期待或新的冲击。因此，判断行为人是否具有《意见》规定的骗取行为对非法占有目的的推定至关重要。

对于法律或相关解释没有明确规定的情形，笔者认为可以从以下两方面进行考察：

第一，考察行为人的相关资质。可以将行为人的经营背景作为补充，如"柯

---

[1] 如陈晖诈骗案，上海市第一中级人民法院［2020］沪01刑终7号刑事裁定书："被告人王凯纠集被告人陈晖、王一杰、张晶以民间放贷为名吸引被害人借款，以'保证金''行规'等虚假理由诱骗被害人写下虚高甚至是翻倍借条，通过高额利息不断垒高债务，通过银行走账流水或拍摄付款视频等手段制造虚假付款凭证，并通过虚假的借条向被害人及其家属索要虚高债务，逼迫被害方处置房产予以还债，其主观上具有非法占有的故意，客观上符合'套路贷'的行为特征，应当以诈骗罪追究刑事责任。"

[2] 参见李明：《诈骗罪中"非法占有目的"的推定规则》，载《法学杂志》2013年第10期。

目文、贾旭兰等敲诈勒索、诈骗等案"[1]中法院将"被告人超越公司经营范围违法从事房贷业务"这一情形也纳入了推定非法占有目的的客观行为考量范围之内。除此以外，笔者注意到"套路贷"诈骗案中涉及行为人属于犯罪集团的案例共149例，占到总相关案例的43%，[2]可以说明"套路贷"的犯罪分子往往一开始即以非法获取他人钱财的犯罪目的经营业务，民间借贷业务只是幌子，这种连续、反复作案的犯罪集团模式是"套路贷"行业的常态，且这种犯罪集团往往涉及的受害者众多、骗取的金额巨大，如"阮向远诈骗案"[3]中："该犯罪集团采取上述手段，共骗取潘某2等6万多名被害人合计人民币29093万余元。"由此可见，该类情形也能起到认定非法占有目的的补强作用，基于此，笔者主张加强考察"套路贷"公司的连续作案历史，甚至是以"套路贷"为主要业务的犯罪集团，其在做出与先犯罪行为相类似的行为时更有可能具有非法占有目的。

第二，考察行为人的事后表现，笔者主张注意考察诈骗罪与其他犯罪相互关联的情况，该犯罪主要有两种行为模式：其一，司法实践中较多地将行为人后续"软暴力"催债等涉嫌敲诈勒索罪、寻衅滋事罪的行为直接列入非法占有目的的考量范围。[4] 其二，司法实践中亦有行为人实行了与被害人签订虚高合同或者是诱使被害人签订了抵押合同的行为之后，在被害人短期无法偿还虚高金额的情况下，假借违约之名向法院起诉，侵夺被害人的财产的情形。[5]不难看出，上述两种情况所涉行为的共同之处在于，后续行为是实现非法占有目的的手段，因此，可以从行为人签订合同后的其他行为判定其是否具有非法占有的目的。

---

〔1〕 参见柯目文、贾旭兰等敲诈勒索、寻衅滋事案等，高俊寻衅滋事案，徐茹诈骗案，安徽省芜湖市中级人民法院（2020）皖刑终字153号刑事判决书。

〔2〕 数据来源："威科先行数据库"，https://law.wkinfo.com.cn，最后访问日期：2020年7月28日。

〔3〕 参见阮向远诈骗案，浙江省高级人民法院［2019］浙刑终369号刑事判决书。

〔4〕 如陈义展、曹瑞东、蔡晓曼等诈骗案，浙江省高级人民法院（2019）浙刑终249、250号刑事裁定书："前述虚构事实骗取财物、'软暴力'索债等行为，均系被告人陈义展、曹瑞东等人为非法占有被害人财物而刻意为之，其行为性质已经明显超出了高利放贷的范畴，系典型的利用放贷的形式、名义设置'圈套''套路'诱骗被害人上当的'套路贷'犯罪。"

〔5〕 如卢磊起、丁加鹏等敲诈勒索、诈骗、虚假诉讼案，江苏省连云港市中级人民法［2020］苏07刑终32号刑事裁定书："被告人丁加鹏伙同被告人卢磊起以捏造的事实提起民事诉讼，妨害司法秩序，严重侵害他人合法权益，其行为已构成虚假诉讼罪。"

四、结论

"套路贷"与高利贷的本质区别在于，高利贷为民间借贷关系，而"套路贷"往往是以民间借贷为名的诈骗行为。因此，区分二者的关键点在于，认定行为是否具有非法占有目的，高利贷的目的在于，追求业已约定的、不是非法的高额利息，而"套路贷"则是非法占有被害人的一系列财产，且财产的数额由行为人恶意垒高，并非在当事人的约定与控制之内。而具体认定是否具有非法占有目的还需结合诈骗罪的客观要件进行综合判断：首先，"套路贷"往往符合《意见》中规定的典型犯罪手段；其次，还应当着重考察行为人之前是否实施过"套路贷"；最后，通过行为人欺骗行为之后是否还做出了涉及其他犯罪的行为来达到侵财的目的。

与此同时，在"套路贷"认定诈骗罪的过程中应当注意：首先，欺骗行为一定是能让被害人陷入错误认识的行为，如果出借人已经与借款人明确约定了高额利息的具体额度，并签订了阴阳合同，借款人知情且明确表示同意，则即使签订了额度虚高的合同，也不宜就此认定为诈骗罪，而更有可能为高利贷；其次，被害人的怀疑只有达到了一般人将会怀疑的程度才有可能否认被害人已陷入错误认识的事实，如果被害人仅为普通的猜测和担忧，但行为人的欺骗行为并未达到值得一般人怀疑的程度，则无法就此否认行为人构成诈骗罪。

(初审：朱　江　娄旭垚)

论内幕交易罪与利用未公开信息交易罪的法律适用

熊加玲[*]

内容摘要：为规制"老鼠仓"行为，《刑法修正案（七）》增设了"利用未公开信息罪"并将"未公开信息"定义为"内幕信息以外的其他未公开信息"，导致我国对于利用尚未公开信息的行为存在两种刑事规制路径——"内幕交易罪"与"利用未公开信息交易罪"。学界通说认为，内幕信息与未公开信息的区别在于：内幕信息仅指与上市公司密切相关的信息，但未公开信息主要是指投资决策等信息；内幕信息一般是具有法定公开义务的信息，未公开信息并不被要求公开，甚至可能是商业秘密。然而，在光大证券内幕交易案中，法院及证监会将交易信息认定为内幕信息，以事实上否定了上述两项区分之处。内幕信息不仅可以包括外部信息，也包括不一定被法律要求公开的信息。现行法律体系中对于"内幕信息"和"未公开信息"的区分可能会导致法律适用上的混乱，是否应当进行此种区分仍有待商榷。本文认为，我国可以在立法和司法实践中逐步明确内幕信息的范畴，将"老鼠仓"行为纳入内幕交易的规制范畴，从而避免混乱情形。

关键词：内幕交易　利用未公开信息交易　"老鼠仓"

一、问题的提出

为规制证券市场层出不穷的"老鼠仓"现象，《刑法修正案（七）》在刑法

---

[*] 熊加玲，上海交通大学法学院2018级硕士研究生。

第180条后增加了一款对于"利用未公开信息交易罪"的规制,规定"利用因职务便利获取的内幕信息以外的其他未公开的信息",情节严重的,依照内幕交易罪的规定处罚。我国《刑法》将内幕交易罪与利用未公开信息交易罪规定在同一条文内,对利用未公开信息交易罪比照内幕交易罪进行处罚,并将"未公开信息"定义为"内幕信息以外的其他未公开信息"。由此,一方面,我国现行刑法体系对利用尚未公开的信息的行为规制为包括"内幕交易罪"和"利用未公开信息交易罪"两种不同的方式;另一方面,采用"内幕信息以外"对未公开信息进行定义,由于内幕信息的范围本身并不确定,导致未公开信息的范围更加模糊,未公开信息与内幕信息之间的界限不明确导致了司法适用中的混乱。在"老鼠仓"行为的法律性质十分复杂、尚不明确之时,增设"利用未公开信息交易罪"规制"老鼠仓"行为,不仅无法在技术上或者监管上解决该问题,[1] 也会由于"利用未公开信息交易罪"的存在而不得不强行对"内幕信息"与"未公开信息"的边界做出划分。

要明确内幕交易罪及利用未公开信息交易罪的法律适用,前提在于明确内幕信息与未公开信息的界限,从而对《刑法》规定的两种规制路径作出区分。学界的普遍观点及笔者在下文进行详细阐述的实证研究均表明,"内幕信息"与"未公开信息"的相同特征是"价格敏感性"和"未公开性"。而区别主要在于:内幕信息一般具有内部性,仅包含与上市公司自身直接相关的信息,但未公开信息主要是指投资信息;内幕信息一般是具有法定公开义务的信息,而未公开信息并不被要求公开,甚至可能是商业秘密。上述两点既是内幕信息与未公开信息的区分之处,也被视为对内幕信息范围界定的关键。然而在直至2017年才正式落下帷幕的光大证券内幕交易行政纠纷之中,错单交易信息并不"与上市自身直接相关",而交易信息通常而言也不属于法律规定的上市公司必须公开的信息范围。这样的信息却被证监会和法院认定为属于内幕信息,在光大证券案中,法院似乎并不认同内幕信息具有"内部性"和"法定公开性"两大特征。如果"内部性"与"公开义务"并非内幕信息的必要特征,那么这两点自然无法成为区分内幕信息与未公开信息的关键。

为研究内幕交易罪与利用未公开信息交易罪的法律适用问题,本文将首先对

---

[1] 彭冰:《重新定性"老鼠仓"——运动式证券监管反思》,载《清华法学》2018年第6期。

刑事司法实践中内幕信息与未公开信息的认定进行实证研究，进而具体探讨内幕信息是否具有"内部性"及"公开义务"两大特征，明确内幕信息与未公开信息之间存在的实质差异，并探究对于内幕交易行为和"老鼠仓"行为规制的法律基础，从而对是否有必要增设利用未公开信息交易罪专门对"老鼠仓"行为进行分轨规制作出判断。

二、刑事司法实践中的内幕交易罪与利用未公开信息交易罪

现行刑法体系中同时规定了"内幕交易罪"与"利用未公开信息交易罪"，法院在审判过程中对于被告利用的信息属于内幕信息抑或未公开信息的认定，是研究两罪法律适用一个不可忽视的渠道。笔者试图通过总结现行刑事司法实践中对于上述两罪的认定，总结内幕信息与未公开信息的区别，从而明晰审判过程中对于内幕交易罪和利用未公开信息交易的司法适用。

（一）内幕信息：对证券交易有显著影响的重大信息

笔者在"北大法宝"的司法案例库中以"内幕交易"为关键词进行检索，获取237条检索结果，其中刑事判决或裁定的结果为97条，经笔者逐个案例进行要点归纳后，发现与本案研究目的相关的适格案例共计56起。[1]

上述56起案件地区分布如下所示：广东省（13）、上海市（8）、浙江省（5）、北京市（5）、山东省（4）、福建省（4）、天津省（2）、江苏省（3）、四川省（3）、河南省（3）、山西省（1）、湖南省（1）、湖北省（1）、重庆省（1）、河北省（1）、新疆（1）。法院受理时间分布如下所示：2009年（2）、2010年（3）、2011年（6）、2012年（1）、2013年（5）、2014年（5）、2015年（12）、2016年（13）、2017年（8）、2018年（1）。在这56起案件中，法院将如下表格中的信息认定为内幕信息，尽管被各法院认定的"内幕信息"不完全属于同一类型信息，其中或涉及董监高接受调查的信息，或涉及公司股权变动或对外投资，但各法院在认定过程中多强调此类信息将对证券交易产生显著影响。

---

[1] "司法案例库"栏目，载"北大法宝"网站，http://www.pkulaw.cn/Case/，最后访问日期：2019年4月1日。

表1 "内幕交易罪"中的"内幕信息"

内幕信息	案件数量	案件数量占总数量比例
与"资产重组"相关的信息	21	37.5%
与"董监高被调查、被采取刑事措施"相关的信息	1	1.78%
与"利润分配计划"相关的信息	3	5.35%
与"公司对外投资、股权转让、购买资产"相关的信息	25	44.64%
与"公司日常经营"相关的信息	2	3.57%
与"公司非公开发行股票"相关的信息	4	7.14%

（二）未公开信息：投资决策信息

笔者在"北大法宝"数据库中以"利用未公开信息"为关键词进行检索，共获取78条检索结果，其中刑事判决或裁定的结果为75条，经笔者逐个案例进行要点归纳后，发现与本案研究目的相关的适格案例共计33个。其中受理时间在2016年的案件为16件，受理时间在2017年的案件为12件，受理时间在2018年的案件为5件。上述33个案件的审判地区包括：上海市（12）、北京市（7）、广东省（6）、四川省（6）、山东省（1）、湖北省（1）。[1]上述33起案件中，被各法院认定的"未公开信息"无一例外是基金的相关投资决策、交易等信息，因此笔者在此不再以图表形式作赘述。

笔者通过分析以上判决结果发现，法院在对未公开信息进行认定时，通常仅会将与证券交易、投资决策相关的信息认定为未公开信息，但在对内幕信息进行认定时，常强调该信息在依照法定程序公开前属于内幕信息，似乎是在有意强调内幕信息多为法律要求公开的信息，但在其公开之前，利用该信息进行交易或泄露该信息的行为是被禁止的。各法院的判决结果表明：内幕信息具有"内部性""公开义务"两大特征也是多数法院所持的观点。

---

[1]"司法案例库"栏目，载"北大法宝"网站，http://www.pkulaw.cn/Case/，最后访问日期：2019年4月1日。

三、内幕信息与未公开信息之辨

(一) 我国法律规定中的内幕信息与未公开信息

为明确我国法律体系中,内幕信息及未公开信息的实质含义,笔者整理现行法律规定中的"内幕信息""未公开信息"相关条款如下。观察下表可知,我国法律规定中对于内幕信息的定义多以内幕信息的特征——"价格敏感性"(即"对价格有重大影响")及"未公开性"为关键,这是我国学习其他国家证券市场对内幕交易行为规制经验的结果。从目前法律规定的角度来看,无法直接得出内幕信息必须是与上市公司直接相关的信息或具有法定公开义务的信息这一结论。

表2 与内幕信息、未公开信息相关的法律规定

	法律或规定	定义
内幕信息	《证券法》第75条[1]	涉及公司的经营、财务或者对该公司证券的市场价格有重大影响的尚未公开的信息
	《证券法释义》第75条	具有价格敏感性(一类是涉及公司的经营、财务状况的信息,另一类是对公司证券的市场价格有重大影响的信息,这类信息有的来源于公司内部,也有的来源于公司外部)的尚未公开的信息
	《期货交易管理条例》第81条[2]	可能对期货交易价格产生重大影响的尚未公开的信息
	《刑法》第180条	涉及证券的发行,证券、期货交易或者其他对证券、期货交易价格有重大影响的尚未公开的信息

---

[1]《证券法》(2014年)第75条规定:"下列信息皆属内幕信息:(一)本法第六十七条第二款所列重大事件;(二)公司分配股利或者增资的计划;(三)公司股权结构的重大变化;(四)公司债务担保的重大变更;(五)公司营业用主要资产的抵押、出售或者报废一次超过该资产的百分之三十;(六)公司的董事、监事、高级管理人员的行为可能依法承担重大损害赔偿责任;(七)上市公司收购的有关方案;(八)国务院证券监督管理机构认定的对证券交易价格有显著影响的其他重要信息。"

[2]《期货交易管理条例》第81条规定:"国务院期货管理监督管理机构以及其他相关部门制定的对期货交易价格可能发生重大影响的政策,期货交易所作出的可能对期货交易价格发生重大影响的决定,期货交易所会员、客户的资金和交易动向以及国务院期货监督管理机构认定的对期货交易价格有显著影响的其他重要信息。"

续表

	法律或规定	定义
未公开信息	《刑法》第180条	利用因职务便利获取的内幕信息以外的其他未公开的信息
	《证券投资基金法》第20条第6项	泄露因职务便利获取的未公开信息、利用该信息从事或者明示、暗示他人从事相关的交易活动

如前文所述，内幕信息与未公开信息的区分之处也正是内幕信息范围界定的关键。界定内幕信息范围，核心在于明确：其一，内幕信息是否仅包括与发行人自身直接相关的信息；其二，内幕信息是否仅包括法律规定应当公开的信息。笔者将在下文详细围绕上述两方面问题展开探讨。

（二）与发行人自身直接相关的信息

"内幕信息是否必须是与发行人自身直接相关的信息"，这一问题曾在光大证券内幕交易一案中引发巨大争议。2013年8月16日11时05分，光大证券股份有限公司在进行ETF申赎套利交易时，因程序错误，所使用的策略交易系统以234亿元巨量申购180ETF成分股，实际成交达72.7亿元，引起沪深300、上证综指等大盘指数和多支权重股短时间大幅波动。此次错单交易对证券市场相关产品价格及光大公司本身产生重大影响，随后被证监会和法院认定为内幕信息。证监会及法院在作出处罚与行政判决时，对本案中"错单交易信息"能够构成"内幕信息"的论证逻辑基本一致，即本案中的错单交易信息满足《证券法》第75条所规定的内幕信息所具有的"重大影响"及"尚未公开"两大特征，且第8项赋予了证监会认定具体信息是否属于"内幕信息"的裁量权，因此，在符合第75条概括的两大特征前提下，证监会可以将错单交易信息认定为内幕信息。[1]

---

［1］ 本案相关法律文书参见：中国证监会行政处罚决定书（光大证券股份有限公司、徐浩明、杨赤忠等5名责任人），〔2013〕59号；杨剑波诉中国证券监督管理委员会行政处罚纠纷案，北京市第一中级人民法院（2014）一中行初字第2438号行政判决书；杨剑波与中国证券监督管理委员会处罚决定上诉案，北京市高级人民法院（2015）高行终字第943号行政判决书；杨剑波诉中国证券监督管理委员会行政处罚决定案，最高人民法院（2015）行监字第2094号行政裁定书。

然而，证监会在〔2013〕59号处罚书中采用了如下表述："本案是我国资本市场上首次发生的新型案件，虽然《证券法》和《期货交易管理条例》列举的内幕信息主要是与发行人自身相关的信息或与政策相关的信息，但同时规定证监会有权就具体信息是否属于内幕信息进行认定。内幕信息有两个基本特征，包括信息重大和未公开性。"上述表述似乎表明证监会亦认同：一般而言，内幕信息主要指与发行人自身相关的信息或与政策相关的信息，将内幕信息扩展到包含本案中的"错单交易信息"需要进行进一步解释，而非自然而然的过程。

根据《证券法》第75条第2款第1至7项所表明的内幕信息特征，内幕信息多半指与上市公司直接相关的信息。然而，光大证券内幕交易案中被认定为"内幕信息"的并非"错单交易表明光大证券内部风险控制体系存在缺陷"，而是"错单交易信息会对16支权重股、整个A股市场、期货市场等其他市场所造成的重大影响"。前者是与发行人自身相关的信息，属于"内部信息"，后者却并非与发行人自身相关的信息，属于"外部信息"。[1]"外部信息"是否能够构成"内幕信息"是本案其中之一争议点所在。

狭义的观点认为，内幕信息只应来源于与证券发行人或其关联方，如证券发行主体以及相应的中介机构，即所谓的"内部信息"。认为内幕信息仅包含与发行人自身相关信息的观点依据主要在于：其一，《证券法》第75条列举的各项内幕信息均与上市公司直接相关；其二，根据"内幕交易"在英文中的对应原意，无论是"insider trading"还是"insider transaction"或"insider"，都是内幕交易的核心特征，因此内幕信息应当具备"内部人"和"内部信息"两层含义。尽管中国采用"内幕"一词从而适应了内幕信息知情人已经拓展为实施主体包括准内部人的现状，但内幕信息是否包括发行人外部信息，仍然是一个值得探究的问题，起码从美国的立法原意中，无法得出内幕信息能够包含发行人外部信息的结论；[2]其三，从其他证券市场经验丰富国家的规定中寻找更为明确的说法时，可以发现英国在《1993年刑事司法法案》第56条中提出，内幕信息是"只是指

---

〔1〕 李西臣：《错单交易信息何以成为内幕信息？——析证监会处罚光大证券"乌龙指"案》，载《兰州学刊》2016年第5期。

〔2〕 李西臣：《错单交易信息何以成为内幕信息？——析证监会处罚光大证券"乌龙指"案》，载《兰州学刊》2016年第5期；该文作者认为，内幕信息本应译为"内部信息"，以体现其产生于上市公司内部，而交易信息则与之相对称，属于"外部信息"。

特定证券或者某个特定发行人的消息,不包括针对整个市场的涉及全部证券或者全部主体的外部消息"。[1]

但广义的观点认为,内幕信息"应包括所有可影响特定证券价格的未公开的信息,包括源于其他证券发行人(如上市公司以外的其他公司)的未公开的重要信息"。[2] 笔者赞成广义的观点,因为就中国目前的立法来看,内幕信息的范围事实上并未限制在"与发行人自身相关的信息"范围内。

首先,我国《证券法》立法者并未在立法时,将内幕信息限定在与上市公司直接相关的信息范围内。《证券法》第 75 条原文为"涉及公司的经营、财务或者对该公司证券的市场价格有重大影响的尚未公开的信息",除"涉及公司"的内部信息外,用"或者"一词并列规定了"对该公司证券市场价格有重大影响"的信息也属于本条规定的内幕信息,后者从文义解释上就足够判定,内幕信息不只限于公司内部信息。《证券法释义》对于上述规定作进一步阐释时也指出,"对公司证券市场价格有重大影响的信息"可能来源于公司内部,亦可能来源于公司外部,这类信息"虽然不涉及公司的经营、财务状况,但是传播开来,就会对证券的市场价格产生重大影响"。[3]

其次,回溯到中国的立法历史和现行立法,其中对"内幕信息"的定义一直使用的表述都是"对价格产生重大影响""尚未公开"等词语,而仅采用"价格敏感性""未公开性"对内幕信息的特征作出一定的定义,并未明确将外部信息排除在内幕信息范围之外。1993 年《禁止证券欺诈行为暂行办法》第 5 条第 2 款在对"内幕信息"进行列举时,第 9 项明确提及"可能对证券市场价格有显著影响的国家政策变化"属于内幕信息范畴。《期货交易管理条例》列举的"内幕信息"也同样包含"政策、决定"等外部信息,《证券法》第 67 条列举的"公司生产经营的外部条件发生的重大变化"也可以被解释为包括国家政策条件等变化。国家政策等信息明显不属于与上市公司直接相关的信息,而是与整个市场都有关联的信息。从政策信息尚且属于内幕信息足以证明我国在立法时并未将

---

[1] Criminal Justice Act 1993, Section 56: "relates to particular securities or to a particular issuer of securities or to particular issuers of securities and not to securities generally or to issuers of securities generally."

[2] 张宗新:《证券市场内幕操纵与监管控制》,中国金融出版社 2007 年版,第 15 页。

[3] 全国人民代表大会常务委员会法工委主编:《中华人民共和国证券法释义》,法律出版社 2005 年版。

内幕信息的范围限定在与上市公司直接相关的范围内。

最后，参考其他国家内幕交易规制的历史及其对内幕信息的定义，亦能够发现，英美等国均未在立法中对于"内幕信息"下定义，而是规定"那些所有在公开信息以外的未披露信息均可被视为内幕信息"，[1]并在判例中不断明确内幕信息的基本特征——"重要性"（Materiality）与"秘密性"（Confidentiality）。[2]

（三）法律规定应当公开的信息

近年来，证券市场层出不穷的"老鼠仓"行为利用的是行为人在执行职务过程中所获悉的基金管理公司欲对哪支股票买入建仓的投资信息，例如，"本单位受托管理资金的交易信息、相关市场行情如某机构或者个人大户下单方向或者下单量的信息、利率的变化、降低印花税以及外汇政策或金融政策的改变等信息"。[3]此种信息并无法定公开的义务，甚至可能是商业秘密。因此，为规制"老鼠仓"行为，立法者新设了"利用未公开信息交易罪"对其进行规制，并将"未公开信息"的范围限定为"内幕信息之外的信息"。[4]为规制利用"无法定公开义务"的信息而新设"利用未公开信息交易罪"表明，立法者在对《刑法》第180条进行修正时，所持的观点是，内幕信息不包括无法定公开义务的信息。[5]

然而，我国现行立法中并未明确规定内幕信息必须是根据法律要求应当依法公开的信息，一些学者在论述未公开信息的认定时提及，内幕信息是按照法律规定应当公开的信息，内幕交易的行为人利用从内幕信息形成到依法公开之间的时间差来达到牟利目的，但却没有学者进一步对内幕信息为何是依法应当公开的信息展开研究。[6]一位学者推测，此种观点的理论渊源是内幕信息制度中"公开

---

［1］ 张宗新、杨怀杰：《内幕交易监管的国际比较及其对中国的启示》，载《当代经济研究》2006年第8期。

［2］ 雷丽清：《中美内幕交易罪比较研究》，中国检察出版社2014年版，第74、84页。

［3］ 高铭暄、马克昌：《刑法学》，北京大学出版社、高等教育出版社2010年版，第453页。

［4］ 黄太云：《〈刑法修正案（七）〉解读》，载《人民检察》2009年第6期。

［5］ 叶建勋：《关于"老鼠仓"行为入罪的思考》，载《法学杂志》2009年第9期。

［6］ 古加锦：《利用未公开信息交易罪司法适用的疑难问题研究》，载《政治与法律》2015年第2期；参见王涛、汤琳琳：《利用未公开信息交易罪的认定标准》，载《法学》2013年第2期。

信息或者戒绝交易"（disclose-or-refrain）[1] 这一基本原则——"公开信息或者戒绝交易"义务产生的前提是此等信息有公开的义务，否则不会因此而产生信义义务。如果是这样的逻辑，那么即便是单独设置一个"利用重大未公开信息交易"违法条款，同样也会面临这样的困境。如果未公开信息实际上没有被公开的义务，那么对利用未公开信息进行规制的基础何在，同样是一个困境。

笔者认为，"内幕信息必须是法律规定应当公开的信息"这一观念也可能与我国《证券法》的相关规定有关。我国《证券法》第65条、第66条、第67条规定了上市公司应当"持续公开"的信息。其中第67条列举的"重大事件"正是《证券法》第75条明确列举的属于内幕信息的信息，正是由于这种重合关系及内幕信息的"信义义务说"理念影响，导致了此种观点的形成。但值得注意的是，我国现行法律中并未作出内幕信息必须是依法公开信息的规定。此外，实际上许多与上市公司相关的内幕信息同样可能不会被公开。比如，一家上市公司实际控制人决定进行并购重组，但上市公司尚未停牌公告，此时，内幕信息已经形成。计划在被提交董事会之前被作罢，无公开的必要，但在此过程中，知悉这一内幕信息的高管如果利用这一内幕信息进行交易，同样构成内幕交易。[2]

综上所言，笔者认为内幕信息并非专指与上市公司直接相关的信息，也并不一定具备法定公开义务。从比较法的角度来看，欧盟《市场滥用指令》第1条曾明确规定："对执行相关金融工具委托交易指令的主体，内幕信息是指由客户发出并尚未实施的客户委托交易信息，该信息具有具体的内容，直接或间接地影响一个或多个金融工具的发行人或金融工具本身，且未对外公开，并足以对该金融工具的市场波动或基于该金融工具的金融衍生品的波动产生重大影响。"[3] 上述规定将交易信息此等既不具备内部性也无法定公开义务明确纳入内幕信息的范畴，并未将内幕信息限定在内部性和法定需公开信息的范围内。

---

[1] Chiarella v. United States, 445 U.S. 222 (1980); 美国的内幕交易监管有条件地允许内幕交易，所有内幕人员必须在从事交易后的2个工作日内向SEC申报他们的交易，如果这些交易被SEC认定是在涉及内幕信息未公开的情况下进行的，则构成违法的内幕交易。

[2] 龙非：《未公开重大交易信息应当作为内幕信息——光大证券"乌龙指"事件处罚案分析》，载《法律适用（司法案例）》2018年第10期。

[3] DIRECTIVE 2014/57/EU OF THE EUROPEAN PARLIAMENT AND OF THE COUNCIL, of 16 April 2016, on criminal sanctions for market abuse (market abuse directive), EUR-Lex (Jun. 12, 2016), https://eur-lex.europa.eu/legal-content/EN/TXT/? uri=CELEX%3A32014L0057.

四、规制内幕交易行为与利用未公开信息交易行为的法理基础

（一）内幕交易行为："信义义务说"和"公平交易说"

关于内幕交易行为的社会危害性，主流理论上有两种观点：一是认为内幕交易行为人违反了信义义务，二是认为内幕交易行为损害了市场交易的公平。[1]

信义义务说认为，内幕交易行为是一种违反诚信和信赖义务的行为，主要指行为人违反了普通法上的信托义务关系，行为人负有对公司和股东的义务，违反义务、谋取私利这种行为受到传统信托规范的制裁。[2]

公平交易说认为，损害证券交易平等、公平，是禁止内幕交易的法理依据。内幕交易被禁止不是因为其损害了公众投资者的利益，而是因为其不公平、不公正。[3]证券市场是零和博弈的市场，博弈的前提条件是博弈主体充分利用有关证券内在价值和供求关系的信息分析作出博弈决定。"内幕交易的最大危害在于内幕信息造成了博弈信息的不平衡，破坏了证券市场主体各自公平持有信息进行价值判断与投资者选择的博弈规则"。[4]

（二）利用未公开信息交易的行为："内幕交易说"和"背信行为说"

我国《刑法》的立法者认为，"老鼠仓"行为不能用"内幕交易罪"进行规制，因此才增设"利用未公开信息交易罪"对此进行处罚。因此，探究我国刑法对于利用未公开信息交易行为规制的法理基础，实质上对"老鼠仓"行为的规制基础进行探究。"老鼠仓"行为的法律性质存在"内幕交易说"和"背信行为说"两种学说的争论。

"内幕交易说"认为，"老鼠仓"行为本身就是内幕交易的一种，只需要对内幕信息做扩大解释，就可以将"老鼠仓"纳入内幕交易的规制范围。而证监会一直推崇的"背信行为说"则认为，"老鼠仓"行为是基金从业人员违反对基

---

[1] [美]路易斯·罗斯、乔尔·赛里格曼：《美国证券监管法基础》，张路等译，法律出版社2008年版，第673页；Victor Brudney, "Insiders, Outsiders, and Informational Advantages under the Federal Securities Laws", 93 *Harvard Law Review* 322 (1979-1980).

[2] 杨亮：《内幕交易论》，北京大学出版社2001年版，第133页。

[3] 耿利航：《证券内幕交易民事责任功能质疑》，载《法学研究》2010年第6期。

[4] 郑彧：《证券市场有效监管的制度选择——以转轨时期我国证券监管制度为基础的研究》，法律出版社2012年版，第339页。

金份额持有人负有的信义义务，损害了基金财产和基金份额持有人利益的背信行为。[1] "老鼠仓"行为的本质，在于行为人违背了金融从业人员的信托义务，表现出背信、利益冲突的特点，而并不在于其利用了"非内幕信息外的其他未公开信息"，不属于典型意义上的内幕交易行为。2013年修改实施的《证券投资基金法》则将"老鼠仓"行为直接规定为第20条第2款第6项，该条规定的都是背信行为，似乎立法者在这里也支持了证监会。[2] 最高院在马乐案中兼采了上述两种学说："将风险与损失转嫁到其他投资者"强调的是信义义务；后一部分强调三公的市场原则和处于信息弱势的散户利益，则是偏向了内幕交易说。[3]

然而，"背信行为说"并不能解释对一些"老鼠仓"行为的规制。以唐建案为例，证监会在处罚决定书中提及，"唐建这种背信行为还损害了有关基金及基金管理人的声誉，损害了投资者对有关基金及基金管理人的信赖和信心，进而对有关基金的长期运作和基金份额持有人利益造成损害"。[4] 上述表述旨在说明，唐建的行为被曝光，从而损害了基金及其管理人的声誉，由此对基金的长期运作和份额持有人利益造成损害。这样的表述似乎是在说明："曝光"导致了基金财产及份额持有人受损，该行为如不曝光，则基金财产及份额持有人的利益不会受到影响。如按照上述逻辑，唐建的自利行为说明了基金内部的管理混乱，该事实曝光从而导致基金的声誉下降，由此导致的份额持有人损失并非唐建的责任，唐建的行为对于基金财产及份额持有人利益并未造成直接损失，反而是基金自身应当承担责任。如果采取"背信行为说"，唐建的背信行为并没有造成基金财产及份额持有人的直接损失，那么对唐建行为的规制就显得毫无道理。

笔者认为，无论对"老鼠仓"行为的规制法理基础是"背信行为说"还是"内幕交易说"，适用内幕交易的法律规定对于"老鼠仓"行为进行规制都没有

---

[1] 巩海滨、赵涛：《私募基金"老鼠仓"行政处罚研究》，载《证券法苑》2018年第1期。

[2] 《证监会通报近年"老鼠仓"执法情况》，载中国证监会网站，2017年7月7日，http://www.csrc.gov.cn/pub/newsite/zjhxwfb/xwdd/201707/t20170707_320124.html。

[3] 马乐利用未公开信息交易案，最高人民法院（2015）刑抗字第1号刑事判决书："从立法目的上理解，由于我国基金、证券、期货等领域中，利用未公开信息交易行为比较多发，行为人利用公众投入的巨额资金作后盾，以提前买入或者提前卖出的手段获得巨额非法利益，将风险与损失转嫁到其他投资者，不仅对其任职单位的财产利益造成损害，而且严重破坏了公开、公正、公平的证券市场原则，严重损害客户投资者或处于信息弱势的散户利益，严重损害金融行业信誉，影响投资者对金融机构的信任，进而对资产管理和基金、证券、期货市场的健康发展产生严重影响。"

[4] 中国证监会行政处罚决定书（唐建），〔2008〕22号。

障碍。如前所述,"内幕交易"同样蕴含着对违反信义义务行为的否定评价,即使将"老鼠仓"行为评价为内幕交易,也并不影响其"背信行为"的特征。

五、内幕交易、利用未公开信息交易的并轨规制

美国是内幕交易制度的发端国,并没有特别的"内幕交易法"或相关规则特别禁止内幕交易,在对于利用尚未公开信息交易行为上的规制并未采用"内幕信息"与"利用未公开信息交易"分轨规制的方式,而是站在了"反欺诈"的高度对利用尚未公开信息的行为作了规定。[1] 美国《1934年证券交易法》第10条b项规定,证券发行与交易过程中的欺诈与信息误传属于非法行为。该规定站在反欺诈原则的高度确认了证券交易环节利用未公开信息交易行为的违法性。1940年《投资公司法》第36条规定,禁止投资公司从业人员违背诚信义务从事损害客户利益证券交易。[2]

United States v. Dial[3] 一案中,被告作为期货交易的经纪人,在获知自己客户将进行大单交易后,提前使用自己的账户下单。法院认为,虽然期货交易所并未明令禁止内幕交易及期货经纪人先于自己的客户进行交易,但抢先交易行为显然违反了经纪人对其客户所负有的信义义务,会对商品期货交易造成损害,投资者不得不选择与自己利益上存在冲突的经纪人进行交易明显是不合理的。相似地,美国证券交易委员会在另一起案件中也认定了经纪人的行为违反信义义务——该经纪人基于客户委托交易价格的信息,为自己设置了更有利的交易价格。上述案例表明,在美国,经纪人利用客户交易信息进行抢先交易的行为,同样违反了信义义务,是不公平的交易行为,因此自然可以用内幕交易来进行规制。

前文分析了内幕信息与未公开信息的区分,可知二者事实上并无明显界限,在二者并无明显界限的情形下仍然用两个罪名对利用尚未公开的信息之行为进行分轨规制,是难以实现的。而就现行《证券法》体系而言,在该信息符合内幕

---

[1] Linda Chatman Tomsen, *Remarks Before the Australian Securities and Investments Commission* 2008 *Summer School*: *U. S. Experience of Insider Trading Enforcement*, U. S. Securities and Exchange Commission (Apr. 3, 2008), https://www.sec.gov/news/speech/2008/spch021908lct.htm.

[2] Investment Company Act of 1940 § 36.

[3] United States of America, Plaintiff-appellee, v. Donald D. Dial and Horace G. Salmon, Defendants-appellants, 757 F. 2d 163 (7th Cir. 1985).

信息基本特征的前提下，将"老鼠仓"行为所利用的投资决策信息解释为内幕信息，与法律并无冲突。而从规制内幕交易行为和利用未公开信息交易行为——"老鼠仓"行为——的法理基础来考量，无论从违反信义义务的角度，还是从保障交易公平的角度，利用未公开信息进行抢先交易与内幕交易在社会危害性上并无本质不同，适用内幕交易罪对"老鼠仓"行为进行规制也符合法理基础。

现在将目光转回光大证券内幕交易一案，可以发现，该案在错单交易信息是否能够构成内幕信息这一点上存在争议的原因正是由于，学界认为内幕信息应当是与上市公司直接相关的信息，且内幕信息应当是法律要求公开的信息，但事实上《证券法》中对于内幕信息的定义并不包含上述两个特征。在现行《证券法》体系内，将不与上市公司直接相关，也并非法律要求公开的交易信息解释为"对价格有重大影响"的"尚未公开"信息，从而认定其为内幕信息，并不与法律体系冲突。然而，如果将《刑法》已经增设"利用未公开信息交易罪"这一点考虑进来，则内幕信息与未公开信息之间界限模糊导致的适用混乱问题就极易暴露。

笔者认为，内幕信息并不必然是与上市公司直接相关的信息，也不必然是法律要求必须公开的信息，无论是在现行立法体系内，抑或是追溯到美国对于内幕交易的规制历史，对内幕信息的范围进行此等限制都无基础。"利用未公开信息交易罪"是为规制"老鼠仓"现象而设置的，然而"老鼠仓"这一行为的法律性质素来存在争议。将"内幕信息"做广义理解时，"老鼠仓"也能够被解释为内幕交易行为。用内幕交易罪对"老鼠仓"信息进行规制并不会产生矛盾。因此，增设利用未公开信息交易罪实质上可能是不必要的，由此引发的对于内幕信息与未公开信息的区分、对内幕交易和利用未公开信息交易行为的分轨规制也可能是无法理基础的。建议立法者在以后的立法过程、司法解释中明确内幕信息的特征及范围，直接适用内幕交易的相关规定对"老鼠仓"行为进行规制，将现行法中的分轨规制逐步转换为并轨规制。

（初审：曹思依　肖　遥）

公司法研究

股权先买权的法教义学分析及展开

——以《公司法司法解释（四）》第17、20-21条为核心

袁炜娜[*]

内容摘要：在《公司法司法解释（四）》的规范解释下，股权优先购买权是物权性形成权，其他股东行使先买权后，转让股东和外部受让人的股权变动无效。转让股东与外部受让人转让合同有效，受让人可主张履行利益损害赔偿或解除合同，而转让股东得否以受让人明知权利瑕疵而抗辩须依意思表示解释确定。在其他股东非因自身原因无法行使先买权时，可主张该解释第21条第2款的损害赔偿请求权。但该请求权适用范围较小，往往因因果关系不具备或可预见性限制而被排除。在第20条下，先买权人对于任意反悔转让股东可主张履行利益之损害赔偿；但在转让协议非因转让股东反悔而被撤销、解除时，先买权人仅对转让股东主张信赖利益损害赔偿。

关键词：股权优先购买权　先买权　形成权　股权转让　损害赔偿

一、问题的提出

股权优先购买权制度无论在司法实务中还是理论界，都是一个极具争议的话题——实践中的纠纷数量居高不下，而学术文献也倾注了大量笔墨以探讨优先购买权的性质和法律效果。最高人民法院在2017年颁布关于适用《中华人民共和国公司法》若干问题的规定（四）（以下简称《公司法司法解释（四）》），其

---

[*] 袁炜娜，华东政法大学法律学院2018级硕士研究生。

中第16-22条详细说明了股权的优先购买权制度，借以对《公司法》第71条、第72条的股权转让制度进行补充。

然而，关于股权优先购买权制度，仍有问题待解决。首先，尽管现有文献对股权优先购买权的性质讨论很多，但在《公司法司法解释（四）》语境下，其教义学构造仍需要进一步澄清，而这也是讨论其法效果及《公司法司法解释（四）》第20条和第21条损害赔偿请求权的前提问题。其次，《公司法司法解释（四）》第21条虽肯定了其他股东对转让股东的损害赔偿请求权，但该损害赔偿请求权的构成要件和赔偿范围目前也鲜有文献讨论。最后，《公司法司法解释（四）》第20条似乎肯定了转让股东的"反悔权"及其他股东的损害赔偿请求权，两者如何定位至法律体系中？与此同时，若转让股东反悔，其与外部受让人的法律关系又如何？目前学界对此研究尚不充足。正如卡尔·拉伦茨指出，法学解释的任务是要指出解释上的问题，提出解决之道，为司法裁判做好准备。[1] 据此，笔者尝试运用法教义学方法（Rechtsdogmatik），对以上问题进行回应，希望以此有益于司法实践。

二、《公司法司法解释（四）》下股权优先购买权的性质和功能

（一）作为物权性形成权的股权优先购买权

1. 现有学说梳理

股权优先购买权性质的澄清是下文展开的前提，国内学界的相关文献已相当浩繁，整体来看，文献多借鉴传统民法上先买权之学说构造，[2] 从而自期待权说、请求权说和形成权说分别展开。其中，形成权说占据主流，[3] 与此同时亦有少数观点采请求权说。[4] 形成权说下，股权优先购买权的效力还可分为债权

---

[1] [德] 卡尔·拉伦茨：《法学方法论》，陈爱娥译，商务印书馆2003年版。

[2] [德] 迪特尔·梅迪库斯：《德国债法分论》，杜景林、卢谌译，法律出版社2007年版。王泽鉴：《优先承买权之法律性质》，载《民法学说与判例研究》（第1册），中国政法大学出版社2005年版。

[3] 赵旭东：《股东优先购买权的性质和效力》，载《当代法学》2013年第5期。胡晓静：《论股东优先购买权的效力》，载《环球法律评论》2015年第4期。彭真明、李洪健：《论股东优先购买权之性质与效力——兼评最高人民法院〈关于适用《公司法》若干问题的规定（四）（征求意见稿）〉第27条》，载《私法研究》2017年第1期。当然，股权优先购买权的形成权说成为主流，恐怕也与传统民法通说将先买权定性为形成权有关。

[4] 蒋大兴：《股东优先购买权行使中被忽略的价格形成机制》，载《法学》2012年第6期。

性形成权和物权性先买权，前者经先买权人行使权利后，在行使先买权股东和转让股东之间形成股权转让合同，而该合同与转让股东和外部受让人之间的内容相同；后者在此基础上产生物权效力，从而使转让股东和外部受让人之间处分行为相对于行使先买权之股东无效。[1] 而请求权说亦可进一步二分，依其效力可分为附强制缔约义务之请求权说和无强制缔约义务之请求权说。

形成权说侧重于保护其他股东之利益，强化有限责任公司的人合性，对外部第三人进入公司形成一道强大壁垒，有限责任公司作为一种封闭公司，在其内部实行这种股权转让限制仍有其正当性，在比较法中亦固有之。[2] 在此基础上，如果转让股东决定转让其股权，物权性形成权说使处分行为直接归于相对无效；而在债权性形成权说下，形成权所创设之合同限制了转让股东和形成权人的消极缔约自由，即使转让股东选择履行与外部受让人之转让合同，仍不免对先买权人承担履行利益的损害赔偿。[3]

请求权说下，转让股东尚有一定的处分自由，尽管在附强制缔约义务之请求权说下，其实体法上的利益状态可能与债权性形成权差别甚微，转让股东无法拒绝缔约；但在无强制缔约说下，转让股东可以拒绝缔约，从而其仅对其他股东承担缔约过失责任。

如果我们将既往学说依照对于其他股东先买权之保护力度排序，则其由强至弱的顺序为物权性形成权说、债权性形成权说、附强制缔约义务之请求权说和无强制缔约义务之请求权说。

2. 现行法之教义学解释

在厘清不同构造背后的利益考量后，法教义学的任务在于阐释现行法。股权优先购买权究竟采形成权说抑或请求权说，从而对其他股东的保护力度达到何种强度？与其单纯在价值观上争论不休，毋宁在现行法中探寻何种构造方为可行，从而寻找法律条文蕴含的法的内在价值。

首先，若承认股权变动采意思主义，则包含转让股东和外部受让人之股东变

---

〔1〕 传统民法上物权性先买权之效力，参见［德］鲍尔、施蒂尔纳：《德国物权法》（上册），张双根译，法律出版社2004年版。
〔2〕 ［美］莱纳·克拉克曼、［美］亨利·汉斯曼等：《公司法剖析：比较与功能的视角》（第2版），罗培新译，法律出版社2012年版。
〔3〕 许多学者在讨论股权优先购买权时，极少讨论采物权性形成权还是债权性形成权，但如果在承认处分行为与负担行为二分的前提下，这种分类讨论是必要的。

动合意的协议一生效，股权即移转，即便在股东名册和工商登记变更前，新股东的身份难以对抗公司，但至少原转让股东对该股权已丧失处分权。[1] 如果此后其他股东再行使优先购买权，其效果仅是在其他股东和转让股东之间产生债权性合同，而对股权变动并无影响，对于作为合同相对人的转让股东而言，其已经发生履行不能，因为此时股权移转必须由当时持有股权的外部受让人配合，其却不受先买权人和出让股东之间的合同的拘束，则此时无法实现股权变动。然而，在《公司法司法解释（四）》第21条第1款下，如果我们进行反面推论（e contrario, Umkehrschluss）[2]，在其他股东知道或应当知道同等条件的30日内且在股权变更登记的一年之内行使先买权即可取得股权，则根据上述分析，其先买权之效力只能是物权性的形成权，而非债权性的形成权。由于附强制缔约义务的请求权说，在法效果上接近债权性形成权说，只不过在行使程序上比债权性形成权说繁琐，因此在《公司法司法解释（四）》下一并排除。

其次，多数观点认为，《公司法司法解释（四）》第21条第2款但书所规定之损害赔偿请求权，通常指超过股权变更登记一年之后才出现知道或应当知道同等条件的情形，[3] 也就是说，当先买权的除斥期间未经过而可行使时，股权先买权人可以直接取得股权，不会因未买得股权而产生损害赔偿请求权。对比《房屋租赁合同司法解释》第21条，对于债权性形成权的承租人先买权，司法解释规定，在出租人未通知承租人时，承租人有权请求损害赔偿，而在《公司法司法解释（四）》第21条第1款中，转让股东未通知其他股东时，却并不会直接产生损害赔偿请求权，由此可见，两种先买权的效力不同。更根本的理由是，由于其他股东主张先买权而直接产生物权效力，因此没有必要规定损害赔偿。

由此观之，在《公司法司法解释（四）》下，股权优先购买权应定性为物权性形成权。

3. 股权先买权的特殊性

当然，将股权优先购买权视作物权性形成权，确实仍有一些地方与传统理论

---

[1] 该种股权变动的构造，参见李建伟:《有限责任公司股权变动模式研究——以通知受认可的程序构建为中心》，载《暨南学报（哲学社会科学版）》2012年第12期。张双根:《股权善意取得之质疑——基于解释论的分析》，载《法学家》2016年第1期。

[2] [德]卡尔·拉伦茨:《法学方法论》，陈爱娥译，商务印书馆2003年版。

[3] 贺小荣、曾宏伟:《〈关于适用〈中华人民共和国公司法〉若干问题的规定（四）〉的理解与适用》，载《人民司法（应用）》2017年第28期。

有所出入，也因此在构造上是否能将其界定为物权性先买权，受到些许质疑。

首先，传统理论中，物权性先买权多存在于土地及不动产买卖中，且须以公示为必要，以维护交易安全。[1] 虽然股权归属本身有工商登记，其公信力却和不动产登记相去甚远，比如，不动产物权变动采登记生效，且配有更正登记、异议登记制度，使得其错误登记的可能性要比股权小得多。[2] 其次，股权优先购买权制度虽然是股权转让的法定限制，但本身可以被公司章程排除或另作不同规定，因此股权先买权之登记难以像不动产登记那样彰显于外。

不过，上述理论问题并非难以解决，可将股权优先购买权与共有人优先购买权进行统一解释。根据我国《物权法》第101条及《物权法解释》第9-14条，我国动产按份共有人享有具备物权性形成权性质的优先购买权，而该先买权无须通过登记公示在外。其背后法理在于既然法律特别规定了共有人先买权制度，而按份共有人转让的亦是份额而非动产本身，受让人自然知道尚有其他共有人的存在，从而得知其他共有人当然对该份额具有先买权。[3] 根据体系解释及举重以明轻（a majore ad minus）[4] 原则，既然在我国物权性先买权理论尚适用于无须登记的动产，那么对于尚有登记制度的股权转让场合，其先买权的逻辑和评价应与共有人保持一致。在股权转让的场合，虽然先买权本身不会公示在外，但是若转让人转让的并非公司100%的股权，受让人也理应知道其他股东对该股权行使先买权之可能。因此，尽管股权先买权并未像德国法上的物权性先买权一样需要登记生效，但由于法律特别规定，通常未登记也并不会影响交易安全。

（二）行使优先购买权作为股权转让的唯一限制

另外，关于股权优先购买权另一疑难话题在于其与股东同意或不同意转让的表示之间的关系。不少学者认为，其他股东过半数同意与行使优先购买权，成为对于股权对外转让的双重限制，增加交易成本，并且容易导致其他股东在股权转

---

[1] [德] 鲍尔、施蒂尔纳：《德国物权法》（上册），张双根译，法律出版社2004年版。
[2] 张双根：《股权善意取得之质疑——基于解释论的分析》，载《法学家》2016年第1期。
[3] 戴孟勇：《按份共有人优先购买权若干争议问题探析》，载《烟台大学学报（哲学社会科学版）》2011年第4期。
[4] 如依法律规定，对构成要件A应赋予法效果R，假使法定规则的法律理由更适宜（与A相类似的）构成要件B的话，法效果R"更应"赋予构成要件B。参见 [德] 卡尔·拉伦茨：《法学方法论》，陈爱娥译，商务印书馆2003年版。

让时做出自相矛盾的行为。[1] 比如，股东甲欲将其名下股权转让给外部第三人乙，但该公司另一股东丙同意转让之后却行使优先购买权。

《公司法》第 71 条、第 72 条中，阻却转让的关键在于其他股东行使优先购买权，而其他股东的"不同意"本身既不会构成对股权处分权的限制，也不会阻却股权的转让，前者是因为没有必要通过同意和先买权对股权转让进行双重限制，后者是因为同意本身和先买权就应该一体解释：仅有不同意且行使先买权、同意且不行使先买权会对既有股权变动发生影响。所以，在《公司法》第 71、72 条的语境中，构成股权转让限制的仅仅是其他股东行使优先购买权。而在实践中，人们倾向于摆脱第 71 条的繁琐程序，使先买权事实上吸收准许程序，不必经过二次通知。[2]

三、其他股东行使股权先买权后的三人关系

（一）转让股东与行使优先购买权的股东

1. 行使先买权的法律效果：转让股东与外部受让人之间股权变动归于无效

《公司法司法解释（四）》第 17 条第 3 款和第 21 条第 1 款规定了股权优先购买权行使后的法律效果，但在教义学上仍需对其进行解释。根据传统民法中物权性先买权的法律效果，股权先买权人行使先买权后，产生债权和物权的双重效力。在债法上的效果是，在转让股东与先买权人之间成立股权转让合同，而该合同之"条款"，与转让股东与外部受让人之间的股权转让合同相同。[3] 而在处分行为层面上，原股权转让行为相对于先买权人无效。[4]

不过，股权先买权的法效果仍和传统民法上不动产先买权有所不同，这主要是由于不动产物权变动以登记为要件；而股权变动无须登记，其登记作用仅仅是产生对抗效力。在不动产先买权情形下，出卖人对先买权人仍负有为土地所有权

---

[1] 张其鉴：《我国股权转让限制模式的立法溯源与偏差校正——兼评〈公司法司法解释（四）〉第 16-22 条》，载《现代法学》2018 年第 4 期。葛伟军：《股东优先购买权的新近发展与规则解析：兼议〈公司法司法解释四〉》，载《中国政法大学学报》2018 年第 4 期。不过，笔者认为该双重通知的繁琐可以通过解释论而简化，即使立法本身无修改。

[2] 王军：《中国公司法》（第 2 版），高等教育出版社 2017 年版。

[3] [德] 迪特尔·梅迪库斯：《德国债法分论》，杜景林、卢谌译，法律出版社 2007 年版。

[4] [德] 鲍尔、施蒂尔纳：《德国物权法》（上册），张双根译，法律出版社 2004 年版。

让与合意之义务,而第三人对先买权人之登记须为同意(zustimmen)(预告登记效力)。[1] 在区分处分行为和负担行为的前提下,由于在先的股权转让行为无效,转让股东仍然需要与行使先买权的股东再达成股权让与合意,该合意生效后,股权变动至先买权人处。另外,由于股权登记通常由公司办理,此时无需原外部股权受让人的配合及同意。

2. 无法行使优先购买权之损害赔偿

由于《公司法司法解释(四)》第 21 条第 1 款但书规定了先买权的除斥期间,如果出现转让股东未尽通知义务,同时股权变更登记一年之后才出现知道或应当知道同等条件的情形,导致其他股东无法行使先买权,其他股东仅能对转让股东主张第 21 条第 2 款的损害赔偿。根据该条文,其损害赔偿请求权的构成要件为通知义务违反、过错、损害、义务违反与损害之间的因果关系及先买权人自身无过错。

(1) 义务违反。根据《公司法》第 71 条第 2 款、第 3 款及《公司法司法解释(四)》第 17 条第 1 款、第 2 款,转让股东对于其他股东负有通知义务。转让股东未通知或以不正确的内容通知其他股东,即对通知义务的违反。

(2) 违反义务有过错。根据《公司法司法解释(四)》第 21 条第 1 款和第 2 款,在欺诈与恶意串通场合,转让股东违反通知义务存在显然故意;在未通知场合,根据同类解释原则,成立损害赔偿请求权时也应以过错为要件。

(3) 损害。根据差额说(Differenzhypothese)的损害计算方法,损害通常是指被害人总额财产(Gesamtevermögen)与假设无该侵害事故发生时的财产的差额。[2] 具体在股权转让的情形中,股权先买权人因期间经过先买权消灭而无法取得股权,如果转让股东尽到通知义务,则先买权人即通过支付价金而取得股权。因此,该损害为现股权价值与转卖价金之差额。当然,在股权价格波动的情况下,其损害赔偿的范围会受到《合同法》第 113 条可预见性的限制。诉讼法上的准据时点,原则上应以最后言词辩论终结时存在的事实为依据,[3] 确定股权价格。

(4) 义务违反与损害之间存在因果关系。此处因果关系具体是指,如果转

---

[1] [德] 鲍尔、施蒂尔纳:《德国物权法》(上册),张双根译,法律出版社 2004 年版。
[2] 王泽鉴:《损害赔偿》,北京大学出版社 2017 年版。
[3] 王泽鉴:《损害赔偿》,北京大学出版社 2017 年版。

让股东尽到通知义务，则行使先买权之股东一定会行使先买权，从而取得所涉之股权。进一步而言，行使先买权股东必须具有购买股权的资力能力和购买意愿，否则转让股东义务违反和其他股东无法取得股权之间即无因果关系。如果不作该限制，其他股东无论是否有购买意愿，都可以嗣后主张无法行使先买权的损害赔偿，有企图赚取股价差价之嫌。[1]

不过就目前而言，司法实践中涉及该损害赔偿请求权的案例实为罕见，通常，法院多因因果关系欠缺[2]或损害不确定[3]而驳回先买权人的诉讼请求，抑或因民事诉讼中的处分原则而让先买权人另行主张损失。[4]

(二) 行使先买权后外部受让人之救济

1. 股权转让合同的效力

《公司法司法解释（四）》第21条第3款规定了外部受让人之救济，该条文措辞为"根本不能实现合同目的"，其对应《合同法》第94条、第148条根本违约所致解除权，而解除权之前提是存在有效合同。由此可见，《公司法司法解释（四）》语境下，先买权之行使不会影响转让股东和外部受让人股权转让合同的效力，合同原则上是有效的。

该司法解释一定程度上回应了长久以来对于转让合同无效、附条件生效、效力待定、可撤销（撤销权人为先买权人）和有效的争论，至少在转让人和受让人并不企图故意阻止先买权实现的情况下，[5]排除了合同无效、附条件生效和效力待定的情形。而可撤销说的软肋在于，如果优先购买权的行使本身以转让人和第三人订立合同为前提，则先买权人撤销该合同和行使先买权有矛盾，而且其

---

[1] 在承租人行使优先购买权场合亦有类似问题，参见朱晓喆：《论房屋承租人先买权的对抗力与损害赔偿——基于德国民法的比较视角》，载《中德私法研究》（第9卷），北京大学出版社2013年版。

[2] 甘肃兰驼集团有限责任公司与兰州常柴西北车辆有限公司等侵害企业出资人权益纠纷上诉案，最高人民法院（2018）最高法民终82号民事判决书。

[3] 黄某某与葛某某损害股东利益责任纠纷，宿迁市中级人民法院（2018）苏13民终2113号民事判决书。

[4] 张爱玲、王伟与公司有关的纠纷，河南省高级人民法院（2018）豫民再89号民事判决书。

[5] 钟家全、杨秀淮股权转让纠纷，成都市中级人民法院（2018）川01民终10506号民事判决书，法院认为，在其他股东主张优先购买权的情况下，转让股东又另行签订价格畸高股权转让协议，以达到不让其他股东购买的目的，双方构成了恶意串通。不过本案中，由于转让协议当事人无受该协议拘束的意思，也可认为根据《民法典》第146条第1款，通谋虚伪表示无效。

也不符合我国《合同法》第 74 条中债权人撤销权的构成要件，甚至与传统民法理论中诈害债权的行为亦有不同。[1] 因而，从《公司法司法解释（四）》第 21 条第 3 款中可知，转让股东和外部受让人之间的股权转让协议有效。

《公司法司法解释（四）》颁布以前，已经有不少司法裁判采有效说，而在《公司法司法解释（四）》颁布以后，有效说更是成为主流。[2] 从法律效果的利益衡量上来说，股权转让合同有效能够使得外部受让人有权主张履行利益损害赔偿，对其保护更强，值得肯定。

2. 给付不能和违约责任

当其他股东行使优先购买权之后，股权转让行为对其无效。此时对于外部受让人而言，该合同已经陷入了《合同法》第 110 条第 1 项中的履行不能状况，从而受让人可以根据《合同法》第 113 条主张履行利益的损害赔偿。此时疑难问题在于，毕竟股权优先购买权是股权转让的法定限制，若受让人主张损害赔偿，转让人能否依《合同法》第 151 条主张受让人明知存在瑕疵而主张抗辩？再进一步追问，即使受让人损害赔偿不被排除，其又是否受到与有过失规则之限制？

需要明确的是，权利瑕疵本身既包括标的物上存在物权性负担，亦包括第三人得对标的物主张债法上的义务。[3] 德国法律界认为，如果有限责任公司的股份转让需要得到公司的同意，而事实上转让人又未得到公司同意时，也属于《德国民法典》第 435 条中权利瑕疵的一种类型。[4] 这一点在我国《合同法》第 150 条下可得出相同的结论，因为一旦其他股东行使优先购买权，先买权人即可向受让人主张该股权变动无效（物权性负担），而先买权人亦可对该股权主张因先买权行使而产生的合同上的权利（债法上的义务），这即在《合同法》第 150

---

[1] 王泽鉴：《优先承买权之法律性质》，载《民法学说与判例研究》（第 1 册），中国政法大学出版社 2005 年版。

[2] 唐华与王连国案，北京市朝阳区人民法院（2017）京 0105 民初 3695 号民事判决书；张海荣与孙瑜股权转让纠纷，南京市中级人民法院（2018）苏 01 民终 4630 号民事裁定书；马秀江与杜晟股权转让纠纷，银川市中级人民法院（2018）宁 01 民终 4312 号民事判决书；骆奕如与李皓皓股权转让纠纷，昆明市西山区人民法院（2018）云 0112 民初 5346 号民事判决书。在其他股东行使先买权场合，法院皆认为股权转让合同有效；持转让合同可撤销立场，（2018）浙 01 民终 2594 号民事判决书。

[3] Vgl. Brox Walker, Besonderes Schuldrecht, Verlag C. H. Beck, München, 34 Auflage, 2010, S. 45, Rn. 28.

[4] ［德］托马斯·莱塞尔、［德］吕迪格·法伊尔：《德国资合公司法》，高旭军等译，法律出版社 2005 年版。

条所涉"第三人向买受人主张权利义务"的文义范围之内。我国司法实践中也曾从反面探讨股权先买权与权利瑕疵之间的关系，认为如果股权转让经过了其他股东同意且其不行使先买权，则该转让股权上无和先买权有关的权利瑕疵。[1] 由此，我们可以认为，未经同意的股权存在权利瑕疵。

那么问题在于，如果法律规定股权转让受制于其他股东行使先买权与否，而转让股东与受让人之间并未对于合同订立之后其他股东行使先买权后进行特别约定，那么转让股东能否依据《合同法》第151条排除受让人的损害赔偿请求权？

本文认为，答案通常是否定的。首先，依据《合同法》第150条，出卖人本身即有交付无瑕疵标的物之义务。《合同法》第151条本身从诚实信用原则出发，认为如果买受人明知瑕疵存在而接受标的物，应当认为其默示放弃了瑕疵担保请求权。但是该种放弃通常会表现在合同的对待给付中。比如，买卖有瑕疵的二手车，其价格通常低于同种无瑕疵二手车之价格；买卖负担抵押权之不动产，其负担导致标的物价格减损也会相应扣除。而在股权买卖场合，很少有类似的情况。也就是说，外部受让人知道股权转让需要受制于其他股东尚不足以构成接受权利瑕疵及放弃瑕疵担保请求权。

其次，史尚宽先生认为，在买卖合同中涉及权利瑕疵的情形下，如果出卖人负有除去权利瑕疵危险之义务，买受人虽知其危险，出卖人仍然成立瑕疵担保责任。具体而言，在处分他人之物情形下，如果双方均知该标的物所有权归属于第三人，并不意味着买受人愿意接受该瑕疵，相反，应认为出卖人对此作出特别担保，从而买受人相信出卖人可以先取得物之所有权，再转售给买受人。[2] 回到股权转让，转让股东本身负有通知义务。当股权受让人知道股权转让受制于其他股东的意愿时，并不意味着他接受这种权利瑕疵或者愿意将自己置于无法取得股权的风险中；相反，站在理性受让人的角度，更有可能的是，他相信转让股东能够取得其他股东的同意，从而使其他股东放弃优先购买权。德国法上也肯定在受制于其他股东同意的情形，受让人可以根据《德国民法典》第437条主张瑕疵担保责任，除非合同当事人另做特别保留。[3]

---

〔1〕 黄运祥、魏启从股权转让纠纷，东莞市中级人民法院（2018）粤19民终11289号民事判决书。
〔2〕 史尚宽：《债法各论》，中国政法大学出版社2000年版。
〔3〕 [德] 托马斯·莱塞尔、[德] 吕迪格·法伊尔：《德国资合公司法》，高旭军等译，法律出版社2005年版。

因此，即使受让人知道该其他股东尚未确定是否行使先买权，也不能排除转让人的对其损害赔偿义务。

四、转让股东"反悔"之法律效果损害赔偿请求权基础

《公司法司法解释（四）》第 20 条是一个极其特殊的规定，其在赋予转让股东反悔权利的同时，给予行使先买权的股东损害赔偿请求权。学者认为，其背后的正当性在于尊重转让股东的意愿，同时维护有限责任公司的人合性。[1] 司法实践中，法官适用第 20 条时，也多从人合性的角度说理，允许转让股东反悔，不再赋予其他股东过多的权利。[2]

不过该条的文义所涉值得探究。首先，如果该条文是赋予转让股东"任意反悔权"，则其"又不同意转让"在教义学上如何构造，以及"不同意"之后转让股东和先买权人、转让股东和外部受让人之间的法律关系又该如何？其次，如果其他股东行使先买权后，转让股东和外部受让人之间合同基于《合同法》第 54 条撤销或基于《合同法》第 94 条解除，那么其本身基于法定原因使转让合同效力不复存在的情形，是否为《公司法司法解释（四）》第 20 条所涉，也值得探讨。

（一）转让股东的"任意反悔"教义学构造及其法效果

1. "任意反悔"的含义及其限制

根据目前大多数文献的见解，在其他股东行使先买权之后，转让股东即可依照自己的意愿表示不同意出让。[3] 在解释上，该"不同意转让"可视为一种具有一定终局性的意思通知，系一种准法律行为，该意思通知到达股权先买权人后，产生一定的法效果。

尽管反悔并不会影响其他股东的优先购买权，因为股东下一次对外转让股权时，其他股东还可以再行使优先购买权。但反悔本身已经是法律对转让股东的例外优待，转让股东的反悔也要依诚实信用原则，否则如果其多次反悔，则争议就

---

〔1〕 赵旭东：《股东优先购买权裁判规范及其法理逻辑》，载《人民法院报》2017 年 9 月 4 日。
〔2〕 成都市中级人民法院（2018）川 01 民终 10506 号民事判决书。
〔3〕 葛伟军：《股东优先购买权的新近发展与规则解析：兼议〈公司法司法解释四〉》，载《中国政法大学学报》2018 年第 4 期。

会循环往复,影响公司正常经营秩序,而其行为也构成权利滥用。因此在实践中,法官应当结合案件的具体情况,对反悔权进行限制。比如,在一起股权转让争议中,转让股东行反悔之后,又再次将股权以不合理的高价转让给外部受让人,以阻止其他股东行使优先购买权。法院认为,当事人不得以行使"反悔权"的名义,阻止其他股东行使优先购买权,否则有违诚实信用原则,其所谓行使"反悔权"的主张,不应得到支持。[1]

2. 行使先买权股东对转让股东的损害赔偿请求权之构造

由于上文已经将先买权定性为形成权,那么在其他股东行使先买权后、转让股东反悔之前,转让股东与其他股东之间已经因形成权而产生有效合同。因此,该"不同意转让"的意思通知到达后,会排除该合同的给付请求权,即先买权人不得向转让股东请求转让股权。

如何解释该给付请求权之排除,存在两种可能性:第一种可能性是转让股东和先买权人之间的合同发生给付不能,其原理在于《合同法》第110条第2项第1种情形:标的不适于强制履行。即法律特别规定,在这种情况下应尊重转让股东的意愿,而不应令其履行股权转让的义务。而其他股东可根据《合同法》第94条第4项行使法定解除权。第二种可能性则是法律特别赋予转让股东作为违约方的任意解除权,合同解除后,根据《合同法》第97条未履行部分给付义务消灭,已履行部分双方互相返还。无论采取上述何种构造,此时《公司法司法解释(四)》第20条第2句都是一种违约责任,其赔偿范围是履行利益,若履行利益难以证明,则亦可主张徒劳费用支出,[2] 比如其他股东行使先买权的费用、交易成本等。

不过,可否认为此时法律赋予转让股东合同的任意撤销权,从而《公司法司法解释(四)》第20条第2句是一种缔约过失责任?[3] 首先,任意撤销权在我国现行《合同法》中,仅存在于赠与合同中,对于有偿合同而言,似乎难以类推适用。其次,退一步而言,此时无论将该损害赔偿请求权定性为缔约过失责任抑或违约责任,其损害赔偿的范围并不会有所不同。因为两者都是因反悔(义务

---

[1] 钟家全、杨秀淮股权转让纠纷,成都市中级人民法院(2018)川01民终10506号民事判决书。
[2] 王泽鉴:《损害赔偿》,北京大学出版社2017年版。
[3] 王军:《中国公司法》(第2版),高等教育出版社2017年版。不过王军老师观点是基于将先买权界定为请求权而展开的。

违反）而导致的损害，在差额假说下，如果不违反该义务，则先买权股东有权请求转让股东实际履行该合同。理论上，即使将该损害赔偿请求权界定为缔约过失责任，也不能排除履行利益（即可期待合同履行所带来的利益）的赔偿。因为若一方积极履行义务即可导致合同生效，在并无其他阻碍合同生效的因素时，则期待合同有效可带来的利益虽然为履行利益（即期待合同生效并由此而期待合同得到履行而带来的利益），仍在缔约过失责任的赔偿范围中。[1]

因此在《公司法司法解释（四）》第20条第2句下，行使先买权的股东对于转让股东所主张的，应当是履行利益之损害赔偿，即使退一步将其定性为信赖利益，损害赔偿范围和履行利益也并无不同。

3. 外部受让人对转让股东的损害赔偿请求权

尽管《公司法司法解释（四）》第20条未对外部受让人和转让股东之间合同效力存废问题予以直接规定，但这依然是司法实践中不可回避的问题。

第20条的语义下，转让股东如果不愿让其他股东取得股权，其唯一的出路就是在本次交易中不将股权转让给任何人。因此，在这种情况下，外部受让人在股权转让合同中，对于转让股东转让股权的请求权被排除，其依据是《合同法》第110条第1项之"法律上不能履行"。此时外部受让人亦可解除合同。

在该情形下，不可认为转让合同被撤销。其理由在于，相比转让股东没有反悔时的情形，外部受让人不能因为转让股东的反悔而处于更加不利的状态。此时不宜将转让的"反悔"认定为合同的撤销权或撤回权，因为此种情况下受让人仅得主张信赖利益之赔偿。本文认为，无论转让股东是否反悔，外部受让人都可向其主张履行利益的损害赔偿。

（二）转让股东行使法定解除权或撤销权：应否承担无过错之损害赔偿

本文在此提出一种情形，目前尚无文献对此进行探讨：如果其他股东行使先买权后，转让股东和外部受让人之间合同因基于《合同法》第54条撤销或基于《合同法》第94条解除，那么该本身基于法定原因使转让合同效力不复存在的情

---

[1] 孙维飞：《〈合同法〉第42条（缔约过失责任）评注》，载《法学家》2018年第1期。孙维飞老师是以待批准生效的合同为例，转让股东反悔致先买权创设的合同不生效和待批准合同背后相同的原理是：需要一方协力使合同生效的场合，若义务违反使合同未生效，则该信赖利益和履行利益的赔偿范围相同。

形，也应当及于《公司法司法解释（四）》第 20 条所涉。此时先买权人对转让股东得主张损害赔偿请求权。

在先买权行使的法律后果上，根据《公司法司法解释（四）》第 20 条尊重转让股东意思自治的精神，既然在转让股东任意反悔情形下，其他股东都已经无法行使先买权，那么根据目的解释的原理，[1] 在转让股东无过错解除合同的情况下，亦应当否定其他股东的先买权。在理论上，可以认为先买权因转让股东和外部受让人之间合同解除、撤销而无所依附，因此无法形成与其内容相同的合同。

此时会产生一个非常特别的损害赔偿请求权——如果先买权人因行使先买权而支出徒劳费用，得对转让股东主张损害赔偿，而对于转让股东的损害赔偿请求权的性质只可能是合同不成立后的缔约过失责任。但根据《公司法司法解释（四）》第 20 条第 2 句的文义，该损害赔偿请求权甚至是无须以过错为要件的，酷似《德国民法典》第 122 条第 1 款因撤销导致的无过错赔偿责任。

五、结语

《公司法司法解释（四）》的生效为股权优先购买权的教义学展开提供了新的空间和视角，因此，本文就在前人浩繁文献的基础上，对股权先买权的性质进行简要梳理和总结，并且针对《公司法司法解释（四）》的损害赔偿请求权和三方关系提出了个人见解。

首先，股权优先购买权是物权性形成权，其他股东行使先买权后，转让股东和外部受让人的股权变动无效。其次，转让股东与外部受让人转让合同有效，受让人可主张履行利益损害赔偿或解除合同，而转让股东能否以受让人明知权利瑕疵而抗辩须依意思表示解释确定。再次，在其他股东非因自身原因无法行使先买权时，可主张第 21 条第 2 款的损害赔偿请求权，但该请求权适用范围较小，往往因因果关系不具备或可预见性限制而被排除。最后，在《公司法司法解释（四）》第 20 条下，先买权人对于任意反悔转让股东可主张履行利益之损害赔偿；但在转让协议非因转让股东反悔而被撤销、被解除时，先买权人仅对转让股东主张的信赖利益损害进行赔偿。

（初审：蒋巧霞）

---

〔1〕 ［德］卡尔·拉伦茨：《法学方法论》，陈爱娥译，商务印书馆 2003 年版。

日本股份回购制度的改革变迁与制度借鉴

赵颖晨[*]

内容摘要：日本的股份回购制度受美国经验的影响，经历了从严格禁止到原则性允许的改革变迁，形成了一套包括《公司法》《金融商品交易法》以及证券交易所规则等在内的较为完整的规则体系。这不仅提高了公司的资本利用率，降低了成本，同时也增加了市场流动性，提高了资本市场的效率。本文基于对日本股份回购制度历史沿革的分析，介绍了日本现行法律规范的宗旨与内容。并在分析股份回购经济动机的基础上，结合我国现行法律的修改，希望能在不破坏公司债权人、公司股东和市场利益平衡的前提下，提出建议以完善制度规范，促进市场发展。

关键词：股份回购　规制缓和　资金来源　经济理论动机　制度借鉴

公司股份回购，顾名思义，是指股份公司（以下简称公司）基于一定的理由，按照规定程序回购流通在外的自己公司股份的行为。具有法律人格的公司拥有取得本公司股份的权利，从原理上来说并不是不可能的（自己享有对自己的权利，在私法上并不罕见。例如汇票出票人因受让票据而成为持票人时，票据上的权利义务关系并不因此而消灭）。[1]

如今，股份回购已经成为现代上市公司向股东支付现金的普遍方式。股份回购作为企业通过利用自身利润的一部分从既存股东手中购买本公司股份的行为，

---

[*] 赵颖晨，日本东北大学大学院法学研究科博士后。

[1] 池田賢「アメリカにおける自己株式取得規制—日本法との比較において」北大法学論集46巻5号（1996.1.31）第309、352頁。

其企业盈利向股东转移的意味同分红一样，可将股份回购制度作为对股东 payout 政策的一个新形态。基于以下四个方面的原因，股份回购制度作为股东分红的替代，有其特殊的优势。

首先，分红和股份回购对税金的处理是不同的。分红是作为被支付所得，按照股份分红税率进行纳税，而股份回购所产生的转让所得以资本利得税率课税，这两种税率对于投资者来说是不一样的。也就是说，凡以实现股东财富最大化为目的的企业，面对被科以较高分红税率的投资者，企业更倾向于选择以股份回购作为支付股东的手段。[1]

其次，在传统的信号（signaling）假说下，公司为了向市场传达企业未来的收益信号而进行股份回购。信号假说的基本前提是，有关企业经济活动的实际情况（如将来的收益性或资本成本等），在企业与投资者之间存在信息不对称。因此，资本市场无法将企业价值准确地反映出来，被过高评价和过低评价的企业得以共存。公司通过回购股份向市场发出股价被低估的信号，增强投资者对公司未来发展前景的预期，短时期内有利于股价的提升。[2]

再次，在公司出现大量自由现金流时，对公司经营者来说，存在为满足私欲而牺牲股东利益从而进行过剩投资（无效率的投资）或者为自己添置额外福利的情况。[3] 因此，活用公司治理或经营者报酬系统可以作为抑制公司经营者过剩投资的一个方法。其中主要的一个方法就是活用 payout 政策，即利用原本打算进行过剩投资的剩余资金，以分红或回购股份的方式对股东实现 payout，同样可以抑制公司经营者的过剩投资（Jensen 1986）。[4] 代理假说是希望通过回购股份来改善企业的价值，因此，与信号假说一样，如果股份回购被实施的话，股价将会上升。

最后，生命周期假说（Lifecycle Hypothesis）主张，在企业的生命周期之中，

---

[1] Brown et al., "Executive Financial Incentives and Payout POLICE: Firm Response to the 2003 Dividend Tax Cut", *Journal of Finance* 62, 1935-1965 (2007).

[2] 转引自何瑛、李娇、黄洁：《上市公司股份回购的内在特质、经济后果与管理反应》，载《经济与管理研究》2014 年第 11 期。

[3] 张巍：《上市公司股票回购的功能考察与制度反思——以美国经验为核心的研究》，载《证券法苑》2017 年第 4 期。

[4] Jensen & Michael, "Agency Costs of Free Cash Flow, Corporate Finance, and Takeovers", *American Economic Review* 76, 323-329 (1986).

将股份回购作为企业生命周期的成长期向成熟期转换的信号更为准确。向成熟期转换的企业，收益逐渐稳定化。而且因为有效投资机会的缺乏使其投资减少，对将来的资金需求也同样减少。也就是说，股份回购是在向市场发出该企业是缺乏成长性的成熟企业的信号（会给公司股价带来负面影响），伴随着收益的稳定化，同时也向市场宣布系统性风险的低下（正面影响）。另外，在代理假说的理论之下，公司通过股份回购或分红，是将剩余资金还原给股东从而抑制过剩投资，这也会给公司股价带来上升影响。因此格鲁伦和迈克尔（Grullon and Michaely）（2002）认为，根据先行研究观察到的宣布股份回购带来的股价短期上升，是由系统性风险低下和代理问题的解决带来的正面效果超过了将来收益低下的负面效果，而并不是将来收益上升直接带来的结果。[1]

但股份回购也不是完全作为分红的替代手段而被现代公司所广泛使用的，究其其他动机，可主要从以下三个方面进行分析。

首先，无论在美国或是日本，都有相同的实证结果表明，与分红前后的股价动向相比，在回购公告快要公布之前股价出现的跌落，是股份回购特有的现象。[2] 卢卡斯（Lucas）和麦克唐纳（McDonald）（1990）通过运用决定股票发行的模型对这种现象进行了说明。[3] 他们的模型假定，只有企业的经营者了解企业的真实价值，而且在企业和一般投资者之间存在事前的信息不对称。在这样面临逆向选择问题的状况下，拥有股份回购相关时机的企业，在企业价值被最小化评价的时点实行股份回购，可以获得较大的资本收益。同传统的信号假说的不同点是，企业实行股份回购并不是考虑股东的利益，而是为了利用裁定机会从位于信息劣势的一般投资者手中获得财富转移。基于这样的动机，当理性的管理者认为股价被低估时选择回购公司股票，以避免股权融资成本过高而造成损失，从而实现公司价值最大化，这被称为市场时机假说（market timing hypothesis）。

其次，在存在逆向选择成本问题的股份买卖中，因为财富有从不享有信息的投资者向享有信息的投资者手中转移的可能，那么不享有信息的投资者对于股份

---

[1] Grullon, Gustavo & Roni Michaely, "Dividends, Share Repurchases, and the Substitution Hypothesis", *Journal of Finance* 57, 1649-1648 (2002).

[2] Dittmar, A. & Field L. C., "Can Managers Time the Market? Evidence Using Repurchase Price Data", *Journal of Financial Economics* 115, 261-282 (2015).

[3] Deborah J. Lucas & Robert L McDonald, "Equity Issues and Stock Price Dynamics", *Journal of Finance* 45, 1019-1043 (1990).

买卖的态度是十分消极的。因此在市场时机假说成立的前提下，市场交易的流动性是十分低下的。注目于股份回购与交易流动性的关系是验证市场时机假说的间接手法。Cook et al.（2004）指出，相比于为了获得正资本收益而利用情报进行股份回购，公司更有可能是为了抑制基于信息不对称而导致的交易流动性低下而进行股份回购。[1]

最后，股份回购可以作为恶意收购的防御手段。当公司成为恶意收购的目标时，企业通过向对自社评价低的股东回购股份，导致公司的股东构成变为自社评价相对较高的股东，那么即使依然进行收购计划也会面对收购价格的提高；或者企业通过负债融资进行股份回购，标的公司的负债率上升而导致自由现金流减少，那么就会抑制企业的过剩投资，结果也会使收购价格上升，从而阻挡恶意收购。

但是，取得自己公司的股份，由于有损害公司资本或者逃脱减资手续的可能性而侵害公司资本原则，进而损害公司股东和债权人的利益。并且如果承认公司享有这样的权限，可能会产生公司经营者为了维持自己地位或者操纵市场而滥用的弊害，因此在日本，股份回购制度在2001年旧商法改正之前原则上是被禁止的。本文将通过对日本股份回购制度历史进程和现行制度进行分析，综合目前日本股份回购的实践现状，对我国股份回购制度的完善提出些许法律借鉴建议。

一、日本股份回购制度缓和的历史进程

（一）2001年以前的规制缓和

日本在1890年商法制定时，规定"自己股份的取得以及质押一律禁止"。首先在当时，法人同时成为自己的股东在法理上的不可能是极具说服力的理由，而后基于资本维持、股东平等原则、防止公司支配的不公正以及确保股权交易的公正性等多种政策性考虑，这样的制度规定也被公众所理解。

但是，对于商法上关于股份回购的如此规定，自从进入20世纪90年代以来，以经济界为中心包括一部分学界的研究者，都强烈要求规制的缓和。[2] 由

---

[1] Cook et al.，"On the Timing and Execution of Open Market Repurchases"，*Review of Finance Studies* 17, 463-498 (2004).

[2] 岩原紳作「自分株式取得規制の見直し（上）」，商事法務1334号，45頁。

于接受了规制缓和的要求，1938年商法改正、1950年商法改正以及1981年商法改正都或多或少地缓和了制度规定，日本股份回购制度的历史便是这样一直以来的一致的规制缓和的历史。

股份回购制度可以作为在公司股价不当偏低时的资金运用方法或是公司处于紧急情况时的对应策略，是90年代开始研究者们所倡导的规制缓和的主要理由。也就是说，维持股价和作为反收购的防御策略，在当时是要求规制缓和的最大理由。且经济界要求规制缓和的主张，在1965年以后随着资本自由化的进步而日益加强。

同时，放眼世界，随着欧盟公司法规定的改革，欧洲各国对于股份回购制度的规定也在逐渐放松。特别是在19世纪以后，原本和日本有着相同规定的英国，对股份回购制度的规定也直接转变为原则性允许。[1] 就这样，针对股份回购，各国的立法动向，正从原则性禁止（仅承认债权回收等特殊情况），向只要在不侵害债权人和股东利益的范围内即承认股份的自由回购转变。在这样的国际背景下，立法者认为并不是不考虑股份回购作为抽回出资的弊害，而是比起一律禁止，在设计防止弊害的法律规制上采取一定的容忍态度更有利于现代资本社会的发展。

1989年泡沫经济后，日本股价的大幅跌落并持续低迷，给持有大量股票的企业、个人以及发行企业甚至是全体经济带来了巨大的打击，基于对资本市场前景恶化的认识，从1992年开始，证券界、经济界、新闻界以及政党都将股份回购制度作为振兴股票市场的策略之一，强烈要求规制的缓和。[2]

同时考虑到各国立法的趋势，日本在1994年的商法改正中，放弃了商法制定以来严格禁止股份回购的立场，增加了在股东出资回收、转让给职工以及偿还剩余资金三种情况下，只要股东大会同意，便可进行股份回购的条款。随后在1997年，颁布了关于股票注销程序的商法特例的法律（1997年法律第55号《注销特别法》，该法于2001年9月30日废止），通过规定公司章程，允许经董事会决议收购、注销本公司的股份以获得利益，并且放宽了一些程序性规定。董事会不仅被赋予了董事会作出回购本公司股份决议的权利，还可以确定决议生效的日

---

〔1〕 转引自小林量「企業金融としての自己株式取得制度（一）」，民商92卷1-1，168頁。
〔2〕 转引自龍田節、江頭憲治郎、関俊彦、小林量、竹中正明、遠藤博志座談会「自己株式取得の規制緩和をめぐって」，商事法務1285，6-10（2016）。

期以及可以购买的最大股票数量。

经过这几次的改革,日本对股份回购的规制逐渐放宽。2001年,商法再次进行了全面改革,在限制财源的基础上,将目的规制和数量规则完全从法律条文上去除,并且废止了自己股份的处分义务,承认了公司保有所回购的本公司股份的权利。

(二) 2001年及其之后股份回购制度的改革

随着2001年商法的全面改革,股份回购制度从以前的原则性禁止向原则性允许转变,只要在分配可能的利益范围内,就可以通过普通股东大会的决议来决定回购本公司的股份。同时,上述的注销特别法被废止了,在当时的新闻中,经常使用"库存股解禁"这样的字眼。结果,库存股数量迅速增加,并且由于在经济泡沫时期积累的过剩资金,加上由于衰退导致的资金需求低迷,公司增资额一度超过了被注销的库存股的数额。

根据2003年商法改正的规定,由公司章程授权的董事会决议可以确定股份回购,并且股份回购因程序的简化而开始普及。尤其是上市公司回购本公司股份所具有的"信号效果"开始广为人知,即通过股份回购向证券市场传达公司股价被低估的信号。"信号理论"是指在企业价值在股价层面被过低评价的场合,对于以实现公司股东利益最大化为目的的企业而言,应该由最了解企业真实价值的公司经营者通过用公司资金回购本公司股份的行为,向市场传达该公司股价被过低评价的信号,以减少成本。信号效果在"黑色星期一"(1987年10月19日开始的股灾)事件之后不久的美国回购公司股份中得到了实证,主张股份回购制度作为股市暴跌时的紧急措施是有效的。[1] 信号理论是在维持资本市场竞争假定的同时,根据信息不对称的假设,发行公司在不影响股票的需求关系的同时,基于信号理论将原先不对称的信息传达给市场,将股价纠正到正常水平。换言之,即将其作为实现完全竞争市场的手段,通过股份回购使其对市场的介入正当化。

2006年,日本公司法正式颁布,股份回购的相关规定沿用改正后商法的宗

---

[1] Lie & Erik, "Operating Performance Following Open Market Repurchase Announcements", *Journal of Accounting and Economics* 39, 411–436 (2005a).

旨，在新公司法中得到延续，并且法律条文本身和商法时代相同，采用的是有限列举容许事项的形式。

此外，由于从海外流入日本股票的资金增加，"回购本公司的股份是和分红有着相同效果的对股东的回报"的美国想法慢慢渗透到日本，一些上市公司采用总回报率（将股息总额和库存股票总额之和除以净收入作为股东回报率）代替支付率。随着经济的全球一体化，现在大多数公司均根据公司章程授权来进行股份回购，该行为非常普遍。

二、日本股份回购制度规制的宗旨及内容

随着日本立法对公司股份回购制度限制的逐步放宽，在对股份回购实现原则性容许的同时，应当进行怎样的规制才能既促进公司发展，又保证利害关系人的权益和维护证券市场的秩序呢？

（一）规制的宗旨

纵观前文关于日本股份回购制度的历史追溯，在 2001 年以前，日本也和我国一样，对股份回购制度进行严格管制，采取"原则禁止，例外允许"的模式，以防止弊害的发生。究其原因，主要可以概括为以下五点：①回购股份实际上是向股东返还出资，有损害公司债权人利益的危险；②因为公司的业绩如果恶化，那么自己保有的本公司的股份价值也会减少，那么有可能对公司资产造成危险；③只给取得股份的相对方股东回收投资资本的机会，有违反股东平等原则的危险；④公司经营者可能会以维持公司支配地位等目的回购公司股份，会导致公司支配不公正的危险；⑤公司经营者可以通过回购公司股份操控股价，或进行内部交易，导致证券市场的不公正。以目的为出发点，[1] ①和②主要是出于对公司债权人的保护，③和④是出于对公司股东的保护，而⑤则是为了维护证券市场的公正和稳定。

2001 年商法改正，随着库存股制度的导入，本公司股份的取得和保有在原则上被允许。2003 年商法改正规制、相关规定变得更加缓和之后，2006 年及其之后的公司法更是放宽了对股份回购的规定，使公司经营者可以有效地利用股份

---

[1] 转引自岩原绅作，「自分株式取得规制の趣旨と规制内容（上）」，商事法务 1334 号，50 页。

回购这一资本运作方式，实现对股东的 payout，改善公司资本结构以降低资本成本、提高股价，维护市场，促进企业的长远发展。

（二）公司法的相关规定

1. 原则上的股份回购

日本公司法对于股份回购制度虽然在原则上采取允许的态度（即公司根据与股东的合意，无论目的如何都可以有偿取得本公司的股份），但是其与金融商品交易法一道，为了解决股份回购可能带来的弊害，保护公司股东和债权人的利益，以及维护证券市场的秩序而设计相关规定。

为了保护公司债权人的利益，公司法主要对用于股份回购的资金来源进行了限制。首先规定股份公司原则上只能在分配可能的额度范围内回购本公司股份（《公司法》第461条规定），并且在回购股份日所属的事业年度末相关会计和审计资料之中，在有可能对分配给股东的可能额度造成亏损的时候，公司不能取得自己的股份；并且在产生亏损的场合，决定回购股份的公司经营者与公司一同承担连带责任，有向股东支付不得少于亏损金额或账簿价格总额的义务（同法第465条第1项），这些均为对资金来源的限制性规定。由于股份回购作为公司利润处分的形态之一，原则上应由具有利益处分权限的股东会作出处分决定（同法第155条第3号，第156条）。不过，《公司法》规定部分公司可以通过章程规定赋予董事会剩余金分配和利益处分的权利，在这种情况下，公司董事会有权决定股份回购的执行（同法第459条第1项第1号）。

为了保证股东平等原则，《公司法》对股份的相对买卖在程序及要件上进行了以下规定。无论是在由股东大会或是董事会决议的场合，可以从各个股东处经合意通过相对交易取得本公司股份，并且保障所有股东对公司卖出自己股份的机会（同法第157-159条）。

当然，在通过市场交易或公开买卖进行股份回购并不会有损股东平等原则，也就不适用《公司法》第157-160条关于程序的规定（同法第165条第1项）。在设置有董事会的公司（董事会没有向股东退还出资的权限），通过市场交易或公开买卖而进行的股份回购，即使没有股东大会授权，公司章程也可以规定由董事会决议取得（同法第165条第2项，第3项）。

2. 特殊的股份回购

虽然在《公司法》第156条的规定下，无论目的如何，公司均可以依据与股东的合意按照一定程序回购股份。但在其他具有特殊目的的场合，公司法则有规定更为简易便利的程序。

在不承认转让受限制股份的转让场合下的买取、带全部取得条款的种类股份的取得、基于继承人等的出售请求的取得、股东所在不明的股份的取得、产生零头的股份的买取等特殊股份回购，可以不通过上述（1）的程序规定，公司可以基于实际情况，根据自己的选择实行股份回购，但是受到和（1）相同的资金来源的限制。并且带取得条款的股份或者带取得请求权股份的取得，不仅不受程序规定的限制，也不适用分配可能额规制、事业年度末的欠损填补责任的承担以及《公司法》第462条相关责任的规定。

单元未满股份回购的场合，为了保障单元未满股东的透支资本回收的机会，其不仅不受程序规定的限制，也不受资金来源规定的限制。伴随着其他公司或法人事业的全部让渡所产生的股份回购、从合并后消灭的公司或者别的公司继承自己股份的场合、从吸收分割后的公司处继承本公司股份等情况，同样也不受程序规定的限制，同时不受财源限制。这是因为在各自的企业重组程序中要追求对股东和债权者的保护，伴随着事业全部的继承，并不应该单单从中除去自己股份的取得。

另外，根据《公司法》第155条的规定，在无偿取得自己股份的场合，作为剩余金的分配或者残存财产分配的情况下回购股份，作为其他的公司重组、合并或股份交换的对价而产生的股份回购，其他公司的付取得条件股份的取得，付全部取得条款的种类股份的取得或新股预约权取得对价的股份回购，对于公司重组而行使股份购买请求权的场合，均不需要遵守（1）的程序规定，并且可以不受财源限制购买本公司股份。

3. 库存股的法律地位

为了避免公司长期持有自己股份所产生的危害，公司有及时处分自己股份的义务。但是在2001年商法改正中，该义务被废除，即自己公司的股份可以作为库存股由本公司持续保有。另外，该法也同时否定了库存股的财产性价值，恰似被消灭一样，像未发行的授权股份一样被对待。自己股份的处分与新股发行一样受到相同规制（同法第199条）。但是关于虚假出资的罚则（同法第965条）不适用于回购股份的处置。

为了维持公司资产的稳定，会计上不将持有的本公司股份认定为资产，那么其交易就并不是盈亏交易而被认定为资本交易。借贷对照表上，股份回购的对价也是在纯资产的控除范围内（《会计计算规则》第76条第2项第5号）。处分自己股份的利益差额加在其他资本剩余金上；亏损差额则在其中减少，不足时在其他利益剩余金中减少至但与缴纳价款的总额作为资本金或资本准备金的新股发行不同的是，处分自己股份所得的利益差额是作为分红的资金来源。

原则上，公司对于自己的股份的权利行使并不被认可。也就是说，既不享有分红的权利，也没有投票权，同时也没有剩余金的分配请求权以及剩余财产分配请求权，在合并的时候消灭公司或者残存公司所持有的消灭公司的股份按一定配比转换成新设公司的配额也不被承认。但是，股份合并、分割的效力适用于自己股份（同法第182条、第184条）。

(三) 金融商品交易法的相关规定

为了维护证券市场的公正，日本《金融商品交易法》也设计了一系列的规定。也就是说，为了防止公司利用股份回购操纵市场，在限制公司可以回购取得本公司股份的证券公司的数量、可以回购的时间以及一日内可以买入的股份数额的同时，收购价格如果超过证券交易所最近公布价格的一定范围，那么该收购也是被禁止的。还有，为了防止相关人员利用股份回购的信息进行内部交易，公司的业务执行机关在做了相关股份回购的买受决定后，应当将其作为《金融商品交易法》第166条第2项第1号规定的重要事实进行信息披露。

三、日本股份回购制度的利用现状

随着股份回购制度的放宽和库存股的解禁，2001年以来，股份回购在日本资本市场得到了广泛的应用，很多中小企业也在积极进行股份回购以提高公司价值。

进入2019年以后，日本的股份回购额度也大幅度增长。2019年，上市公司在4月和5月两个月设定的股份回购总限额为3兆5831亿日元，是2018年同期限额的两倍。当然，5月是宣布截至3月为止的上一财政年度的财务业绩的时间和发表企业中期业绩的11月一样，是股份回购公布较多的月份，但是光凭两个月的时间就已赶超 2018 年度的 2 万亿日元,也足以刺激股市了。以这种速度,2019 年度的股票回购总限额将达到 9 万亿日元,实际实施金额也可能会达到 8 万亿日元(2018 年度为 6 万亿日元)。当然,随着下半年股价的上涨,回购步伐可能会放缓,不过股份回购的实施总额应该也不会少于 7 万亿日元。[1]

股份回购以如此速度增加的主要原因有以下三点:其一,通过颁布《公司治理准则》(Corporate Governance Code),东京证券交易所在鼓励经营管理以及加强国内外投资者认为股东回报的重要性的企业间对话方面取得了成功;其二,机构投资者以及积极股东(activist)的活动越来越活跃。根据日本投资家情报(IR Japan)的调查,在日本活动的维权基金(activist fund)的数量在 2018 年达到 25 个,是两年前的 2 倍。预计基于维权基金对股东回报的强烈要求,将会出现更多的股份回购案例。其三,自 2018 财年下半年以来,认为自己公司股价偏低的经营者的数量开始增加(实际上也已经确认经营者的股价判断和股份回购的发表件数之间存在正相关关系)。

那么股份回购的增加会给日本带来什么样的经济效应呢?首先,可以改善估值。据分析师估计,基于日本股票的预期市盈率,东证股价指数是截至 2018 年 12 月底(股价暴跌)的 11.7 倍,到 2019 年 4 月底则提高了 13.2 倍。主要原因是考虑到暂停加息的美国股票的预期市盈率上升和股份回购有一定的关系。其次,预计将会更接近美国式的市场构造。以此为前提,野村证券公司试着计算了一下长期实行股份回购的可能性:"上市公司 2018 财年年度的合并净收入为 43.1 万亿日元。如果以每年 4%的速度增长,那么 2025 年度的合并净收入将达到 56.7 万亿日元。如果总回报率为 60%,股息回报率为 35%,股份回购回报率为 25%,则股份回购计算为 14.17 万亿日元。总回报率为 60%是合理的,因为 2018 财年的总回报率为 47.1%,因此是可以达到的水平。"美国公司的总回报率接近 100%,欧洲公司也在 60%-70%,因此日本在这个程度内的提高是十分妥当的。根据上面的计算,2018 年度日本股份回购总额占股票市值的 1%,而美国 2018 年股份回购的总额为 85 亿万日元,相当于市值的 2.4%。在美国,有些公司发行公司债券并回购公司股份,回购占比率是居高不下的,而从长期来看,日本从

---

〔1〕 海律政信:「増加する自社株買い、その背景と効用」,载 https://www.nomuraholdings.com/jp/service es/zaikai/journal/w_201906_03.html,最后访问时期:2019 年 10 月 7 日。

2018年度的1%增长到2%也是很有可能的。通过购买自己公司的股票，可以抑制自我资本积累，维持较高净资产收益率（ROE），同时还能改善股票的供求关系。如果接近美国市场结构的第一步已经开始了，那么对于日本股票市场来说，这是令人鼓舞的。[1]

关于回购后股份的处置问题，从2003年以来，大概40%被注销，30%被处分，剩下的30%作为库存股被保留了下来。处分的方法中最常见的是让渡给第三人，其次是通过股份交换、公募或其他方法在市场上公开售出（如下图示）。[2]

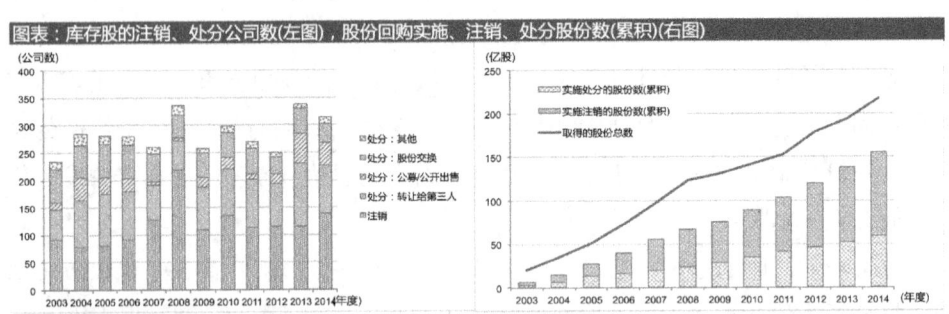

图1 回购后股份的处置

四、对中国股份回购制度改革的启示

作为大陆法系国家的日本，通过修改相关法律条文，以设计出防止股份回购制度弊害的规定为目的，不断完善股份回购制度。股份回购制度作为回报股东、灵活调整股权结构、稳定股价等的重要手段，上市公司若能对其进行合理合法的运用，无疑可以实现公司的高效可持续发展。

（一）我国上市公司股份回购制度改革的相关规定

我国的股份回购制度，首次出现在1993年的《公司法》中，之后经历了

---

[1] 海律政信：「増加する自社株買い、その背景と効用」，载https://www.nomuraholdings.com/jp/services/zaikai/journal/w_201906_03.html，最后访问时期：2019年10月7日。

[2] 太田珠美：「自社株買い増加の背景と今後の動向」，载https://www.dir.co.jp/report/research/capital-mkt/securities/20150724_009962.pdf，最后访问时期：2019年10月7日。

2005年和2018年两次修改，从严格禁止到逐步放宽，不断适应市场经济的需求。

2018年《公司法》的最新修改，主要从以下三个方面放宽了规定：其一，增加了允许股份回购的情形。增加了"员工持股计划""将股份用于转换上市公司发行的可转换为股票的公司债券""上市公司为维护公司价值及股东权益所必需"这三种情形。其二，减轻了股份回购决策的程序重压。规定在"将股份用于员工持股计划或者股权激励""用于转换上市公司发行的可转换为股票的公司债券""上市公司为维护公司价值及股东权益所必需"这三种情况下，可以依照公司章程的规定或者股东大会、董事会决议的授权。其三，提高允许公司持有的本公司股份的数额并延长持股期限。规定因前述三种情形回购公司股份的，公司合计持有不得超过已发行股份总数的10%，并且应当在三年内转让或注销，较之前的5%和六个月的规定有较大的缓和。

且在本次修订中，我国规定上市公司收购本公司股份时，应当按照《证券法》的规定履行信息披露义务，在基于上述理由进行股份回购时，应当通过公开交易的方式进行。履行披露义务，公开交易信息，有利于保护广大中小投资者的知情权。公开的集中交易方式可以使中小股东获得平等的交易机会，体现了对中小投资者的利益保护，维护了股东平等原则。

在2018年我国股票市场价格低迷的特殊背景下，最新的《公司法》修订放宽了可以进行股份回购的情形和程序性规定，这无疑明确了股份回购作为市值管理和股权激励的价值，以便加快形成融资功能完备、基础制度扎实、市场监管有效、投资者权益得到充分保护的股票市场。[1]

（二）日本股份回购制度对我国的启示

对于公司收购本公司股份的规制，我国同样经历了从严格限制到逐渐放松的演变史。长期以来，我国限制公司回购股份的原因，与过去日本相同，主要是基于对公司债权人、公司股东以及可能对市场带来的弊害考虑。在下文，笔者将从这三方面入手，谈一谈日本股份回购制度对我国的启示。

1. 对公司债权人的保护

由于长期处于法定资本制度影响下，我国公司法原则上禁止股份公司回购自

---

[1] 参见叶林：《股份有限公司回购股份的规则评析》，载《法律适用》2019年第1期。

己的股份，那么随着公司法放松法定资本制度（改实缴制为认缴制，且取消出资的最低数额限制），有关股份回购制度的规定当然应该进行相应修改。

公司资本的一个重要机能是对公司债权人的担保。对于公司股份回购，立法者担心的是公司回购自己的股份可能会导致公司资产的流失，进而可能会损害公司债权人的利益。其实在公司破产的时候，公司所持有的自己的股份（因为一般情况下并不会有人购买破产公司的股票，即使有人购买，股票的价值也是接近于零）作为资产价值完全丧失，当然无法成为债权担保。因此，从资本制度的宗旨来看，购买公司破产时完全无法成为债权人担保的东西，并不能将其视为取得了与公司破产无关系的一般的公司资产。也就是说，公司回购自己的股份，并没有取得公司应当作为债权人担保的任何资产。那么单独从资本维持以实现债权人保护的角度来看，限制公司回购股份的理由其实并不充足。

因此，在认为股份回购是公司财产向股东一方流出的基础上，只要将其同分红一样，在资金来源上限制在公司收益盈余的范围内，便不会有损公司资本，应当被允许。日本的立法经验也主要是在回购股份的资金来源上进行限制，并且规定在有可能对分配可能额造成亏损的时候，则公司不能取得自己的股份。

修改后的我国公司法，虽然放宽了股份回购的情形，但也只是限定列举出了可以进行股份回购的例外情形，如果问题能从根源上得到解决，将股份回购制度的地位等同于公司分红，那么基于公司自治原则，只要在回购的资金来源上做好事前约束，我国的立法态度对之转向原则性允许也不是不可能的。当然，所谓的转变并不是一味地放宽，而是在合理的范围内制定规则进行有效监督。可以将股份公司用于回购本公司的资金，原则上限定在分配可能的额度范围内，在有可能对分配可能额造成亏损的时候，限制公司取得自己的股份；并且在产生亏损的场合，要求决定回购股份的公司经营者与公司一同承担连带责任，以防止股份回购损害公司债权人的利益。

2. 对公司股东的保护

股份回购，作为向一部分股东分配可以进行分红的资产的行为，即通过减少其他股东的分红而使一部分股东获得可以拿来分红的财产，其主要弊端之一是会损害股东之间的平等原则。当然，在通过市场交易或公开买卖进行股份回购时并不会有损股东平等原则，但若公司从特定股东手中通过相对买卖回购股份，那么则有可能会损害其他股东向公司出售股票的权利。

但实际的问题是，从单独的股东处私自购买股份，在经济上具有合法性，并不一定违反股东间的平等的情况也是有的。例如，由于股东间的不和导致公司陷入僵局，若这样的公司的股票不具有市场性，那么公司从特定股东处购买公司股票也不一定是不合理的。[1]

日本公司法主要将股份回购方式分为以下三大类：通过与股东合意要约收购本公司股份、从特定股东处回购股份以及通过市场交易等公开方式获得本公司股份。在要约回购的情况下，法律规定的核心是必须保障所有股东向公司出售自己股份的权利，积极维护股东平等原则。公司通过股东大会或董事会决议决定回购本公司股份时，必须确定回购的股份数额、回购股份的价格及算定方法、回购股份的总额以及股东申请股份让渡的日期，并且必须向所有股东公告通知。当股东申请回购的股份总数超过了公司预计取得股份总数时，应当按照股东所持有股份的比例进行买取。

从特定股东处回购股份是最有可能损害股东平等原则的情况，虽然在实践中日本很少有实施这类相对收购的公司，但是法律也以保护股东利益为出发点对其进行规制。尽管在经过股东大会决议回购股份之际，可以做出仅向特定股东收购股份通知的决议，但是在该场合针对该决议，其他股东可以请求提出将自己加在特定股东之列的股东大会议案。通过公司章程排除其他股东的追加议案请求权，表面上看仿佛是强调公司自治而承认股东平等原则的例外，不过在股份发行以后通过公司章程变更设计相关章程的场合，必须取得该种类股东的一致同意，这同样也是保证了股东的权利，并未损害股东平等原则。

根据修改后我国《公司法》第142条第4项后段的规定，上市公司因实施股权激励、用于可转换公司债券及稳定股价而回购本公司股份的，"应当通过公开的集中交易方式进行"。采用公开的集中方式收购本公司股份，有助于保持成交价格与市场价格的一致，可以提升股票交易的公平性，是最不会损害股东权益的回购手段。《上海证券交易所上市公司回购股份实施细则》（下简称《细则》）第12条规定，上市公司除了可以通过集中竞价的交易方式回购股份外，还可通过要约方式或证监会批准的其他方式，而采用要约方式回购股份的，参照《上市公司收购管理办法》关于要约收购的规定。虽然《细则》规定上市公司回购股

---

[1] R. Clark, *Corporate Law*, Aspen publishers, 630 (1986).

份应当确定合理的价格区间，回购价格区间高于董事会通过回购决议前 30 个交易日公司股票均价 150%的，应当在回购股份方案中充分说明合理性。但是其中对于"合理价格"的定义并不明确，且缺乏完善的价格确定方法，并且对于没有市场价格的股份的合理回购价格未作规定。而通过要约或其他方式回购，最主要的问题是公司以什么样的价格购入股份才能保证股东的权益，特别是公司知情者以不正当的价格在股价下跌之前出售自己股票的情况。

日本《公司法》虽然没有规定"公平价格"的具体含义，但在判例中逐渐形成了回购价格的计算标准。对于有市场价格的股份，在没有市场操纵等反常因素的影响下，参照回购计划公布前三个月公司股票的市值平均值，并且为了保护继续持有公司股份的股东的权利，在此基础上进行合理折价后确定最后回购价格；而对于没有市场价格的股份的价格算定方法则是，按照公司的规模通过类似业种比率法和纯资产价值法并用来算定。在遵循正常的价格算定方法之上，还要根据具体的实际情况，考虑公司实施重大行为前后的企业价值，以充分维护股东平等原则。这样的制度设计和实践做法不仅可以提高股份回购在实践中的可操作性，而且也能保证立法目的的顺利实现，是值得我们借鉴和学习的。

（三）对市场的保护

基于信号假说，回购股票可以作为一种信号向市场传达信息，对提升资本市场效率有重要意义，因此不能允许上市公司利用回购破坏市场效率。上市公司回购股份对市场的危害主要在于，其容易成为内幕交易或者操纵市场的手段。一方面，为了防止内幕交易，日本证券交易法禁止在回购股份的决定公布之前公司的社员购买本公司股票的行为，同时要求上市公司在回购之前进行充分的信息披露，一般上市公司都会在年度计划书中公布自己回购股份的计划和数额。另一方面，为了防止操纵市场，公司在采用公开方式回购股份时必须履行规定的相应程序，以《美国证券交易法案》第 10b-18 条为例，设定"避风港规则"，对符合规则要求的时间、数量、方式、价格等条件的回购行为予以保护，对不符合规则要求的回购也不是直接否定，而是予以严格审查。既能防止过度规制阻碍公司正当业务目的的实现，同时完备的监督体制也能确保回购不涉及市场操纵，日本东京证券交易所交易规则也是采取类似规则。[1]虽然我国修改后的《公司法》第142条第4款的前半部分规定"上市公司收购本公司股份的,应当按照《中华人民共和国证券法》的规定履行信息披露义务",使得《公司法》和《证券法》实现对接,夯实了上市公司履行信息披露义务的程序规范。[2]但是就具体和回购相关的信息披露义务、具体程序规定以及监督规制等复杂问题,还应当加以更细致完善的配套规定。

最后还有一点不得不提及的就是有关库存股的问题。新规修订以后,对回购后股份处理的时间放宽至三年,那么对于公司已收购的本公司股份尚未作出处分的部分,就已经在实质上形成了库存股,但是法律并未对其作出明确规定。与其对之避而不谈导致规定不明确而造成混乱,不如借鉴日本的做法,明确库存股的法律地位和效力,构建完整的约束机制,从而提高股份回购的效率。

(初审:吴术豪 张立勤)

---

〔1〕 参照大森通伸:「自己株式取得の規制緩和にともなう証券取引法の改正の概要」商事法務1361-1368(2017)。

〔2〕 张勇健:《股份回购制度的完善与司法应对》,载《法律适用》2019年第1期。

商法论坛

破产法视角下的决议不成立之诉

何心月[*]

内容摘要： 破产企业的债权人会议取代股东会成为决策机关，其决议同样可能存在瑕疵。对此不能套用公司法的三分模式，而现行破产法以撤销申请的方式统一规范未成立的决议有其合理性：其一，从形成机制来看，债权人会议决议显著区分于传统法律行为，法院批准以及债权人委员会核准均赋予了决议基本成立的外观；其二，从效力范围来看，破产企业对外交易需保护相对方信赖利益，对内分配亦涉及广泛主体，效率目标导致决议不应被否认；其三，回归诉权理论，债权人提起决议不成立之诉缺乏可诉的利益，此类诉权不能成立，而撤销申请的准诉权属性更贴合破产制度。结合域外破产经验，我国破产法庭、破产管理人的职能可能进一步强化，未来立法更无新增决议不成立之诉的可能性。

关键词： 决议不成立 债权人会议 团体意思表示 溯及力 诉之利益

一、问题的引入

随着与决议相关的法律行为理论日臻完善，我国公司法语境中的决议效力瑕疵之诉经历了从一元向三分模式的转变。与之形成鲜明对比的是，《企业破产法》仍以一元模式规范债权人会议。理论界尚未对此展开讨论，但在实践中，已有债权人试图向破产法院提起决议不成立之诉。

---

[*] 何心月，上海交通大学法学院2019级硕士研究生。

在大连齐化化工决议效力确认一案[1]中，原告系破产企业的担保债权人，担保物经八次拍卖均流拍。2018年5月24日，管理人制作第五次变价方案，在流拍价格基础上再次降价30%。同年6月，管理人向原告发送"财产变价方案（第五次）表决情况的通报"，载明了赞成票、反对票和弃权票的情况，并告之变价方案已通过。于是该担保物拍卖成交。嗣后，原告认为管理人发送的通报表没有记载票决所代表的债权额，要求管理人补充；8月6日，管理人向原告发送"第五次财产变价方案表决统计"，原告认为管理人存在统计错误，实际投同意票所代表的债权额未达法定比例，该变价方案未成立。原告于当年8月17日向破产法院申请撤销该变价方案，法院以请求超期为由未予受理。原告于次年2月28日向该院提起确认无效之诉。两审法院经审理均认为原告的异议超期。二审法院还指出，破产法未赋予债权人请求确认决议未成立、未生效或无效的权利，并据此驳回起诉、退还诉讼费用。

该案体的争议焦点在于，《企业破产法》第64条规定的撤销申请是否针对所有类型的债权人会议决议瑕疵。分配方案表决时确实存在严重瑕疵的，债权人是享有独立诉权，还是仅能在破产程序中提起撤销申请并受到15日的限制？从条文内容及审判实践来看，[2] 债权人对决议的异议仅能以撤销申请这一种方式提出。这导致在齐化化工一案中，原告认为破产法存有"法律漏洞"并主张援用公司法中的决议不成立之诉。对于营业中的公司而言，团体决议效力"三分法"或许是恰当的立法模式；但在公司进入破产程序后，债权人会议决议的成立与法律效果显著区分于股东会决议。现行法采取的撤销申请模式更符合破产程序的制度价值并且是域外破产的通行做法，无需生搬硬套《公司法》的相关内容。本文将从破产程序中决议的特殊成立机制及其外部、内部效力的不可逆性出发，分别从合同法、组织法以及民诉法的角度，论证现行法采取的统一模式具有合理性。

---

[1] 中国信达资产管理股份有限公司辽宁省分公司诉大连齐化化工有限公司与破产有关的纠纷案，大连市中级人民法院（2019）辽02民终6900号民事裁定书。

[2] 与本案相似，否认债权人提起决议效力瑕疵之诉的案件还有如杨光诉天津开发区腾宇置业有限公司确认合同无效纠纷案，天津市第一中级人民法院（2015）一中民四终字第1357号民事裁定书。

二、决议不成立之诉的公司法的镜鉴

《公司法》第 22 条规定了公司决议瑕疵的法律后果，但仅区分了无效和可撤销。该二分局面被《公司法司法解释（四）》引入的决议不成立之诉打破。"三分法"使严重不符合程序要求的决议有了合适的处理方案，[1] 故应首先探究公司法语境中的决议不成立制度价值。

（一）决议不成立之诉的制度价值

表决程序严重瑕疵的决议不成立是程序正义的体现。不同于自然人意思表示，公司决议是一种法律程序，"其决议须基于适法之程序而形成时，始能发生公司意思决定之效力"。[2] 而该法定程序正是多数决规则。全体一致决在公司中不具有可行性，团体"共同意见"仅表彰多数人的赞同，而少数人受其支配。[3] 因此，决议对所有成员产生拘束力的前提是达到规定的票决比例。可以认为，决议是否成立系事实问题，而非法律价值的判断问题。[4] 在前文案例中，若对变价方案投赞成票的债权额未达法定要求，则该决议不符合多数决程序而自始不成立。

以法律行为理论解释团体决议也将推论出决议的成立与生效之分。一方面，意思表示的成立与生效系不同阶段，决议不成立与决议可撤销或无效亦有所区分。在法律行为欠缺成立要件时，并无讨论无效或撤销的余地；团体决议亦应在符合成立要件后，才有分析该决议是否无效或可撤销的必要。另一方面，从意思表示构成要件来看，团体决议依旧是意思自治的体现，其中，多数决构成团体意思表示的"表示要素"，缺乏该要素的决议不成立。[5]

决议不成立的制度价值亦在于保障团体内部的契约自由。多数决似乎未尊重少数人意见，但建立团体的共同行为以及新成员加入时对章程的认可，均赋予少数服从多数规则约束力。正如卢梭所言，"多数决的规则，其本身就是一种约定

---

[1] 殷秋实：《法律行为视角下的决议不成立》，载《中外法学》2019 年第 1 期。
[2] 柯芳枝：《公司法论（上）》，三民书局 2002 年版。
[3] [美] 丹尼斯·C. 缪勒：《公共选择理论》，韩旭、杨春学译，中国社会科学出版社 1990 年版。
[4] 钱玉林：《股东大会决议瑕疵的救济》，载《现代法学》2005 年第 3 期。
[5] 王雷：《公司决议行为瑕疵制度的解释与完善——兼评公司法司法解释四（征求意见稿）第 4-9 条规定》，载《清华法学》2016 年第 5 期。

的确立,并且假定至少是有过一次全体一致的同意"。[1]团体之间至少存在一个全体一致的契约,其在公司中即表现为章程。如此看来,鉴于公司章程规定了决议的比例要求,未达约定比例的决议不成立系对共同契约的尊重。

总之,不同于自然人的意思表示,程序正义是决议成立的核心要件,决议不成立作为独立的效力瑕疵类型应予认可。

(二) 决议不成立之诉的程序价值

从构成要件来看,决议未成立时,其程序瑕疵比可撤销的决议更为严重,且不可以被补正。[2] 决议不成立与可撤销的区分在于两方面。其一,从瑕疵原因看,决议可撤销的事由除了程序瑕疵,还包括决议内容违反公司章程,而决议不成立的事由仅限于程序瑕疵;其二,同样是程序性瑕疵,尚未具备成立外观的决议不成立,反之即为可撤销。[3] 以表决权为例,表决时未获得多数通过的决议不成立,此种情形下决议尚不具备基本的成立外观;但如果因为个别股东错误地行使表决权导致现场达到多数决,则属于可撤销,因为该决议已具备基本的成立外观。

决议不成立之诉的法律效果亦有其特点。撤销公司决议受60天除斥期间的限制,但司法解释对决议不成立之诉未作时间限制,只要当事人不积极追认,便不受其拘束。[4] 这也是多数决的本旨:若未达多数决的决议可撤销,则该决议将因除斥期间的经过而确认有效,多数决规则将被架空而失去意义。同时,可撤销意味着决议在被撤销之前是有效的,但不成立意味着决议从未成立,二者在溯及力上也存在差别。

但决议不成立之诉在司法实务中还存在一些问题。决议不成立与决议可撤销、无效之间并非泾渭分明,这可能带来较高的司法审查成本。尤其在伪造股东签名、召集程序违法的案件中,程序瑕疵究竟导致决议不成立还是可撤销,同案不同判的现象广泛存在。同时,决议不成立之诉的诉讼类型难以界定。形成之诉

---

[1] [法]卢梭:《社会契约论》,何兆武译,商务印书馆2003年版。

[2] 赵心泽:《股东会决议效力的判断标准与判断原则》,载《政法论坛》2016年第1期。

[3] 李建伟:《公司决议效力瑕疵类型及其救济体系再构建——以股东大会决议可撤销为中心》,载王保树主编:《商事法论集》第15卷,法律出版社2009年版。

[4] 徐银波:《决议行为效力规则之构造》,载《法学研究》2015年第4期。

的特征是"以丧失法律变动之机动性为代价"[1]而作出判决来追求法律关系的明确性。以此为标准，决议不成立的效果具有对世性，对明定性有较高要求，导致其作为确认之诉又兼具形成之诉的特征。于是，有观点认为，决议不成立之诉应被新型诉权吸收，如日本颇具影响力的"一元化理论"认为决议无效、不成立与撤销均指向同一个诉讼标的，不应由原告负担选择成本，应将三者合并形成特殊的种类之诉；[2]又如德国民诉发展出的"最优惠视角"[3]认为未成立的决议无论如何都是无效或者可撤销的，当事人可以提起统一的决议之诉。我国也有学者认为应以统一的决议瑕疵诉讼取代"三分法"，以平衡组织法范式下原告个体与公司的整体利益。[4]

(三) 破产法与公司法的脱节

与公司法细化决议瑕疵类型形成鲜明对比的是，破产法中的决议瑕疵仅有可撤销这一种。《企业破产法》第 64 条规定了异议债权人的撤销申请权，未说明其适用范围。《企业破产法司法解释（三）》则明确规定了撤销申请的四种场合，包含债权人会议的召开违反法定程序以及债权人会议的表决违反法定程序。显然，司法解释未区分程序瑕疵的严重程度、未区分决议是否具备成立外观的情形，而是以撤销申请统一规范所有瑕疵，这一点在司法解释起草机关编著的条文释义中也得以印证。[5]

《企业破产法》仅以撤销权作为对所有决议瑕疵的救济，似乎显得"不近人情"，但简化决议瑕疵的救济途径也是域外破产法的通行做法。《德国破产法》第 78 条仅规定法院有权废除与全体债权人共同利益相悖的决议，除此之外，法

---

[1] [日] 高桥宏志：《民事诉讼法制度与理论的深层分析》，林剑锋译，法律出版社 2003 年版。

[2] [日] 坂井芳雄：《以股东大会决议为标的之诉的性质》，载《松田法官在职四十年纪念论文集——公司与诉讼（上）》，有斐阁 1968 年版。转引自 [日] 高桥宏志：《民事诉讼法制度与理论的深层分析》，林剑锋译，法律出版社 2003 年版，第 63 页。

[3] 胡晓静：《德国学理及司法实践中的股东会决议不成立——兼评〈公司法司法解释（四）〉第 5 条》，载《山东大学学报（哲学社会科学版）》2018 年第 3 期。

[4] 丁勇：《公司决议瑕疵立法的范式转换与体系重构》，载《法学研究》2020 年第 3 期。

[5] 最高人民法院民事审判第二庭编著：《关于企业破产法司法解释（三）理解与适用》，人民法院出版社 2019 年版。最高院认为，"对于本条司法解释规定的债权人会议决议可撤销的事由中，部分应当属于决议不成立或者决议无效的内容"，但鉴于债权人会议决议仅针对财产分配问题，且破产程序强调效率优先，因此于立法层面不再单独设立决议不成立或无效之诉。

院无权撤销债权人大会的决议,即使其存在严重瑕疵。[1] 德联邦最高法院曾受理一起确认债权人会议决议无效的申请,原告认为表决程序严重违法的决议不生效,法院则认为第78条不适用于决议不成立的情况;[2] 而在日本破产法中,解雇管理人、设置检察委员、停止或继续营业等决定权都被法院吸收,债权人会议几乎不存在需要决议的事项,决议瑕疵的救济因此也尚未确立;[3] 在美国破产法中,异议人若要对出售财产的决定提起上诉,应获得法院的禁令,否则财产就会被实际出售,即使上诉获胜也将毫无意义。[4]

究其缘由,破产中的决议机制显著区分于股东会,这使得决议不成立之诉的制度和程序价值在破产中丧失基础:一方面,债权人之间没有类似于发起人协议或者公司章程的共同契约,法律行为理论在破产中适用的可行性更小;另一方面,破产决议的效力范围不同于公司决议,其处理的事项紧密围绕财产分配,并且强调效率优先。前文案例中,原告要求参照适用公司法的相关规定,就是忽视了破产决议的特殊形成机制及其价值目标的差异性。

三、债权人会议决议的特殊形成机制

若法律行为理论尚可用于解释公司决议效力三分的基础,那么债权人会议决议的性质与法律行为有着更显著的偏差。债权人会议决议的成立不仅涉及多数决规则,还包含法院的确认裁定以及债权人委员会的审查程序。经过这些程序后,即使是存有瑕疵的债权人会议决议亦具备了基本的成立外观。

(一) 与法律行为理论的差异

法律行为理论难以适用于债权人会议决议的成立与生效。不同于公司成员之间尚存有一致的同意,破产债权人会议完全产生于法律规定,其社团性更弱。公司决议的程序性要求来自于公司法以及章程的相关规定,后者是全体成员意思自

---

[1] [德] 莱因哈德·波克:《德国破产法导论(第6版)》,王艳柯译,北京大学出版社2014年版。
[2] 何旺翔:《德国联邦最高法院典型判例研究·破产法篇》,法律出版社2019年版。
[3] [日] 山本和彦:《日本倒产处理法入门》,金春等译,法律出版社2016年版。
[4] [美] 查尔斯·J. 泰步:《美国破产法新论》,韩长印、何欢等译,中国政法大学出版社2017年版。

治的结果；然而，债权人会议决议的程序要求完全来自破产法的强制性规定，不存在意思自治的空间。正因如此，破产法不以保障债权人意思自治为唯一目的，而必须兼顾破产财产的公平、及时分配。为了及时完成总括清偿的要求、平衡债权人之间尖锐的利益冲突，债权人会议的决议机制具有更强的法定性。

具体而言，多数决不再是决议成立的唯一要件，其他主体将介入决议的形成过程以保障少数债权人利益。破产债权人与公司经济交往的方式不同于股东：股东与公司之间一般无法直接发生经济交往，而是通过股东会这一机构，多数决的结果将取代个人意思；与此不同的是，债权人与公司之间的交往一般都是直接进行的，对于是否交易、如何交易，债权人拥有独立的决定权，[1] 仅在公司进入破产后采取总括清偿的方式。根据"尊重非破产法规范"原则，破产不能改变程序外的实体权利。因此，即使是以多数决作出的决议，也不得不当地调整异议债权人的权利。为达此目的，法院、债权人委员会以及管理人将介入决议的产生过程，尤其是法院可以强制批准未经债权人会议表决通过的决议，也可以对已经表决通过的决议不予认可；管理人和债权人委员会将主导和参与表决的过程，对表决结果进行监督。其他程序效果也体现出债权人会议决议的法定性特征，如决议的生效时间：股东会决议的表决仅产生形式拘束力，只有在送达董事会和其他股东后，才产生实质拘束力；[2] 然而债权人会议决议一经作出便对所有债权人生效且开始计算撤销期限，根据司法解释起草部门的观点，撤销申请受制于 15 日的除斥期间，不适用中止中断事由。[3] 下文将从两方面具体说明决议成立在破产中的特殊性。

（二）法院确认将赋予决议成立的外观

《企业破产法》规定，债权人会议通过的和解协议草案、重整计划草案、破产财产分配方案必须由人民法院以裁定的方式予以确认。可见，这些决议的成立以法院确认为前提要件，即使决议本身存在瑕疵，但经法院批准后，当事人也不得对生效文书提起不成立之诉。

---

[1] 韩长印主编：《破产法学（第 2 版）》，中国政法大学出版社 2016 年版。
[2] 叶林：《股东会会议决议形成制度》，载《法学杂志》2011 年第 10 期。
[3] 最高人民法院民事审判第二庭编著：《关于企业破产法司法解释（三）理解与适用》，人民法院出版社 2019 年版。

法院的确认裁定具有既判力，当事人不得另行起诉，即使是撤销申请亦受此限。破产法释义指出："除法律特别规定债权人会议决议须经法院许可外，决议一经作出就对全体债权人产生约束力，无须法院的特别许可。因此，债权人认为债权人会议的决议违反法律规定，损害其利益的，可以在法定期限内，请求人民法院裁定撤销该决议。"[1] 反面解释该因果关系可知，对于由法院批准的决议，一经批准即产生拘束力且不可被撤销申请所推翻。《上海市高级人民法院破产审判工作规范指引》更是规定："债权人会议决议已经人民法院裁定确认的，债权人不得申请撤销。"生效法律文书的既判力使当事人不得不以复议或再审的方式提出异议，而由于破产属于非诉程序不适用审判监督，当事人只能以复议的方式与破产法院交涉。

从成立要件来看，法院裁定的公示公信力赋予决议成立的外观。其一，若与会议主席的确认对比，在由会议主席宣告决议成立的场合，不成立的决议也具有成立的外观，当事人仅能提起撤销之诉。具体而言，只要出席会议的股东达到法律或章程规定的最低数，即使同意股东的表决权未达法定数额，但主席仍宣告决议成立，股东会会议在外观上已合法召开，表决额的不真实仅构成撤销原因。[2] 在德国的公司决议中就存在股东会主席确认这一程序，对于主席确认的错误只能通过撤销推翻。德国联邦最高法院曾指出，如果在一个合法召集的股东会上进行了表决，结果由会议主席予以公布且记录在案，则不必考虑真实的表决比例，均应视股东会决议已经成立。[3] 相较之下，法院的批准裁定显然比股东会主席宣告具有更高的确认效力，此时应视决议已具有成立外观，当事人仅能提起撤销申请。其二，若与商事登记比较，即使被登记的决议存在瑕疵，当事人也不得提起确认无效之诉。德国《股份法》第242条规定，决议瑕疵将因为商事登记而排除异议人的确认无效之诉。法院裁定虽然不同于商事登记，但其公信公示力显然高于商事登记。因此，当事人不能以不成立之诉推翻法院的确认结果。其三，法院裁决作为一种司法确认，还可与民事调解合同的司法确认相对比。根据《人民调

---

[1]《中华人民共和国企业破产法释义》第64条，载"北大法宝"网站，2006年8月27日，http://www.pkulaw.cn/CLink_form.aspx?Gid=78895&Tiao=64&km=siy&subkm=0&db=siy。

[2] 杨建华：《浅论股东会决议之无效与撤销》，载《辅仁法学》1983年第2期。

[3] 胡晓静：《德国学理及司法实践中的股东会决议不成立——兼评〈公司法司法解释（四）〉第5条》，载《山东大学学报（哲学社会科学版）》2018年第3期。

解法》和相关司法解释，人民法院依法确认的调解协议有效，一方当事人拒绝履行或未全部履行的，对方当事人可以向法院申请强制执行。司法确认制度确认的是人民调解协议的效力，而产生执行力的是司法确认书。然而，若被确认的调解协议本身存有瑕疵，现行法未赋予当事人异议诉权。有学者呼吁在未来的民诉法修改中，针对司法确认错误加入撤销之诉的程序安排。[1] 这也说明，当事人对司法确认错误的救济仅限于撤销权，而没有申请其不成立的诉权。

总体来看，法院对决议的批准裁定具有高度的确认效力，当事人对此不得另行起诉。

（三）债权人委员会审核将补足决议瑕疵

并非所有决议都需要法院确认，文首案件中有关财产变价方案的决议就无需经过法院批准；但破产法对管理人处分重大财产有其他限制，必须及时向债权人委员会报告，而债权人委员会的审查对瑕疵决议具有补足作用。应予明确的是，债权人委员会是全体债权人的代表机构，其选任、议事规则和职权范围均说明，债权人委员会代表债权人的全体利益监督破产程序的进行。[2] 正因如此，债权人委员会的核查具有补正决议瑕疵的作用。

债权人委员所做的决定效力独立且不受其他决议瑕疵的影响。债权人委员会议事时亦采多数决规则，即使债权人会议决议存在瑕疵，也不影响债权人委员会此后经独立审查作出的核准决定，后者可以成为管理人处分财产的直接依据。公司决议中也有类似现象，如基于瑕疵董事会决议召开的股东会效力如何的问题。一般认为，这两个决议是互相独立的，后者遵从自身的决议成立规则，一旦根据法定程序召开并完成表决，已经符合正当程序要求的，当属有效。[3] 因此，管理人基于瑕疵决议作出的变价方案，经过债权人委员会审核通过后，即形成独立有效的决议，补足了该变价方案的效力瑕疵。

同时，未成立的决议可以被追认，债权人委员会可以代表全体债权人做出此种追认。决议追认制度来源于民法理论中对瑕疵法律行为的追认规则。《德国股份法》将追认制度成文化，规定股东大会可以通过一项新决议来确认一项可撤销

---

[1] 潘剑锋：《论司法确认》，载《中国法学》2011 年第 3 期。
[2] 李永军：《破产法——理论与规范研究》，中国政法大学出版社 2013 年版。
[3] 何健：《公司意思表示论》，法律出版社 2019 年版。

的决议，利害关系人不得再提出撤销请求。[1] 有学者认为，将追认制度引入公司决议效力瑕疵的愈合机制有其合理性与必要性，具体而言，如果股东会决议的程序瑕疵未违反法律强制性规定，则可以适用追认制度。[2] 在破产法中，由于债权人委员会作为常设机构代表了全体债权人意志，债权人委员会的核实构成对未成立决议的有效追认。虽说债权人会议的意志凌驾于债权人委员会之上，[3] 但是在债权人会议未做出明确的相反表示时，以债权人委员会的新决议补足前序决议的效力瑕疵，有利于尽早确定分配方案，保障法律关系的稳定性。同时，由于债权人会议可以选举和替换债权人委员会成员，由债权人委员会补正甚至更改瑕疵决议，不会违背全体债权人的意志。

综上所述，债权人会议决议的形成机制不再适用法律行为理论，特殊的审批程序赋予其成立外观，因此决议不成立之诉丧失适用基础。

四、债权人会议决议的不可逆性

除形成机制外，债权人会议决议的效力亦有其鲜明特点。对企业的法律规范具有组织法的性质，破产法亦不例外。而组织法不同于合同法的地方，在其兼顾个体权利保护和组织效率与安定的要求。组织法不仅要回答决议形成的瑕疵问题，更要回答能否实施瑕疵决议以及如何处理实施后所建立的法律关系的问题。[4] 即使决议存在严重瑕疵，鉴于其效力的不可逆性，决议不成立之诉也不符合破产的效率目标。

（一）债权人会议的决议能力有限

破产程序涉及多方参与人，必须由债权人会议决定的事项十分有限。首先，法院承担了部分决议功能。不同于普通民商事纠纷中裁判者相对被动的角色，法院在破产程序中处于主动地位，承担了"主导破产案件，为破产清算与破产重整确立程序框架"[5] 的重要职能。具体体现在法院享有委任管理人，裁定确认债

---

[1] 《德国股份法》第244条。
[2] 钱玉林：《股东大会决议瑕疵的救济》，载《现代法学》2005年第3期。
[3] 邹海林、周泽新：《破产法学的新发展》，中国社会科学出版社2013年版。
[4] 丁勇：《公司决议瑕疵立法的范式转换与体系重构》，载《法学研究》2020年第3期。
[5] 许德风：《破产法论——解释与功能比较的视角》，北京大学出版社2015年版。

权人会议决议，批准甚至强制批准分配方案和重整方案，作出债权确认决定等职能。从时间线来看，任免管理人之前的工作以及破产程序终结后的部分工作（如追加分配）均由法院直接处理。为了培养专门的审判人才、组建专业化的审判机构，以应对破产程序终极性的需求，[1] 破产法庭应运而生。域外破产实践中也有专门管辖破产案件的审判部门，如美国的联邦破产法院，以及德国《法院组织法》专设的破产法庭。

其次，管理人可以直接处分企业的非主要财产。《企业破产法》第25条以不穷尽列举的方式规定了管理人主要职责，包括管理和清理破产财产，对外代表债务人，提议召开债权人会议等；各地区法院还专门制定文件以细化管理人"全面接管"的内容，包括但不限于对企业账簿、资料的接管，其中最重要的是，管理人可以直接决定非主要财产的处分。针对破产财产的处分，《美国破产法》第363条规定了常规出售原则，即法院只要基于优势证据认定管理人对交易进行了合理商业判断就应当批准出售计划。[2] 我国法律缺乏对破产财产处分权的明确规定，也曾出现管理人未经债权人会议表决而直接"依职权"变卖企业重大资产的情况。[3] 可见，管理人享有广泛的决定权，在破产程序中居于核心地位。

再次，债权人委员会在债权人会议未召开时承担破产程序的监督工作。鉴于债权人会议人数众多，过于频繁地召开会议反而会增加破产费用，因此较复杂的破产案件往往另设债权人委员会作为"监察人"专司对破产程序的监督工作。债权人委员会的职责主要规定在《企业破产法》第68条、第69条。据此，债权人委员会在常规工作中取代债权人会议，以审查监督的方式对管理人的工作提出异议或予以认可。

最后，重整中自行管理的债务人（或称经管债务人）对企业保留控制权。《企业破产法》第73条在我国确立了债务人自行管理制度，该制度来源于美国破产法典第11章（商事重整）的DIP制度（debtor in possession），即以债务人自

---

[1] 徐阳光：《破产案件审判庭设置的正当性证成》，载《人民法院报》2016年5月25日，第007版。

[2] 美国破产法协会：《美国破产重整制度改革调研报告》，何欢、韩长印译，中国政法大学出版社2016年版。

[3] 韩长印：《论破产程序中的财产处分规则——以"江湖生态"破产重整为分析样本》，载《政治与法律》2011年第12期。在"蓝田股份"重整中，管理人将子公司的主要财产出售而未经债权人会议表决。

行管理为原则，以法院任命管理人为例外。虽然我国缺乏对经管债务人权限的规定，但从已有的重整案例以及地区法院的案件工作指引来看，经管债务人保留大部分对企业经营的决定权，包括管理营业事务、制定重整计划以及执行重整计划。[1] 甚至有观点提出，重整程序与破产法提供的其他脱困方案之间最大的区别，正是在于债务人很大程度上得以保留对企业的控制权。[2]

值得一提的是，在以简易程序审理的破产案件中，甚至可能不召开债权人会议。在民事诉讼繁简分流的改革背景下，多地法院出台文件以探索简易破产程序，如上海市高级人民法院发布的《关于简化程序加快推进破产案件审理的办案指引》；而江苏高院《关于"执转破"案件简化审理的指导意见》中甚至规定，对于无产可破的案件，可以不召开债权人会议，提前终结破产程序。可见，简化债权人会议是简易程序的重要方面。

破产程序中审判机构和多方参与人各司其职的现象，导致债权人会议可表决事项本身十分有限。确实需要由债权人投票形成的决议，一般都涉及重大财产处分，其效力具有极高的安定性。

(二) 债权人会议决议的效力安定性

与普通民事关系不同，组织关系具有"利益多元性"和"关系持续性"的特征，因而对安定性提出极高要求。[3] 在破产企业中，依据债权人会议决议产生的外部、内部法律事实均难以被否认。

团体意思的形成阶段与表示阶段相对分离因此导致了第三人信赖问题，其内部瑕疵不得影响外部效力。企业机关之间的权能分化使不同机关在意思表示中发挥不同作用，公司意志无法委身于单一机关。[4] 而股东会形成的内部意思需要借助其他机关的对外表示行为才能产生效果。[5] 这种意思表示的分离性在破产程序中依旧存在，具言之，债权人会议虽然有权决定破产事务，但它并不能对外

---

[1]《深圳市中级人民法院审理企业重整案件的工作指引（试行）》（深中法发〔2019〕3号）第60条，列举了经管债务人的十项职权。

[2] 许胜锋：《重整中债务人自行管理制度价值及风险的实用性研究》，载《中国政法大学学报》2017年第3期。

[3] 叶林：《股东会决议无效的公司法解释》，载《法学研究》2020年第3期。

[4] 王保树、崔勤之：《中国公司法原理》，社会科学文献出版社1998年版。

[5] 何健：《公司意思表示论》，法律出版社2019年版。

代表企业参与诉讼、处分财产，这些行为必须由管理人实施。根据分离理论，团体决议执行人对外的交易行为若缺乏赋权，应以无权代理规范其法律效果。《合同法》第 50 条规定，法定代表人订立合同的越权行为有效，除相对人知道或者应当知道其超越权限的以外。可见，代表的公示力将产生第三人信赖保护，[1] 即使内部意思形成时存在瑕疵，只要公司对外的表示行为不存在无效的情形，公司就应受其表示行为的制约。[2] 因此，公司决议被撤销或确认无效的判决不具有溯及力。

在破产程序中，债权人会议决议的外部法定性更强，几乎不存在交易相对人非善意的情况。作为问题的出发点，破产企业的行为能力受限，债权人会议能表决的事项几乎仅限制于重大资产的变价处分。"法人进入清算程序后，除非为清算所需，否则不得与他人产生新的法律关系"，[3] 破产企业不能在财产清算之外与他人进行新的交易。而即使是为了清算而进行的交易，如前所述，管理人或经管债务人有权直接处分非主要财产，债权人会议的决议能力仅限于重大资产的变价处分。此时，破产企业的交易相对方享有高度的信赖利益保障。一方面，破产财产变价以拍卖为原则，[4] 交易相对方受到《拍卖法》的保护，交易结果的稳定性较高。另一方面，管理人不同于公司代表人，其身份地位以及职权范围均为法定，管理人对外的执行行为有更高的公信力。因此，时常引发争议的法定代表人越权对外担保等问题在破产中将不复存在，因为管理人系根据破产法的明确授权而代表企业参与诉讼、处分财产，其权利的来源和边界均十分明确，无需考虑相对人的主观状态。对财产出售中交易相对人的保障已在美国破产法中成文化。根据《美国破产法典》第 363 条的规定，善意买受人应受保护而不受上诉法院撤销或变更该财产出售批准决定的影响。因此，虽然利害关系人对出售决定有上诉权，其也必须在上诉过程中获得财产出售的禁令，否则，即使最终获得上诉胜利同样可能毫无意义，因为第三人已经取得了无瑕疵的权利。

由债权人会议决定的内部事务不多，且其结果亦不应通过诉讼否认。公司运

---

[1] 在我国审判实践中亦形成了"内部决议程序不得约束第三人"的规则，如冯光成、中国民生银行股份有限公司杭州分行等诉青海碱业有限公司损害公司利益责任纠纷申请案，最高人民法院（2014）民提字第 132-1 号民事裁定书。

[2] 王保树：《从法条的公司法到实践的公司法》，载《法学研究》2006 年第 6 期。

[3] 朱庆育：《民法总论》，北京大学出版社 2013 年版。

[4] 《企业破产法》第 25 条、第 112 条。

营中可产生的决议不成立之诉内容多样，如章程修改、董事经理选任和股权变更等。然而，这些纠纷在破产程序中不会出现，破产企业需决定的内部事务更是十分有限，几乎仅限于财产分配。财产分配虽然不涉及第三人信赖保护的问题，但其有效性亦不得轻易变更。当团体内决议的目标是为共同建立起某种合作关系，且涉及众多行为人的切身利益时，若允许该共同行为被确认无效且赋予其溯及既往的效力，势必会给法律秩序带来极大的负面影响。[1] 破产财产的分配主体具有广泛性的特点，仅以个别诉讼否认分配效果显然违背法安定性的要求。针对破产企业的其他内部纠纷，破产法已经规定了专门的救济途径。破产企业的内部管理纠纷主要有两类：一是债权确认，二是管理人选任。对于前者，破产法专设了债权确认之诉；选任管理人的权限属于法院，债权人会议可以新的决议替换之，个别债权人可以向法院提出更换申请而非决议不成立之诉。

(三) 效率目标导致纠错机制的弱化

　　破产程序更加注重效率价值，故决议即使存在程序瑕疵也不应否认其效力。如前所述，相较于存续中的公司，破产法更加注重僵尸企业的及时出清或有重整价值企业的及时挽救，掌握"抢救"的时机对实现破产目标至关重要。尤其在上市公司破产的场合，其进入破产的消息一旦放出，股票价值必然大幅下跌，重组后股票价值的恢复也有赖于程序的顺利推进。同时，对于拥有大量实体资产的制造企业而言，企业抵押物的价值会在破产程序中大幅缩水。在著名的克莱斯勒重整案中，该汽车制造商虽然拥有数量众多的设备和零部件，但耗费时日的破产程序导致设备大量折旧，再加上技术快速革新，使得公司的账面资产在短时间内就变得一名不值。[2] 显然，及时出售对破产财产保值十分重要。实际上，庭外重组、预重整等制度主要都是为了保障破产企业不错过最佳的重整时机。甚至有观点认为，重整程序应采取"效率优先，兼顾公平"的指导原则。[3]

　　在域外破产法中，多数国家均认为由法院批准的重整计划不可被上诉，利害

---

[1] 韩长印：《共同法律行为理论的初步构建——以公司设立为分析对象》，载《中国法学》2009年第3期。

[2] 张钦昱：《论破产财产出售的程序规制——以克莱斯勒破产案为例》，载《法学杂志》2013年第2期。

[3] 汪世虎：《我国公司重整制度的检讨与建议——以债权人利益保护为视角》，载《现代法学》2006年第2期。

关系人只能要求相关负责人承担损害赔偿责任。美国破产法第 1144 条规定的撤销权仅针对基于欺诈而作出的重整计划，且当事人应于 180 日内申请撤销；超出期限的，即使重整计划存在重大瑕疵，当事人也丧失异议权。德国破产法于 2012 年新增的第 253 条极大地限制了对重整计划的上诉权：如果法院确信重整计划执行迟延所产生的不利益超过了重整计划执行给上诉人带来的不利益，则州法院可拒绝上诉申请。我国《企业破产法》缺乏对经法院批准的决议上诉或复议的规定，但王欣新教授提出，当事人可以对重整计划提出复议，但在复议期间内不得中止执行。[1] 可见，在破产程序优先保障效率的背景下，决议瑕疵纠正机制将不得不作出让步。

综上所述，债权人会议决议一经做出，其产生的外部、内部效力均无法被溯及，或已设有其他异议机制。结合破产对效率的追求，更不应单独设立决议不成立之诉。

五、决议不成立之诉缺乏诉权基础

在明确了债权人会议决议的成立要件及其效力范围后，若回归民事程序的视角，依诉权的基本构成理论，能更直接得出债权人不享有诉权的结论。

（一）对"公益之诉"理论的舍弃

公司法中的决议瑕疵之诉曾一度被视为公益诉讼。"公益之诉"理论认为，股东仅依其持股地位拥有诉讼资格，即使决议未侵害其利益，股东也可因为决议损及其他股东、将来股东或公司债权人的利益为由主张撤销或确认无效。[2] 我国台湾地区学者甚至将撤销权归为股东共益权的一种。[3] 德国破产法采取社员决议能力说，赋予股东要求公司"依据法律和章程作出决议的成员权"。[4]

然而，公益之诉理论违反了诉权处分原则，将诱发恶诉与滥诉。首先，从诉讼标的来看，就算认为股东依成员身份对公司内部行为享有利益，但这种成员身份本身超出了侵权法的保护范围。其次，从诉权的角度来看，公益理论认为原告

---

[1] 王欣新：《重整制度理论与实务新论》，载《法律适用》2012 年第 11 期。
[2] 张凝：《日本股东大会制度的立法、理论与实践》，法律出版社 2009 年版。
[3] 邓峰：《普通公司法》，中国人民大学出版社 2009 年版。
[4] 丁勇：《股东大会决议撤销之诉功能反思》，载《法学》2013 年第 7 期。

充当了某种代理人角色,但是该观点忽视了个别股东选择起诉、撤诉以及和解时,都只需要考虑自身利益的情况,因而其不可能担任所有利害相关人的代言人。最后,公益理论导致的滥诉已经在德国司法实践中有前车之鉴。德国诉讼法首次提出决议之诉的公益性,此后,小股东利用其无门槛的诉权变成了"强盗式股东",甚至形成了一批将决议撤销之诉作为其主营业务的"职业讼客"。[1]

随着现代公司法的发展,使部分法院已意识到这一问题,将"确认利益"纳入原告的起诉条件。如曾受德国公益诉讼理念影响的日本最高法院就在承认某股东会决议存在瑕疵的同时,认为当事人仅提起决议无效之诉欠缺确认利益而驳回起诉。[2] 故现代公司法应摒弃决议效力瑕疵之诉的公益性理论,回归传统诉权理论。

(二)向诉权理论的回归

《企业破产法》第64条将个人利益受损作为撤销申请的前提,符合民诉理论中"诉的利益"概念,故应以此为标准探究债权人对决议效力瑕疵之诉是否具有诉的基础。

根据诉权的定义,原告对涉诉的法律关系应具有诉的利益。对于确认之诉,应有"及时确定的现实性必要";[3] 对于形成之诉,起诉若无法引起法律关系的变动则不满足诉的利益。诉的利益还体现为当事人适格制度:当事人适格不仅要求当事人与诉的标的有关联,其功能更在于判断何人享有相应权利或承担义务。[4] 诉的利益在德国有成文法的表达,《德国民事诉讼法》第256条规定,"当原告存在法律上的利益,则可通过诉情确认",这被视为诉的前提条件。[5]

诉的利益理论结合司法程序的效率价值形成了法院的裁量驳回权,这已经进入了公司法解释。《公司法司法解释(四)》第4条规定,股东请求撤销公司决议的,若会议召集程序或者表决方式仅有轻微瑕疵且对决议未产生实质影响的,

---

[1] 丁勇:《股东大会决议撤销之诉中程序瑕疵与决议撤销的关系——基于德国联邦最高法院两个案例的分析》,载王利明主编:《判解研究》2008年第5辑,人民法院出版社2009年版。

[2] 日本最高裁判所1958年10月3日判决,最高裁判所民事判例集第12卷第14号。

[3] 田平安主编:《民事诉讼法·基础理论篇》,厦门大学出版社2009年版。

[4] 王福华:《民事诉讼法学(第2版)》,清华大学出版社2015年版。

[5] [德]康拉德·赫尔维格:《诉权与诉的可能性:当代民事诉讼基本问题研究》,任重译,法律出版社2018年版。

人民法院不予支持。日本公司法中也有类似的裁量驳回权。[1] 从社会成本来看，决议效力之诉必须在程序正义、法律关系稳定性和诉权滥用之间进行平衡。否认任何程序瑕疵都将显著增加公司负担和整体社会成本。因此，在决议瑕疵之诉中，法院应对程序瑕疵的程度作限缩解释，不受理那些否认其效力却无法改变实体法律关系的诉讼。

将诉权理论运用在破产程序中后，债权人若要提起决议不成立之诉，应证明其对法律关系的确认享有现实的、紧迫的利益。但如前已述，否认债权人会议决议的效力，对外无法改变受让人取得的事实，对内无法改变分配的结果，此时法院的确认裁判无法引起当事人权利义务的承担，因此可以认为原告不具有可诉的确认利益。且破产程序更加强调效率性，法院裁量驳回的权力应有所扩张，这会更加导致决议不成立之诉丧失适用条件。

（三）债权人异议权具有准诉权性质

债权人对瑕疵决议并非没有任何救济途径，而是应以现行法规定的撤销申请在破产程序的框架内解决争议。撤销申请权属于准诉权。与诉权相对应，准诉权是指在非讼程序或执行程序中，当事人享有启动和参与相关程序并要求法院依法审判的权利。[2] 根据我国现行法对民诉程序的划分，破产属于非讼程序或特殊的执行程序，在破产中产生的异议均应以准诉权的方式行使。

准诉权符合破产程序的特点。准诉权遵循的法律原则包括：强调法院的积极探知角色，不实行对审原则和辩论原则；原则上进行书面审理，不需要进行质证和言词辩论；强调程序的简捷性和经济性。[3] 破产程序是开庭与开会的结合、办案与办事的结合、裁判与谈判的结合。由法院主动审查、主导进程，强调程序的效率和经济性，这些特点均与准诉权相呼应。比起诉讼中原、被告的激烈对抗，非讼程序重在申请人与法院之间的沟通，这也正符合破产中撤销申请当事人与法院的关系。法院应该调查事实，在穷尽所有手段仍不能愈合决议瑕疵的情况下才能撤销决议，以体现法律对交易安全的保护和公司行为的尊重。可见，在决

---

[1] 《日本公司法典》第831条。
[2] 田平安、柯阳友：《民事诉权新论》，载《甘肃政法学院学报》2011年第5期。
[3] 邵明：《民事诉讼法理研究》，中国人民大学出版社2004年版。

议效力瑕疵异议的审理中，法院不应以裁判者的角色过多介入，而是应该遵循非讼原则促进当事人协商。

总之，债权人对决议效力瑕疵的异议应属于准诉权，这与破产作为非讼程序的运行机制、制度目的相吻合。

六、代结语：破产法的发展将弱化债权人会议

就发展趋势来看，随着破产效率不断提升、破产管理人和破产法庭专业化程度加强，债权人会议的职权将被不断限缩，未来立法更无新增决议不成立之诉的可能性。

《世界银行营商环境报告》显示，我国破产的平均办理时间为1.7年，这与最佳监管表现国爱尔兰的0.4年、美国的1.0年均相差甚远。我们有理由相信，在未来的一段时间内，提升破产程序办理效率是立法和司法的主要任务，这皆与决议瑕疵之诉的价值取向背道而驰。

破产实践中，债权人的分散性及其参与破产程序的主观消极性导致债权人会议决议缺少真正能推动破产程序的积极功能，不能满足破产效率的要求。参照日本破产程序，债权人会议决议的职能已基本被管理人取代，即使是涉及债权人根本权利的财产分配方案也由管理人制作后通知债权人，异议债权人仅有一周的除斥期间来向法院提交异议申请。[1] 于此情形，债权人利益保障主要由说明会来实现。同时，随着各地破产法庭的陆续设立，法院的审查职能将提升。比照调解协议司法确认制度的发展，也可以发现法院被赋予确认职能后，其司法审查的内容和深度将不断拓展，法院从被动批准、形式审查转向主动询问、实质审查后，有望从根本上消除瑕疵决议获批的可能性，最大限度地避免当事人要求推翻生效裁决的尴尬局面。

管理人和法院在破产程序中的监管职能加强后，应通过更加健全的信息披露和追责机制以保障债权人利益，而无需固守决议效力审查这一途径。同时，债权人还可以直接更换管理人来保障其权利，故未来立法应考虑赋予债权人会议直接更换管理人的权利。[2] 并且，破产衍生诉讼也可处理决议不成立的问题。新企

---

〔1〕［日］山本和彦：《日本倒产处理法入门》，金春等译，法律出版社2016年版。

〔2〕张在范：《完善我国破产管理人监督机制的构想》，载《河北法学》2005年第9期。

业破产法承认了破产衍生诉讼,即在人民法院受理破产案件之后,当事人有权就与破产企业相关的法律关系提起实体诉讼,包括对恶意交易人提起合同无效之诉,[1]或者对恶意表决人和管理人提起责任之诉。

总体来看,在前文的齐化化工一案中,债权人提出的"法律漏洞"并不存在,应认为《企业破产法》第64条已经包含了所有对瑕疵决议的救济途径。

(初审:刘伊健 龚方琪)

---

[1] 李顺达诉东源向阳金属制品有限公司确认合同无效纠纷案,广东省高级人民法院(2019)粤民终435号二审民事判决书。

独立保函欺诈例外适用问题的审视与反思

汪辰光　江雨朦[*]

内容摘要：自"一带一路"建设推行及《独立保函司法解释》颁布以来，独立保函在我国的运用愈加广泛，欺诈性索赔成为司法层面保函实践的主要纠纷之一。作为一种利益平衡下的修正机制，欺诈例外原则被确立。也正是由于处在独立性与交易安全之间不断的动态博弈之中，欺诈例外在适用层面仍存在一些较为凸显的问题。这些问题可归为"制度适当性"与"适用技术性"两个层面，前者包括欺诈情形与兜底条款功能的争论，后者包括保函欺诈认定标准问题以及法院裁判中对基础合同的审查范围问题。关于欺诈涵盖的情形，需更多考量司法政策和价值理念；欺诈认定标准的确立则应强调主观故意与客观程度；在审查范围上，法院应秉持有限审查与区别审查原则；而针对兜底条款的适用则可采用"同质解释为基础，目的解释为补充"的双重解释规则。

关键词：独立保函　独立性　欺诈例外　适用问题

一、我国独立保函欺诈例外的发展现状与问题

（一）我国独立保函欺诈例外的发展现状

在我国，独立保函的运用与发展较晚，最早有关保函的官方公开文件是最高人民法院 1988 年出具的《关于保函是否具有法律效力问题的批复》。在该案中，

---

[*] 汪辰光，中交第三航务工程局有限公司投资事业部；江雨朦，上海对外经贸大学知识产权法 2018 级硕士研究生。

货物运输的托运人为换取清洁提单而向承运人出具的保函,承诺"如到卸货港发生短重,其责任由货方负责"。但案件中的承运人即保函申请人亦是受益人,可见该保函与本文中所阐述的独立保函有较大差别,其更类似传统意义上的"保证",更无涉及欺诈例外。在随后的实践中,中国银行、建设银行、国家开发银行等陆续出台针对本银行的行业规定,其中属1999年国家开发银行出具的《涉外见索即付保函业务基本规定(暂行)》为典型,该规定较为体系地呈现了保函制度,但仍未提及保函欺诈例外。且受规定的位阶限制,其仅适用于国家开发银行作为保函开立人的交易中。2005年,最高法出台《关于审理信用证纠纷案件若干问题的规定》,确立了我国信用证交易制度,这被认为是我国独立保函制度的前身,且绝大多数规则都沿用在随后的独立保函规定之中。此外,该规定共18条,其中第8条到第15条皆是关于信用证欺诈内容,可见欺诈例外原则已逐步进入立法者的视野之中。近些年,随着"一带一路"倡议的贯彻落实,跨国业务不断增加,提高国际商事交易效率成为立法者重点关注的问题之一,由此,2016年《最高人民法院关于审理独立保函纠纷案件若干问题的规定》应运而生。该解释正式确立了我国的独立保函制度,明确了独立保函的欺诈例外原则,对欺诈例外的情形、救济方式、证据要求及法院审查等问题做出规定(如表1),在工具层面上开启了我国外贸交易新篇章。

表1 欺诈例外的情形、救济方式、证据要求及法院审查

	内容	法条依据	法律效果
欺诈例外	独立保函欺诈的情形	《独立保函司法解释》第12条	受益人有所列行为的,为独立保函欺诈。
	独立保函欺诈的救济方式	《独立保函司法解释》第13条,第15条,第17条第1款	独立保函的申请人、开立人或指示人可以通过诉讼或仲裁的方式寻求中止止付、终止止付、请求赔偿等法律救济。
	认定独立保函欺诈的证据标准	《独立保函司法解释》第14条,第20条	中止止付中以"高度可能性"为证明标准;终止止付中以"排除合理怀疑"为证明标准。
	法院的审查范围	《独立保函司法解释》第16-19条,其中第17条第2款	击破独立保函独立性,法院可以审查认定基础交易的相关事实。

笔者以"保函欺诈"及"民事案件"为关键词于中国裁判文书网进行搜索，共有裁判文书118篇（其中一些案件历经多个程序阶段，法院作出多份裁判文书），其中2012-2016年文书数量为33篇，2017年至2019年9月文书数量86篇（如图1）。可以发现，2013年我国推行"一带一路"倡议后，独立保函欺诈案件数量有小幅度上升，而在《独立保函司法解释》出台的后一年，保函欺诈案件数量显著增加，并在随后的时间里一直呈上升态势。

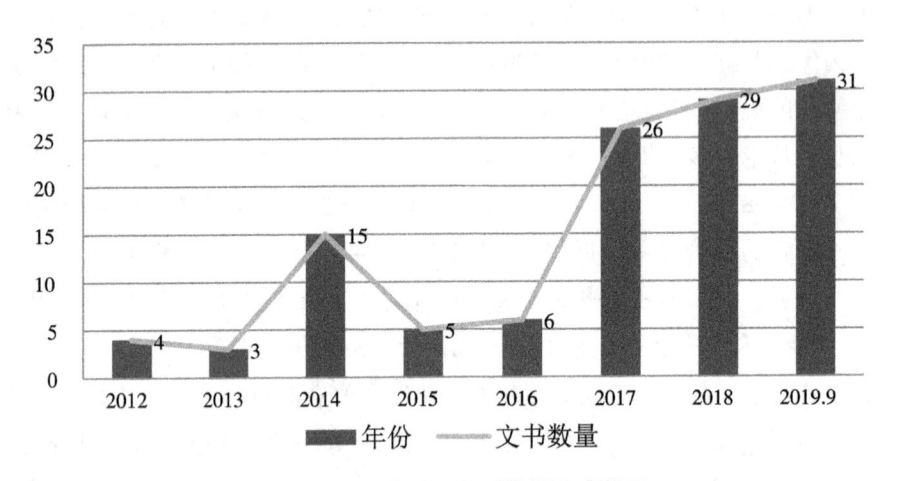

图1 "保函欺诈"相关裁判文书数量

（二）我国独立保函欺诈例外的适用问题

随着独立保函在我国运用率的不断提高，保函欺诈纠纷显著增多，欺诈例外原则的适用亦成为学者与司法者重点关注的问题。该问题主要体现在"制度适当性"与"适用技术性"两个层面上。在制度适当性上，一些学者认为《独立保函司法解释》第12条规定的部分欺诈情形是不科学、不必要的，重点争议集中在"虚构基础交易"情形与兜底条款"其他滥用付款请求权"之上。在法律适用技术问题上，独立保函欺诈不能完全适用传统民法中的欺诈认定规则，而《独立保函司法解释》中也缺少认定"欺诈"的标准，即缺少认定欺诈的主观与客观标准。对此，理论界和实务界也存在不同争论。此外，欺诈例外是对独立保函独立性的突破，法院得此可审查与基础交易的相关事实。但是，独立性作为独立保函的根基，即使发生保函欺诈亦不能彻底打破该原则，法官也不应当对基础合同事实进行全面审查，这与一般民商事案件的审查方式有所差异，法官在事实审查的过程中对如何保持理性的克制，是维护独立保函制度的关键性一步。

二、问题的核心：独立性的修正与衡平

以独立性为基础的独立保函制度极大满足了商事效率的需求，但也带来了欺诈风险，并且这种风险为相对方当事人带来了极大的权利不平衡。倘若已知悉受益人存在欺诈行为，仍一味地追求独立保函的独立性原则，那么不仅会给保函申请人与开立人带来巨大利益损失，催生交易人对独立保函制度存在合理的质疑，亦会影响社会公正秩序。从一项制度的推行甚至是整个社会的发展趋势可知，只有在涉及其中的众方利益不存在较大的差异之时或在可容忍的范围之内，制度才能顺利贯彻落实，社会才能平和发展。基于此，欺诈例外制度产生，即旨在特定情形下，可在一定程度上突破独立保函的独立性，遏制受益人的欺诈行为，维护当事人的权利。

欺诈例外的产生是对保函独立性的突破，使得本来隐藏于后方的基础交易又现于台前，这主要体现在两个方面：其一，实体上，首先，突破独立性使得独立保函已不再是一项独立的债务，独立保函的履行与否与基础交易重新挂钩，基础交易是否真实存在、有效与否以及履行情况等因素都能够对独立保函的命运产生决定性影响。其次，突破独立性意味着单据相符基础上的单据交易机制亦被穿透，基础关系项下的抗辩变得可行，即自此保函开立人可以援引基础交易关系与保函申请关系项下的抗辩事由。其二，程序上，根据《独立保函司法解释》第18条，法院在审理保函欺诈案件时会对基础交易进行审查，而在与基础交易有关的保函欺诈中，争议点本就集中在基础交易之上，其审查范围可能涵盖基础合同的效力、履行情况、诉讼情况，甚至在极端情况中只有对整个基础交易进行审查后才能查清相关事实。

然而，正如洛伦兹所言，"事物发展的结果，对初始条件具有极为敏感的依赖性"。独立保函的蓬勃发展绝大程度上就是基于其独立性特征，亦可言为其"初始条件"。而独立性的击破正是对该初始条件的变更，这定然会对独立保函的运用造成一定影响，产生一些问题。因此，对独立性的干涉只能是在一定程度之中，否则，其将陷入披着独立性外衣而无实质内涵的传统担保的境地。对于学者而言，独立保函的理论根基不可破，需要特别注意独立性；而对于司法者而言，解决争议乃第一要务，涉足基础交易并不会成为一个严重的问题，冲突由此

发生。对此，如何衡平这种制度所带来的利益与风险，使其在不丧失独立性的前提下又能最大程度地维护交易者的合法利益，就涉及更深层次的价值判断。

三、制度适当性层面：独立保函欺诈例外的范围问题

《独立保函司法解释》第12条以列举式对欺诈例外的情形做出规定：一是虚构基础交易关系；二是单据层面的伪造或虚构；三是裁判文书认定基础交易债务或责任不存在；四是受益人确认基础交易完全履行或付款到期事件未发生；五是其他滥用付款请求权的情形，属于兜底条款。[1] 笔者结合最高法官方释义，[2] 对欺诈情形进行类型化分析，认为可归为三类例外：无真实基础交易、单据欺诈以及明显滥用付款请求权（如图2）。

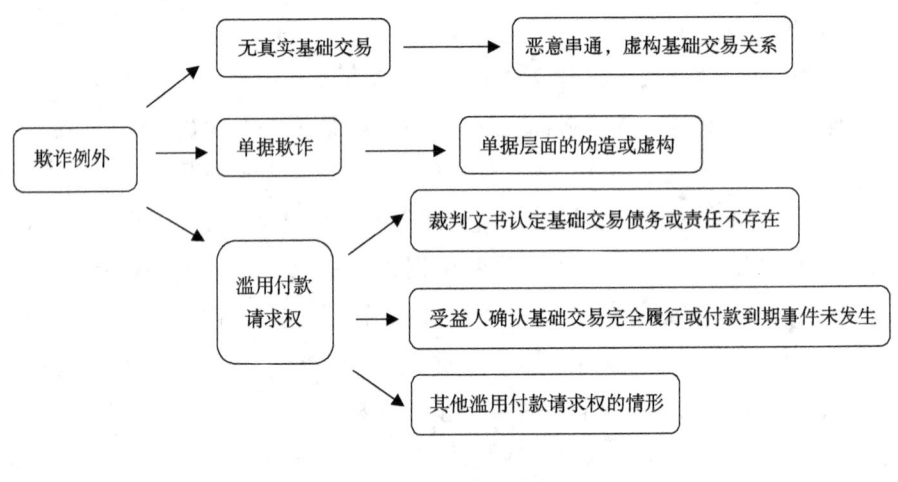

图2 欺诈情形分类

---

[1]《独立保函司法解释》第12条规定："具有下列情形之一的，人民法院应当认定构成独立保函欺诈：（一）受益人与保函申请人或其他人串通，虚构基础交易的；（二）受益人提交的第三方单据系伪造或内容虚假的；（三）法院判决或仲裁裁决认定基础交易债务人没有付款或赔偿责任的；（四）受益人确认基础交易债务已得到完全履行或者确认独立保函载明的付款到期事件并未发生的；（五）受益人明知其没有付款请求权仍滥用该权利的其他情形。"

[2] 张勇健、沈红雨：《〈关于审理独立保函纠纷案件若干问题的规定〉的理解和适用》，载《人民司法》2017年第1期。

(一) 欺诈情形的争议

1. 虚构基础交易情形是否应纳入欺诈例外

原则上,基于独立性特征,独立保函开立后即与基础关系相分离,基础关系的变更、消灭、效力瑕疵等因素皆不对独立保函的效力构成影响。我国一些学者认为,该司法解释第 12 条纳入虚构基础交易这一欺诈情形,一定程度上损害了独立保函的独立性,并主张应遵循体系解释之立场,即基础交易违法与否尚且不应当对独立担保的效力构成影响,则更勿论基础交易是否真实存在了,第 12 条之规定实则已经超出欺诈的边界。[1] 在美国,信用证法律权威学者多兰（Dolan）教授认为,如果因当事人间的基础交易欺诈而对信用证和独立保函实施禁令,那么信用证和独立保函将丧失其特有的功能和优势。[2] 在法国,其早期判例要求独立担保的受益人、申请人、担保人均不得因基础交易的履行情况而影响保函法律关系。[3]

2. 基础合同无效情形是否应纳入欺诈例外

基础合同无效能否作为欺诈例外的一项情形,《独立保函司法解释》未有明确规定,我国的司法实践对此也并没有形成统一裁判规则,只是在一些与保函欺诈有关的纠纷中,相关法院在说理部分有如此表述:"开立人仅处理单据的表面相符,不受基础交易法律关系和独立保函申请法律关系的有效性、修改、转让、履行等情况的影响。"[4] 这一问题在学界以及域外判例中也都有明显分歧。

在我国,一些学者主张,如果申请人能够证明导致该合同无效的原因在于受益人的欺诈、胁迫等行为,则可认定受益人的索赔具有欺诈性。[5] 也有学者认为,如果承认基础交易违法的欺诈例外,那么这对独立担保的独立性的破坏无疑

---

[1] 刘斌:《论独立担保的修正类型谱系——兼评最高人民法院独立保函司法解释》,载《法学杂志》2017 年第 12 期。

[2] John Dolan, "Tethering thee Fraud Inquiry in Letter of Credit Law", 21*BFLR* 479 (2006).

[3] Jean Stoufflet, "Recent Development in the Law of International Bank Guarantees in France and Belgium", *Arizona Journal of International and Comparative Law* 48 (1987).

[4] 杭州长乔旅游投资集团股份有限公司与杭州银行股份有限公司西湖支行信用证纠纷案,杭州市西湖区人民法院 (2017) 浙 0106 民初 4086 号民事判决书。

[5] 李国安:《独立担保欺诈例外法律问题研究》,载《现代法学》2005 年第 2 期;瞿红、杨泽宇:《独立保函欺诈例外的分析与认定》,载《人民司法》2015 年第 13 期。

是严重的，其不应当对独立担保的效力构成影响。[1]

3. 基础合同可撤销情形是否可以纳入欺诈例外

根据《合同法》第54条规定，合同以欺诈、胁迫手段订立，或有重大误解、显失公平、乘人之危等情形的，受损害当事人可向人民法院请求撤销合同。对本条规定的几类情形，学界讨论较多的为"显失公平"是否应纳入欺诈例外。在英国，法院坚持其商事自治理念，只有在构成欺诈的情况下才宣布止付，而显失公平不涵括在内。同样，在美国，达不到欺诈标准的行为亦不能得到法院承认。相反，在新加坡，自20世纪90年代起，独立担保领域的滥用索款权问题日渐突出，"显失公平"被法院提出并运用在裁判之中。虽然法院起初往往持保守与怀疑态度，但随着判例法的发展，显失公平逐渐被新加坡法院确认为付款例外的一项情形，并且基于不同的判例，新加坡法上形成了多种显失公平的具体类型。[2]

与基础交易有关的欺诈是否应当纳入欺诈例外是保函独立性所带来的最典型冲突之一，即交易效率与交易安全（公平）之间如何衡量，这与国家的商事政策、法律理念以及法官个人的观念相关联。在独立保函欺诈例外第一案——美国"Sztejn v. J. Henry Schroder Banking Corporation et al."中，卖方将无价值的货物装入货箱以充当产品，随后向开证行申请支付，美国法院认为该"以次充好"的行为不应被排除在事实认定之外，否则是对保函独立性的滥用，法律不保护也不助长任何违背诚实信用原则侵害他人利益的行为，卖方因自身原因导致合同不能够履行，其继续请求付款的行为构成欺诈。[3] 与美国不同，英国法院对备用信用证的独立性呈小心谨慎态度，与交易安全相比，其更注重保护信用证的独立性，不轻易采用司法手段予以干预信用支付，对于基础合同的欺诈一般不会将其归入信用证欺诈。如在"Discount Records Ltd v. Barclays Bank Ltd"中，卖方发送的货物与合同约定的货物不大相同，买方即向法院申请支付禁令，这与"Sztejn案"相类似，但相反的是，英国法院并未支持原告的申请。[4] 在近些年的

---

[1] 刘斌：《论独立担保的修正类型谱系——兼评最高人民法院独立保函司法解释》，载《法学杂志》2017年第12期。

[2] 刘斌：《论独立担保的修正类型谱系——兼评最高人民法院独立保函司法解释》，载《法学杂志》2017年第12期。

[3] Sztejn v. J. Henry Schroder Banking Corporation et al., 177 Misc. 719 (1941).

[4] KG White, "Bankers Guarantees and the Problem of Unfair Calling", 11 *Journal of Maritime Law and Commerce* 128 (1979).

法律实践中，英国一些法院在审理案件过程中，也将信用证欺诈的范围延展到与基础合同有关的欺诈。[1]

(二) 兜底条款的功能扩张

《独立保函司法解释》第 12 条第 5 项是保函欺诈情形的兜底条款。[2] 兜底条款作为一种概括式立法技术与手段，其本身具有积极作用，但是如在立法之时没能对兜底条款进行科学的表意，就会导致司法者对其外延肆意扩张与滥用的可能性。尤其我国作为大陆法系的成文法国家，司法实践秉持"以事实为依据，以法律为准绳"原则，法官在裁判过程中的任务是在事实与制定法之间寻找关联与对应，而非充当创设规则的角色，这种较少进行自由裁量的传统就导致在适用较为空泛的规定时，不同法官之间的理解与做法会有较大差异。关于本项"滥用付款请求权"的表述，缺乏前置限定与后置解释，其内容本身也是一种模糊性概念，实属一种"漏洞规范"，使得对欺诈例外的界定存在无限扩充解释的可能性。这样一种"与法律原则类似的法律规则"，在适用广度上绝大程度上取决于司法者个人对条款理解而非条款本身的内容。因此，为防止欺诈例外的过分扩张，维护独立保函"先付款，后争议"的工具安排，需要对此予以相应规范。

四、适用技术性层面：独立保函欺诈例外的审查与认定问题

(一) 欺诈认定标准的缺失

在国际上，国际公约及惯例并未对保函欺诈认定标准进行统一规定，这也是考虑到各国的国情差异，认为相关标准需要由本国自行确定。[3] 考察欧美等国的欺诈认定标准可知，且不论科学与否，各国在多年的实践中都有形成自己的认定规则。美国 1995 年的《统一商法典》第 5 条规定以"实质性欺诈"（material fraud）作为衡量欺诈的标准。根据官方评论解释，实质性欺诈可理解为该标准不

---

[1] 徐慧：《国际贸易中独立保函欺诈法律问题分析》，苏州大学 2018 年硕士学位论文。
[2] 梅雪：《独立保函欺诈例外认定问题研究——兼评〈最高人民法院关于审理独立保函纠纷案件若干问题的规定〉第 12 条》，东南大学 2018 年硕士学位论文。
[3] ISP98《备用信用证惯例》第 1.05 有关开证权力和欺诈或滥用权利提款等事项的排除，本规则对下述事项不予界定或规定：a. 开立备用证的权力或授权；b. 对签发备用证的形式要求（如：署名的书面形式）；或 c. 以欺诈、滥用权利或类似情况为根据对承付提出的抗辩。这些事项留给适用的法律解决。

关注受益人的主观意图而是侧重于考量"欺诈对所涉及的基础合同的损害程度"。在英国,有确立人"受益人欺诈理论",根据该理论,受益人主观的欺诈故意成为适用欺诈例外的关键一环,因此,如不能证明受益人的主观故意,即使受益人客观上有提交伪造或虚假的单据或其付款请求权不实,付款行仍需承担付款责任。[1]

纵览我国《独立保函司法解释》全文,一共26条,其中第12条至第22条都与保函欺诈有关,可其中并无明确欺诈认定标准的内容,这就如建了一座美丽的空中楼阁,却找不到上去的路径。只有在第14条第1项与第20条所创设的止付规则中似乎能够窥见一丝"认定标准"的影子,然而,其规定的"高度可能性"与"排除合理怀疑"都是"证明标准",或称"证明要求",即在诉讼证明中运用证据证明案件事实所要达到的程度,这与"欺诈认定标准"并不相同。在笔者看来,欺诈认定标准又可通俗地称作"构成要件",即达成某一事实需要符合的主观要求与客观要求。针对独立保函,即保函欺诈主观上是否要以受益人故意或明知为要件,客观上欺诈行为要达到何种严重程度。

对于欺诈的主观要求,有不少学者认为,在《独立保函司法解释》第12条所列的5项欺诈情形的表述已有体现。其主张,第1项用词为"串通",第4项为"确认",第5项为"明知",这些都表达出一种主观上故意的态度,与英国的受益人欺诈标准表达相同。第2项与第3项未见态度用词,只是对行为的阐述,这类似于美国实质性欺诈。由此,这些学者认为,我国立法者吸收了英美国家对保函欺诈的认定态度,针对不同行为采用了两套标准。[2] 但笔者认为,该观点所阐述的学习借鉴发达国家保函欺诈规则的本意是持肯定态度的,不过对于立法者采用混合标准的观点并没有确切依据。混合标准会使得在其适用层面存在模糊之处,需要出台细则予以指引,即何种行为适用受益人欺诈,何种行为适用实质性欺诈,否则,会由于该标准缺乏内在统一的逻辑,使各法院在司法实践中对标准适用不一致,出现同案异判甚至裁判混乱,并且由于我国保函实践有限、实务经验尚不充分,在缺少指引的前提下采用混合标准会使得问题更加突出。也

---

[1] 陆璐:《保函欺诈例外:一例国际商事规则的中国式创新诠释》,载《河南师范大学学报(哲学社会科学版)》2018年第1期。

[2] 陆璐:《保函欺诈例外:一例国际商事规则的中国式创新诠释》,载《河南师范大学学报(哲学社会科学版)》2018年第1期。

有学者认为我国应该采用受益人欺诈标准,[1] 或者认为该司法解释已经确立了客观主义的欺诈标准,[2] 彼此观点不一。

对于欺诈的程度要求,该司法解释中并没有提及,在法院裁判中一般也没有明确的阐述。如在扬州缤纷嘉年华投资发展有限公司与浙江江南新城投资开发有限公司信用证欺诈纠纷案中,受益人提交的修复费用预算书(单据)所载金额是法院委托评估机构鉴定金额的十余倍,经法院自由裁量后认定,预算书内容虚假,故受益人索赔的行为构成保函欺诈。[3] 诚然,预算金额高出十倍是一种"明显的欺诈",法官的裁量应属合理。但是,如果在预算金额高出鉴定价格的五倍、三倍或者仅存在小额误差等情况下,此时法院又该如何认定?如缺少对欺诈程度的指引,不仅会使法官在审判过程中陷入纠结,各法院的裁判也难以保持一致。

随着全球一体化进程不断加深以及"一带一路"等对外政策的推行,我国形成一个系统化、体系化的保函欺诈认定标准,是必要的,亦是迫切的。

(二) 欺诈纠纷审查范围的不明确

在独立保函案件中,独立性原则是独立保函的基石,法院原则上不得染指基础交易有关事实,只可审查保函有关问题,即使在最典型的单据欺诈下,法院的审查范围也仅是以单据所涉及的基础交易为限,甚至不应对基础事实的真实性进行认定。如在"中国工商银行股份有限公司义乌分行与中国技术进出口总公司信用证欺诈纠纷案"中,法院认为,独立保函独立于基础合同关系和保函申请关系等其他法律关系,不受基础交易关系和独立保函申请法律关系的有效性、修改、转让、履行等情况的影响,[4] 可知一般争议下对基础交易相关情形不予审查。但在欺诈例外原则下,独立性被突破,独立保函与基础交易的关系再次连接,法

---

[1] 梅雪:《独立保函欺诈例外认定问题研究——兼评〈最高人民法院关于审理独立保函纠纷案件若干问题的规定〉第12条》,东南大学2018年硕士学位论文。

[2] 刘斌:《独立担保的独立性:法理内涵与制度效力——兼评最高人民法院独立保函司法解释》,载《比较法研究》2017年第5期。

[3] 扬州缤纷嘉年华投资发展有限公司与浙江江南新城投资开发有限公司信用证欺诈纠纷案,江苏省扬州市广陵区人民法院(2015)扬广商初字第692号民事判决书。

[4] 中国工商银行股份有限公司义乌分行与中国技术进出口总公司信用证欺诈纠纷案,浙江省高级人民法院(2016)浙民终922号民事判决书。

院审查可以涉足基础交易，这就导致涉诉当事人会在庭前准备全方位的证据材料来证明自己的诉求，尤其是在保函欺诈情形被予扩张、基础交易的欺诈被涵盖于其中之后，当事人会主张法院应对基础交易进行全面和详细的审查，以实现胜诉的可能性。这并非不可，只是需要明确，在保函欺诈中，独立保函的独立性只是在一定程度上被击破，法院不能彻底忽略保函独立性，完全依照当事人的主张与举证对基础交易进行全面详细的审查，应当将审查范围维持在合理边界，否则"先付款，后争议"的效率交易机制将被弱化，独立保函的存在根基也将被完全打破。此外，保函欺诈情形之间存在着较为明晰的区别，不能以一种审查标准而套用至所有欺诈情形，否则不仅有违《独立保函司法解释》第18条"就当事人主张的第12条的具体情形对基础事实进行审查认定"之精神，也会显示出司法技术的刻板与后进。为此，司法者需要形成一套有针对性的审查规则，即在不同欺诈情形下审查规则有所区别，并对审查的范围予以划分，来确保以最小程度涉足基础交易关系，从而最大程度地维护保函独立性。

五、独立保函欺诈例外适用的完善

（一）理论层面：对欺诈情形争议的回应

1. 虚构基础交易情形存在的合理性

广义上而言，是否承认与基础交易有关的欺诈例外，涉及不同价值之间的平衡与选择，立法者与司法者既需要防止独立保函被用于非法目的，又要维护独立保函的独立性以及商事交易的自由，有时这种选择并没有对错之分，只是当时背景下的司法政策和价值理念的体现。基于"一带一路"倡议的推行，世界立法潮流的趋向以及商事效率与交易公平需同时兼顾理念的传扬，立法者正是在此背景下选择了与基础交易有关的欺诈情形。实践中，绝大多数国家也都已经将保函欺诈范围扩张至基础交易之中。[1]

对于前述学者的反对观点，笔者认为，首先，"基础关系违法"虽然未明确规定于《独立保函司法解释》第12条之中，但在司法实践中以兜底条款"其他

---

[1] 刘斌：《独立担保欺诈例外的类型化——兼评我国独立保函司法解释征求意见稿》，载《比较法研究》2014年第5期。

滥用付款请求权的其他情形"涵括该情形尚且可能。其次，退一步说，在主观层面上，基础交易违法项下的当事人可能是基于过失或者客观原因而不知晓基础交易关系违法，而虚构基础交易关系属于恶意为之。在此意义上，可以认为虚构基础交易的应惩罚性要强于基础交易违法，因此，举重以明轻的论调是缺乏说服力的，不能以基础交易违法事项否定虚构基础交易事项。此外，欺诈例外以诚实信用及禁止权利滥用为基础，虚构基础交易关系行为严重违反基本原则，有悖独立保函的设立宗旨，已脱离独立性的保护范围之外。

2. 基础合同无效情形纳入欺诈例外的可能性

在笔者看来，将基础合同无效纳入独立保函欺诈情形未尝不可。理由在于，首先，虽然独立保函具有独立性，但并不意味着其能与基础交易完全脱离，独立保函的目的在于促进交易，然而只有建立在符合法律规定基础之上的交易才有被鼓励与支持的必要，也只有此种交易能够真正促进商事贸易的发展，如果抛弃合同合法性的基本要求而空谈独立性，犹如抛弃传统、空谈创新一样，是毫无意义的。退一步说，究基础合同无效之实意，其本身就能涵括在《独立保函司法解释》第12条所列情形的内涵或外延之中，如第3款"法院判决或仲裁裁决认定基础交易债务人没有付款或赔偿责任的"——在债务人善意的情形下，合同被确认无效后，债务人自然对基础合同无付款或赔偿责任。再如兜底条款"其他滥用付款请求权的行为"——基础合同无效，受益人自然无取得合同款项的权利，主张付款属权利滥用。其次，正如伊农冲（Enonchong）教授所言，银行本就无需专门对基础合同的效力进行审查，只需从单据本身进行判断是否存在欺诈。承认基础合同无效属于保函欺诈，只是在判断时多了一个可以考量的情形，这不会加重银行的义务。[1] 最后，承认该情形并不代表着一旦出现基础合同无效的情形受益人就构成欺诈，"纳入保函欺诈例外"与"构成保函欺诈"是一个问题的两个方面，后者是前者的衍生，即在各欺诈情形的基础上对其构成标准进行规定或限制，以防该情形的滥用，如主观意图认定上的限制。

3. 基础合同可撤销情形不应纳入欺诈例外

笔者认为，合同可撤销情形不应当被纳入欺诈例外。其一，其依然是对独立

---

[1] Nelson Enonchong, "The Autonomy Principle of Letters of Credit: An Illegality Exception?", 404 *Lloyd's Maritime and Commercial Law* 412 (2006).

保函独立性的强调，该情形纳入欺诈例外是对独立性的严重破坏，亦给受益人带来可能存在的不利后果。重大误解与显失公平都是较为模糊的概念，对其认定需要结合基础交易，在实践理性与法律规范的基础上加以判断，而让银行过多涉及基础交易本就违反独立保函的工具目的。其二，无效合同与可撤销合同不能一概而论，虽然笔者在上文的探讨中强调独立性不应与基础合同完全脱离，但也不应当对其进行过度的关联，而要根据基础合同效力的具体情况予以认定。具体而言，在可撤销合同中，其损害的往往是合同相对方的利益，不涉及第三方、集体、社会公共或国家利益，在法益侵害或危害性程度上，可撤销合同要远低于无效合同，这从"无效合同自始无效，而可撤销合同在被撤销之前合法有效"[1]的论调中亦可得知。其三，从表面看，可撤销情形下合同一方作出的往往是非真实的或错误的意思表示，是不公平的。然而现实情况却是，错误表示的一方经常会放弃合同撤销权，因为其可能因该合同获得了意料之外的利益。银行是保函业务的开立人而非基础交易的当事人，无法对可撤销情形进行准确判断，如果银行认为存在可撤销情形而拒绝兑付，但保函申请人却对这种不公"欣然接受"，这就使得受益人的利益无法得到保护。需要强调的是，如果基础合同在保函纠纷前已经被法院或仲裁机构撤销，则不属于此处讨论情形，应当参照《独立保函司法解释》第12条第3项规定认定。

（二）司法层面：欺诈认定规则的探索

1. 主观标准上采修正类型的受益人欺诈

在笔者看来，欲探求立法者的准确态度，需先厘清"付款例外"与"欺诈例外"之概念。付款例外是从客观角度出发对行为或情形做客观阐述，未有对态度的强调；欺诈例外则并非仅作客观表述，而是有对"欺诈"的强调。何谓欺诈？欺诈一般指告知虚假情况或隐瞒真实情况，诱使对方当事人作出错误意思表示。且无论在大陆法系还是英美法系中的理解，都保有"故意"的态度。[2]因此，在文义层面下，付款例外与欺诈例外并不等同，或者说付款例外的内涵与外延要大于欺诈例外。如前文所述，国际惯例与公约对保函欺诈标准的态度是：由

---

[1] 韩世远：《合同法总论（第3版）》，法律出版社2011年版，第183-184页。

[2] 韩世远：《合同法总论（第3版）》，法律出版社2011年版，第184-187页。虽然德国有所谓"过失欺诈"学说，但并未成法学界主流观点。

于各国的国情差异，欺诈的具体认定标准需由本国自行确定。这也正是《联合国独立担保与备用信用证公约》第 19 条中的用词为"付款义务的抗辩（或译为：例外）"而非"欺诈的抗辩（例外）"的原因——其只想作出该规则的框架陈述而非具体细则的制定。而在我国《独立保函司法解释》中，第 12 条明确用词为"保函欺诈"，由此可知，司法者在此是对主观故意的强调，即受益人只有在故意或恶意的主观意图之下方可构成独立保函欺诈例外。

诚然，如何证明欺诈的故意一直是司法实践的难题。在笔者研习的有关保函欺诈裁判文书中，法院对受益人存在欺诈故意的证成过程着墨并不多，当事人提交的证据很少有能直接表明受益人的故意欺诈的，法院通常是从受益人实施的行为来推断其主观状况。笔者认为这种证明方式是可取的，是法官合理自由裁判权的体现。甚至应该采取更进一步的方式，对主观意图的证明采举证责任倒置，要求受益人证明自己的索款行为是合理的，并不存在恶意。因为在保函欺诈中，单据是否伪造，基础交易是否真实，是否存在不诚信的其他行为，这些都是受益人自己最为清楚了解的，施以其举证责任并不会造成不公。如受益人无法解释其索款行为的善意性，法官对于其客观上实施保函欺诈的行为，推定其具有主观故意或放任的态度，这也是合理的。综上，在认定保函欺诈时，应当考量受益人的主观意图，同时该举证责任由受益人承担，这是将英国受益人欺诈标准与举证责任倒置相结合，是所谓"修正类型的受益人欺诈"。

2. 客观标准上采实质性欺诈程度

"欺诈"本身不是一种行为，而是一种主观意图和行为的类型化概括，其涵括各种情形。考虑到独立保函作为促进交易的商事工具的本质，在认定某具体情形是否属于保函欺诈例外时，需要予以一定限定，不能一旦受益人的行为符合法律规定的保函欺诈情形，就作为付款例外，否则就会动摇独立保函的设立根基，减少商事交易中对独立保函的运用。笔者认为，可以借鉴西方国家有关规定，以"程度"为基础，只有在欺诈行为的严重性达到某一程度才能适用欺诈例外原则，否则按合同违约处理，即达到所谓"实质性欺诈"程度。需要注意的是，此处的"实质性欺诈程度"与前文所述的美国"实质性欺诈"并不完全等同。前者仅是对程度的强调，后者除程度外，还包含对客观行为本身的强调。实质性并没有单一的判断标准，需要针对案件做具体分析，原则上，只有当受益人的行为与事实严重不符、导致的后果严重影响到基础交易目的的实现、危害交易当事人的根本利益、出现的结果显然与公平正义相悖时，才能构成实质性欺诈，方能适用欺诈例外原则。[1]。

诚然，一般对"实质性"的要求更多体现在单据欺诈中，但笔者认为，该要件也应当施于在交易过程中受益人实施的各种行为，如在虚假陈述中，若受益人在债务人未违约之时谎称其已经违约而主张保函权利，属实质性欺诈无疑；但如债务人已经违约，受益人称债务人为严重违约，则对违约程度的虚假陈述不应当认为是实质性欺诈，不能以此影响其主张保函权利。

（三）理念回归：法官裁判的应然逻辑

1. 对基础合同的有限审查与区别审查

《独立保函司法解释》第18条确认了法院在独立保函欺诈例外案件中对基础合同的审查权。虽然审查会对保函独立性造成影响，但为了确认索赔行为的正当性与合规性，基础交易的审查难以避免，这既是对交易人滥用保函独立性的归正，也是对独立保函制度的维护。但是对基础交易的审查不应当完全打破独立保函与基础交易之间的屏障，司法者应该严格按照第18条所要求的按照"当事人主张的第12条的具体情形"进行审查——当事人未主张的事实，法院无需过度干涉；当事人未提交的证据，法院无需依职权进行调查；当事人有提供证据证明的事实，也需要根据其主张的欺诈情况进行合理限定，即遵循有限审查规则。现笔者基于对理论与案例的研习，对《独立保函司法解释》第12条所规定的一般性情形提出如下裁判思路：

第一，无真实基础交易的欺诈。此情形涉及基础交易，法院需对基础交易的有关事实进行认定。具体而言，法院可对合同当事人的权利义务以及履行情况进行审查，但对合同的效力、违约与否不应当审查。[2]

第二，单据欺诈。原则上，法院仅需对单据本身进行形式与内容的审查，不应涉足基础交易，但如果单据内容本身与基础交易相挂钩，若止付申请人主张单据记载虚假，内容与基础交易的规定或具体的履行情况不符，法院可以对基础交

---

[1] 刘卫峰：《国际银行独立保函欺诈例外原则研究》，湖南师范大学2012年硕士学位论文。
[2] 中国工商银行股份有限公司义乌分行与中国技术进出口总公司信用证欺诈纠纷案，浙江省金华市中级人民法院（2017）浙0106民初4086号民事判决书、浙江省高级人民法院（2016）浙民终922号民事判决书。

易的相关履行情况进行审查。[1]

第三，裁判文书认定基础交易债务或责任不存在。一般而言，法院主要审查裁判文书是否有做出，裁判文书的真实性、裁判结果（不等于事实认定）与申请人主张的关联性，此外，如果裁判文书是国外机构做出的，还需确认该文书是否经过我国法院认可。[2]

第四，受益人确认基础交易完全履行或付款到期事件未发生。与情形一类似，法院需要与基础交易进行有关审查，审理主要针对合同的履行情况、违约事实以及到期付款事件有关情况，[3] 此外，这种审查仅限于以受益人信函、出具的确认书、受益人与债务人之间达成的协议为凭，对索赔声明中的陈述的真实性与正当性进行认定。[4]

第五，其他滥用付款请求权的情形。以兜底条款认定受益人欺诈的案例，大多数与基础交易有关，稍不注意就会过度侵害保函独立性，这也是最为学者诟病之处，因此把握有限审查尤为重要。需要注意的是，正如本节所论述的，有限审查是第二性的，应当以具体的欺诈类型作为第一性的指引，不同类型的欺诈情形所审查的范围是有所区别的，而本项下并没有具体的类型规定，仅是做一个类型化的概述，因此本项的审查范围需要以当事人的主张以及提交的证据作具体判断。

此外，在独立保函中当事人一般会约定仲裁条款，这就要求法院在审理案件时，其对基础交易的审查不能影响日后的审理和仲裁，例如不能进行鉴定、现场勘查或者对于无关索赔声明部分的双方的权利义务关系作出认定。[5] 如在"中国工商银行股份有限公司义乌分行与中国技术进出口总公司信用证欺诈纠纷案"

---

[1] 扬州缤纷嘉年华投资发展有限公司与浙江江南新城投资开发有限公司信用证欺诈纠纷案，江苏省扬州市广陵区人民法院（2015）扬广商初字第692号民事判决书。

[2] 东方置业房地产有限公司、安徽省外经建设（集团）有限公司信用证欺诈纠纷案，最高人民法院（2017）最高法民再134号民事判决书。银广厦集团有限公司、中国能源建设集团湖南火电建设有限公司建设工程施工合同纠纷，福建省漳州市中级人民法院（2017）闽06民终1788民事判决书。

[3] 中电电气（南京）光伏有限公司与阿尔法公司信用证欺诈纠纷案，江苏省高级人民法院（2017）苏民终423号民事判决书。

[4] 董琦：《独立保函欺诈例外研究——兼论最高人民法院〈独立保函司法解释〉的适用》，载《东南学术》2019年第3期。

[5] 王涵：《独立担保欺诈例外原则的司法适用问题研究》，载《天津商业大学学报》2018年第2期。

中,法院认为"基础合同当事人有约定争议适用仲裁,故基础合同的性质、效力、具体履行情况等不应属于本案审查范围"。[1]

2. 对兜底条款的双重解释规则

(1)以同质解释规则为基础。兜底条款的实际应用需要依靠法律解释。如果从语言学角度,以字面意义解释"滥用付款请求权",会使欺诈例外的涵盖范围过于宽泛,影响独立保函的工具价值。笔者认为,应当将本项立足于《独立保函司法解释》第12条进行解释,通过对条文本身的理解,明确其内涵与外延。从第12条来看,其采用列举式,列明了四项欺诈例外的具体情形,本项位于列举项之后,这就意味本项的涵摄范围不应当具有独立性,而必须与列举项保持"同一类型",此即同质解释规则。从逻辑前提出发,同质性解释的适用是一个过程:其一,需要以具体事例项为基础进行同质概括,进行类型的构建;其二,对类型进行再具体化,可形成部分同类型事项,但这一步并不是必需项,只是为了在实践中更好地参照与运用;其三,将案件中遇到的非典型事项与已构建的类型相参照或者与再具体化事项进行参照,以查其是否属于同项(见图3)。[2]

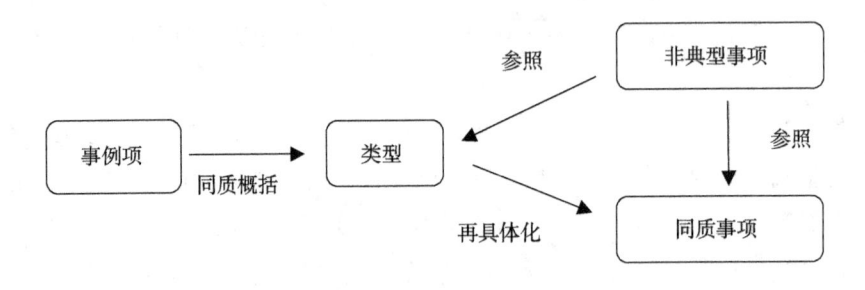

图3 同质解释示意图

具体到第12条,其一,同质概括。这是根据事例项进行属性概括,对类型进行特征性的意义描述,以保持一个确定的内核,这与提取公因式的立法方式相类似。其实"滥用付款请求权"本身也是一种属性概括,但仅以此表述便成一

---

[1] 中国工商银行股份有限公司义乌分行与中国技术进出口总公司信用证欺诈纠纷案,浙江省高级人民法院(2016)浙民经922号民事判决书。

[2] 李军:《兜底条款中同质性解释规则的适用困境与目的解释之补足》,载《环球法律评论》2019年第4期。

类过于抽象，无法全面彰显前四项的核心意义，也使此项易被过分扩张。笔者基于上文对各具体情形的分析，试以"不诚信""付款请求无可信之依据（无权而用）""付款请求滥用（有权而滥用）"等为"意义描述"进行类型构建。其二，再具体化。我国的条文中并没有对类型的再具体化。《联合国独立担保与备用信用证公约》第19条第1款共3项，前2项为列举项，第3项为兜底。但在第2款中，其对兜底条款进行了再具体化，列出了5项同质事项以参照，这也体现了同质解释中的一环。[1] 其三，参照。在法院审理过程中，法官可以将受益人涉嫌的非典型欺诈事项与所构建的类型进行参照，如果该事项能够彰显类型的特定意义，即可将该非典型事项纳入兜底条款的范围。

（2）以目的解释规则为补充。以同质解释理论，兜底条款的适用核心在于类型的构建。对于第12条而言，其事例项都是国内外实践中较常出现的，以此事例项为基础进行类型的构建，似乎能够体现"事物本质"，且在实际上这些事例项也能够抽象出"不诚信""付款请求无可信之依据""付款请求滥用"等共同意义，由此，可以构建一个科学的类型。但是，由于第12条所列事例项过于多元化，涉及基础交易、票据、裁判文书等众多因素，且这些因素之间是属于交叉重合而非完全重叠的状态，这就会导致被构建的类型难以有详尽的"意义描述"，在涵盖范围上可能会有遗漏。所以笔者认为，类型对于生活事实呈开放态度。有时，对于生活中新出现的非典型欺诈事项可能无法被已构建的类型所涵盖，但如果该事项符合"规范背后的意旨和评价意义"，则理所应当在该类型之列，适用欺诈例外。[2] 即以目的解释规则作为同质解释规则的补充，以"合理限定与适当扩充"的方式适用第12条第5项兜底条款。

（初审：杜靖雯　王羽婷）

---

[1]《联合国独立担保与备用信用证公约》第19条 付款义务的抗辩（或译为：例外）(1) 如果下列情形明确者：(a) 任何单据非真实或系伪造者；(b) 依付款请求及支持性单据，付款无正当理由；(c) 依保函之类型与目的，付款请求无可信之依据，依诚信行事之保证人有权对受益人撤销付款。(2) 为适用本条第 (1) 款 (c) 项，下列情形皆属请求无可信依据者：(a) 保函向受益人保证之意外事故或风险并未发生；(b) 主债务人/申请人之基础义务已被法院或仲裁机构宣布无效，但保证表明此类意外事故属于保证风险，不在此限；(c) 基础义务确无疑问地已满足受益人之要求得以履行；(d) 受益人故意不当地阻止基础义务的履行者；(e) 依反担保提出之付款请求，反担保的受益人亦即与反担保相关之保证的保证人，恶意付款者。(3) 在本条第 (1) 款 (a)(b)(c) 项所列之情形中，主债务人/申请人依第二十条可以使用临时性法院措施。

[2] 马荣春：《刑法类型化思维的概念与边界》，载《政治与法律》2014年第1期。

投保欺诈下保险人法定解除权和合同撤销权适用问题研究

肖 静[*]

内容摘要：若投保人因故意或重大过失而未履行《保险法》第 16 条规定的如实告知义务，保险人便可行使解除权，通知投保人解除该保险合同从而免除赔付保险金的责任。然而该条款设置的两年"不可抗辩期间"增加了保险人行使权利的难度，若保险人在合同订立起的两年内未行使解除权，则两年期间经过后解除权消灭。而投保人故意隐瞒真相或作虚假陈述逃避如实告知义务，其行为极易构成民法意义的"欺诈"，此时投保人的行为亦符合《合同法》对欺诈可撤销合同的规定。但我国立法并未明确两个权利规范的适用关系，因而就保险人法定解除权与合同撤销权的适用问题存有争议。本文试图研究保险人法定解除权与合同撤销权在投保欺诈情形下的最佳适用模式，结合两个权利的构成要件、法效果及制度规范进行分析，以域外立法经验作为参考，探寻两个权利并存适用的可能性及可行性。并对我国建立保险人法定解除权与合同撤销权的适用关系提出建议，以减少因权利适用问题导致的矛盾。

关键词：投保欺诈 虚假陈述 法定解除权 撤销权 权利竞合

一、绪论

近年来，我国保险行业发展迅速，以至于现行法律条文常常无法解决新出现

---

[*] 肖静，上海大学法学院 2016 级本科生。

的现象，投保欺诈现象即为其中之一。为避免保险公司在履行保险合同过程中利用自身的优势地位，从而滥用法定解除权拒绝赔付保险金，立法者在修改《保险法》第 16 条时，借鉴英美法系国家的立法经验，设置了两年的"不可抗辩期间"，用以限制保险人随意行使权利，从而改变保险人在合同关系上的过分强势状态，使合同双方当事人的状态更加平衡。然而该条款在限制保险人滥用权利的同时，也给保险人解除权的行使带来了困难，导致法定解除权的适用陷入新的困境。在保险合同实际履行过程中，不少投保人会利用两年"不可抗辩期间"制度存在的漏洞，以减少保费的支出或谋取不正当的保险金收入。其在签订保险合同前故意对保险人的询问作不实告知，并且在保险事故发生后不立即申请理赔，而是等"不可抗辩期间"经过后，再向保险公司申请赔付，以使保险人不得不偿付该笔不合理的保险金。在投保人具有欺诈性投保的情形且保险人无法正常行使解除权时，保险人往往会依《中华人民共和国民法典》（下简称《民法典》）第 148 条[1]规定的撤销权向法院提起诉讼，请求法院撤销该因受投保人欺诈而订立的保险合同，从而免除保险金赔付责任。这一现象引发了实务界及学理界对两个权利适用关系的讨论，即在投保欺诈的情形下，保险人能否在法定解除权外另行主张合同撤销权。

立法上的不确定也导致了法院在审理该类型案件中所持态度的不确定。在裁判文书网以"保险合同、解除权、撤销权、欺诈"为关键词进行检索，经笔者筛选，发现在 2019 年的 42 起相关案件中，有 14 例系保险人法定解除权与合同撤销权适用关系存在争议的案件。甚而部分关于投保欺诈下保险人能否撤销保险合同的案件出现了同案不同判的情况，如"李华勋、华夏人寿保险股份有限公司青岛分公司人身保险合同纠纷案"。一审法院认为由于《保险法》未规定不得行使撤销权，因而支持保险人撤销合同。但二审法院认为，在该案件中应当适用"特别法优于一般法"的原则，保险公司仅能行使法定解除权。[2] 最高人民法院（以下简称最高法）也曾试图就保险人法定解除权与合同撤销权的适用关系进行司法解释，但最终仍因争议较大而将此问题搁置。

---

〔1〕《民法典》第 148 条："一方以欺诈手段，使对方在违背真实意思的情况下实施的民事法律行为，受欺诈方有权请求人民法院或者仲裁机构予以撤销。"

〔2〕 山东省青岛市中级人民法院（2018）鲁 02 终 9947 号民事判决书，类似同案不同判：山东省高级人民法院（2015）鲁民提字第 527 号民事判决书。

学理界对这一问题主要持两种观点:"排除说"和"选择说"。"排除说"主张保险人法定解除权排除合同撤销权的行使,而"选择说"的核心观点为保险人法定解除权和合同撤销权系并存适用关系。双方争议的核心主要集中于两个权利的构成要件、立法目的以及彼此间是否构成"特别与一般的关系"。目前两种学说争执不下,尚未出现学界普遍认可的观点。

这两个权利究竟构成何种关系,在投保欺诈情形下又应当如何适用解除权与撤销权即本文讨论的核心问题。笔者认为,要对两个权利的适用做出正确的判断,就必须回归到权利本身,直面问题之所在。从实际案例中寻找规律,参考域外立法的经验,探讨保险人法定解除权与合同撤销权的适用模式,思考在实务中应当如何更好地发挥两个权利的作用,研究当前保险行业现状下保险人法定解除权与合同撤销权的最佳适用体系。

二、保险人法定解除权与合同撤销权的三个基本面

我国《保险法》第16条[1]意在规范投保人的行为,并在该条第2款赋予保险人法定解除权,以惩罚投保人的不诚信行为,避免保险人的利益遭受损害。紧随其后,该条第3款规定了解除权行使的两年客观期间。《合同法》第54条第2款亦规定有针对欺诈现象的合同撤销权,其同样可以救济当事人。因而产生了投保欺诈下保险人如何行使权利之问题,其中尤为关键的核心在于解除权消灭后保险人是否还可以行使撤销权。因而了解与两个权利相关的立法、理论和实务现状是十分必要的,以便以现实为基础,讨论保险人法定解除权与合同撤销权的适用模式。

---

[1]《中华人民共和国保险法》第16条:"订立保险合同,保险人就保险标的或者被保险人的有关情况提出询问的,投保人应当如实告知。投保人故意或者因重大过失未履行前款规定的如实告知义务,足以影响保险人决定是否同意承保或者提高保险费率的,保险人有权解除合同。前款规定的合同解除权,自保险人知道有解除事由之日起,超过三十日不行使而消灭。自合同成立之日起超过二年的,保险人不得解除合同;发生保险事故的,保险人应当承担赔偿或者给付保险金的责任。投保人故意不履行如实告知义务的,保险人对于合同解除前发生的保险事故,不承担赔偿或者给付保险金的责任,并不退还保险费。投保人因重大过失未履行如实告知义务,对保险事故的发生有严重影响的,保险人对于合同解除前发生的保险事故,不承担赔偿或者给付保险金的责任,但应当退还保险费。保险人在合同订立时已经知道投保人未如实告知的情况的,保险人不得解除合同;发生保险事故的,保险人应当承担赔偿或者给付保险金的责任。保险事故是指保险合同约定的保险责任范围内的事故。"

（一）我国实证法中的保险人法定解除权与合同撤销权

当投保人不实告知且具有故意误导保险人签订合同的主观过错时，不仅违反了《保险法》对投保人履行如实告知义务的要求，同时也构成了民法意义上的欺诈，因而投保人的行为亦被《合同法》第 54 条约束。两个法条存在于不同的部门法中，但其适用过程出现交错现象。此时需要回到法条本身，探究两个权利发生竞合的原因。

1. 《保险法》第 16 条：不实告知可解除

《保险法》第 16 条规定的解除权系法定解除权，当投保人未履行如实告知义务时，保险人即可行使该项权利。根据法条规定，在保险人对保险合同相关事宜进行询问时，投保人负有如实告知义务。而询问的事项必须是对保险人是否承保或是否以不同数额的保费承保有重要影响的事实，此即"询问告知主义"。换言之，若投保人在询问中作不实告知且影响了保险合同的订立时，保险人可以主张解除合同。但必须明确的是，若保险人明知甚至是故意引导投保人不实告知，然后与投保人签订保险合同的，保险人亦不得以投保人存在不实告知的行为主张解除合同。此外，《最高人民法院关于适用〈中华人民共和国保险法〉若干问题的解释（二）》（以下简称《保险法司法解释二》）中亦有规定，投保人对询问单中的概括性条款不履行如实告知义务的，保险人不享有法定解除权。

我国立法中，仅对投保人在不实告知下的主观心态作"重大过失"和"故意"的区分，然而投保人主观恶意程度的不同，将影响到保险人行使解除权后产生的法律后果。投保人不履行如实告知义务的方式，主要表现为隐瞒与保险标的有关的事实真相或对保险人提出的问题作虚假告知。在民法的规定中，"欺诈"行为主要表现为隐瞒、欺骗等。当投保人存在着误导保险人签订合同的故意时，不实告知行为已经与民法的欺诈行为相一致。行使两个权利产生的法律后果的核心差异在于保险人是否需要退还保费，但《保险法》第 16 条并未明确行使解除权后该保险合同效力如何，是会产生合同终止的效果抑或是合同自始无效。因此，对解除权行使后保险合同效力如何的认定，必须结合立法的意旨进行分析。

保险人法定解除权系形成权，其行使方式为权利人单方行使，行使期间有除斥期间与"不可抗辩期间"的双重期间，一是"保险人知道或应当知道之日起的 30 日内"，二是"自合同订立之日起的 2 年内"。诚然，《保险法》修改后引入的"不可抗辩条款"在很大程度上改善了保险事故发生后保险人随意解除合同的现象，但无法否认，该条款的设置也给保险人行使解除权带来困难。尤其在投保人欺诈的情形下，权利行使困难使得保险人难以维护自身合法权益，投保人的背信行为也无法得到相应的惩罚。

保险人行使解除权的目的在于免除自身不需承担的对保险金的赔偿责任，根据《保险法司法解释二》第8条，保险人免责的前提为行使解除权解除合同，只有合同解除后，保险人才能够真正免除保险金赔付责任。换言之，若保险人无法行使解除权解除该保险合同，则必须承担保险金赔付责任。我国《保险法》并未规定保险人享有撤销权，法律条文中亦没有关于法定解除权与合同撤销权适用关系的规定。在后续《保险法》的修改中亦未明确立法对该问题的态度，这使得两个权利的适用关系争议愈演愈烈且无定论。

2.《民法典》第148条：欺诈可撤销

首先要明确，保险合同作为一个有名合同，其必然受《民法典》的规制。显然，撤销权之规定同样可以约束投保欺诈的现象，即便该权利是否应予适用依旧存在争议。《民法典》中关于撤销权的规定较为详细，与之相关的法条包括《民法典》第152条[1]、第155条、第156条[2]和第157条[3]等，涵盖了撤销权的构成要件、行使方式、行使期间以及法律效果等内容，对撤销权的各方面都有着详细且明确的规定。

其中，《民法典》第148条规定一方以欺诈手段使对方违背真实意思为民事法律行为，另一方可主张撤销合同。关于欺诈的构成要件则需参考民法认定欺诈行为的要求，即欺诈行为应当满足双重因果关系要件。放置于保险合同订立的过程中，具体表现为投保人故意隐瞒事实或虚假陈述，使得保险人陷入错误认识之

---

[1]《民法典》第152条："有下列情形之一的，撤销权消灭：（一）当事人自知道或者应当知道撤销事由之日起一年内、重大误解的当事人自知道或者应当知道撤销事由之日起九十日内没有行使撤销权；（二）当事人受胁迫，自胁迫行为终止之日起一年内没有行使撤销权；（三）当事人知道撤销事由后明确表示或者以自己的行为表明放弃撤销权。当事人自民事法律行为发生之日起五年内没有行使撤销权的，撤销权消灭。"

[2]《民法典》第155条："无效的或者被撤销的民事法律行为自始没有法律约束力。"第156条："民事法律行为部分无效，不影响其他部分效力的，其他部分仍然有效。"

[3]《民法典》第157条："民事法律行为无效、被撤销或者确定不发生效力后，行为人因该行为取得的财产，应当予以返还；不能返还或者没有必要返还的，应当折价补偿。有过错的一方应当赔偿对方由此所受到的损失；各方都有过错的，应当各自承担相应的责任。法律另有规定的，依照其规定。"

中，并基于一个错误的认知决定承保或以明显低于风险的保费签订合同。此举违背了《保险法》所坚持的"最大诚信"原则、"对价平衡"原则，签订合同的行为也并非保险人的真实意思，此意思表示是具有瑕疵的。仅从合同一方当事人的角度出发，保险人应当享有撤销权，可撤销合同本质是为了保护当事人意思表示的自由。[1] 该法条明确规定了合同撤销权的行使须向人民法院或仲裁机构进行申请，而非权利人自行单方面向另一方当事人主张。因而，有学者认为撤销权并非传统意义上的形成权，结合其行使方式分析，撤销权具有"诉权"性质。笔者认同此观点，后文将围绕合同撤销权的性质展开讨论。

同时，为了督促保险人积极行使权利，避免因撤销权的长期不行使或滥用而使合同处于长期不稳定状态，[2]《民法典》第152条明确了撤销权消灭的情形，一是"知道或者应当知道撤销事由之日起一年内没有行使"的，二是当事人主动放弃。可以想见，撤销权更长的除斥期间也是多数保险人在投保欺诈下会选择行使该权利的原因之一。《民法典》第155条规定了撤销权行使后对合同效力的影响，可撤销合同自被撤销后无效且该无效具有溯及力，第157条则规定了合同撤销后损害赔偿和责任承担的法律后果。

3. 司法解释关于法定解除权与合同撤销权的适用尝试

针对保险人法定解除权与合同撤销权的适用，最高法试图通过司法解释的方式明确两个权利的适用规则。《保险法司法解释二》的征求意见稿曾在第9条[3]提出，当投保人构成欺诈时，保险人可以适用撤销权。这一条规定意图在司法解释中明确保险人法定解除权与合同撤销权并存适用的关系，但因争议过大，该条文并未得到通过，最终出台的司法解释删去了该意见。此后，在2014年《最高人民法院关于适用〈中华人民共和国保险法〉若干问题的解释（三）（征求意见

---

[1] 参见韩世远：《合同法总论（第4版）》，法律出版社2018年版，第247-248页。

[2] 参见韩世远：《合同法总论（第4版）》，法律出版社2018年版，第250页。

[3] 《最高人民法院关于适用〈中华人民共和国保险法〉若干问题的解释（二）（征求意见稿）》第9条："投保人投保时未履行如实告知义务构成欺诈的，保险人依据《合同法》第五十四条规定行使撤销权的，人民法院应予支持。"

稿）》中的第 10 条[1]再次出现对解除权与撤销权关系的讨论和意见征求，该条提出两种截然不同的处理意见：一为保险人法定解除权与合同撤销权并存适用，二为排除撤销权之适用。

可见，最高法也在两种意见之间举棋不定。在 2012 年的尝试失败后，最高法试图再次就两个权利的适用关系提出解释意见，亦可见明确法定解除权与合同撤销权适用关系之迫切性。笔者认为，最高法在两次征求意见过程中体现出的倾向，都表明了我国现状下解除权与撤销权具有并存适用的可能性，最高法提出该意见显然也是基于一定的现实基础。虽然 2014 年司法解释三的征求意见稿中的另一种意见给了解除权与撤销权适用关系一个开放性的讨论，但从两次司法解释的征求意见稿中，我们不难窥见最高法对并存适用关系的倾向。而最终删去这一条有两个方面的原因：一是征求意见过程中出现的分歧，各方对两个权利适用关系的争议过大，互相之间争执不下；二是我国现有解除权体系并不足以贸然接纳撤销权，若要撤销权并存适用，显然需对适用条件作适当调整。

（二）法定解除权与及合同撤销权的实务考察

正是我国当前立法对两个权利适用关系不够明确的立法态度，使得司法实务中有关案例的判决结果也呈现出较大分歧。对现有判例进行分析，能够总结出目前法院对待保险人法定解除权与合同撤销权的主要观点和判决理由。

1. 法院驳回行使合同撤销权请求的判例及观点

在法院不予支持合同撤销权适用的判决中，以"特别法优于一般法"的原则作为判决理由排除撤销权适用的案例不在少数。以"中国平安人寿保险股份有限公司与陈建平人身保险合同纠纷案"[2]为例：签订人寿保险合同时，投保人

---

[1]《最高人民法院关于适用〈中华人民共和国保险法〉若干问题的解释（三）（征求意见稿）》第 10 条："投保人在订立保险合同时未履行如实告知义务，保险人解除保险合同的权利超过保险法第十六条第三款规定的行使期限，保险人以投保人存在欺诈为由要求撤销保险合同，符合合同法第五十四条规定的，人民法院应予支持。另一种意见：投保人在订立保险合同时未履行如实告知义务，保险人根据合同法第五十四条规定要求撤销保险合同，人民法院不予支持。"

[2] 厦门市中级人民法院（2016）闽 02 民终 1539 号民事判决书，有相同观点的判决如：山东省高级人民法院（2015）鲁民提字第 527 号民事判决书、青岛市中级人民法院（2018）鲁 02 民终 9947 号民事判决书、重庆市第五中级人民法院（2018）渝 05 民终 3205 号民事判决书、咸宁市中级人民法院（2018）鄂 12 民终 769 号民事判决书。

就保险公司询问单上关于身体健康状况的问题，均予以否定回答。后保险公司发现陈建平及其妻子明知被保险人身体健康状况不佳，却未告知保险人真实情况，保险人以陈建平的行为构成欺诈向法院提出撤销合同的诉讼请求。二审法院认为：《保险法》中关于保险合同的规定是《合同法》在保险领域内的特别规定，因此在保险合同的问题上，应当优先适用《保险法》中与此相关的规定，保险人不得依《合同法》提出撤销合同，[1] 故法院驳回了保险人撤销合同的请求。该二审法院充分考虑了对投保人利益的保护，力求避免投保人陷入过分被动的境地。该观点系大多数法院反对保险人撤销合同的理由，体现的是我国法院判决的主流观点。但法定解除权与撤销权是否为"特别"与"一般"的关系，仍然值得深入讨论。

此外，在法院驳回撤销权适用的理由中，还有另外一观点：并存适用会导致法定解除权形同虚设。"中国太平洋财产保险股份有限公司重庆市九龙坡支公司与端木传林财产保险合同纠纷案"[2] 的审理即体现了这一观点：投保人的委托人通过微信传输了车辆信息照片给承保公司为其车辆进行投保。但在事故发生后，保险公司发现车辆所有人并非投保人，由此向法院请求撤销保险合同。二审法院以同时赋予保险人法定解除权与合同撤销权，以将使得解除权之规定形同虚设为由，驳回保险人的请求。[3] 笔者认为，二审法院在进行判决时，从权利的逻辑关系、立法体系、立法目的、保险人义务等多个角度阐述理由，兼顾了多方利益，试图平衡投保人与保险人的地位，具有公正性。但其中所述"导致合同解除权除斥期间形同虚设"的观点却并不合理。允许适用合同撤销权，并不会否认除斥期间的存在，且除斥期间并不只适用在投保欺诈的情形中，亦可针对投保人重大过失不履行告知义务的情形中。

以上列举的两个案例，分别关于人寿保险与财产保险，法院判决不予支持保险人行使撤销权所主张的理由既有重合，也有不同。但这反映了现阶段大多数法院的观点，其不予支持的主要理由包括：其一，《保险法》可视作《合同法》的

---

[1] 参见厦门市中级人民法院（2016）闽02民终1539号民事判决书。

[2] 重庆市第二中级人民法院（2019）渝02民终1345号民事判决书，有相同观点的判决如下：淮安市中级人民法院（2015）淮中商终字第00336号民事判决书、镇江市中级人民法院（2018）苏11民终1289号民事判决书。

[3] 重庆市第二中级人民法院（2019）渝02民终1345号民事判决书。

特别规定,根据"特别法优于一般法"原则,可推断在保险合同纠纷中,法定解除权优先于合同撤销权被适用;其二,法定解除权的行使期间有其立法目的所在,允许合同撤销权适用会导致解除权形同具文,不能发挥立法的作用。

2. 法院支持撤销权适用之判决观点

在支持撤销权适用的判决中,法院通常会对两个权利的构成要件作对比。在"梁某1、中国人寿保险股份有限公司佛山分公司人身保险合同纠纷案"[1]中,投保人周柳妙在人寿保险公司购买重大疾病保险,在询问单中的"F. 肿瘤项"一栏回答"否"。后周柳妙高坠死亡,保险公司认为周柳妙在合同成立前已被明确诊断患鼻咽癌,但在投保时却未如实告知,因而拒绝赔付保险金。二审法院主张保险人法定解除权与撤销权的构成要件中存在重合的内容,也有互不相关的规范要件,更何况法律规范中并没有解除权排除撤销权适用的条款。综上,法院判决支持保险人的诉讼请求。笔者以为,此判决中最具有代表性的判决理由即在于此,《保险法》虽未规定保险人法定解除权与合同撤销权的适用关系,但亦未在法律条文中明文确定投保欺诈的情形下保险人不得适用撤销权,"法无禁止皆可为",故适用撤销权不违反法律规定。而更深层次的原因在于,《保险法》在设置保险人法定解除权时,并未将法定解除权作为投保欺诈的终局性解决方式。

此外,法定解除权与撤销权的权利性质不同,亦被部分法院作为支持撤销权适用的理由之一。以"王晓青与新华人寿保险股份有限公司、新华人寿保险股份有限公司贵州分公司人身保险合同纠纷案"[2]为例,王晓青与新华人寿保险公司签订了人寿保险合同,在《业务投保书》中,就"癌症、卵巢肿瘤"等健康事项的询问均予以否定回答,但王晓青此前已因病住院治疗。事故发生后,投保人一方向保险公司索赔,但因王晓青存在欺诈性投保的行为,因此保险公司拒绝赔付。法院认为王晓青故意在《投保业务书》中给予否定回答的行为构成欺诈。即使两年"不可抗辩期间"已过,保险人丧失解除权,但由于新华人寿保险公司反诉主张的撤销权并非《保险法》中规定的权利,在保险人主张撤销权时就不得以《保险法》的规定排除其适用。最终,法院判决支持保险公司的反诉

---

[1] 佛山市中级人民法院(2017)粤06民终12816号民事判决书,与此观点类似的判决还有:重庆市永川区人民法院(2019)渝0118民初847号民事判决书、菏泽市中级人民法院(2015)菏少商终字第1号民事判决书。

[2] 贵州省贵阳市云岩区人民法院(2017)黔0103民初5630号民事判决书。

请求。

该法院分析了法定解除权与合同撤销权的权利性质，认为当存在不同性质的权利时，应当允许权利人自行选择适用。虽然判决并未兼顾证明权利适用关系应当考量的多个角度，但以权利性质说明并存适用的观点，丰富了关于权利适用模式的司法实践案例，也为学理上的论证提供了实例，体现了现阶段我国对待这一问题观点上的变化与发展。

涉及投保欺诈问题时，法院支持保险人行使撤销权的理由一般包括以下三个方面：其一，投保人存在主观恶意，明知不实告知将误导保险人却仍做此不实告知的行为，该行为显然构成欺诈，则应当对其行为进行惩罚。其二，《保险法》第 16 条与《合同法》第 54 条并不构成特别与一般的关系，且并非任何情形都可适用"特别法优于一般法"的原则；其三，司法应当尊重《保险法》"最大诚信"原则，若投保人不诚信的行为不能得到相应的规制，将不利于保险行业的稳定发展，进而影响法律的公平正义以及司法的公正。

（三）关于法定解除权与合同撤销权适用关系的理论争议

将司法实践中各法院的判决观点进行总结可以看出，不同法院所主张的判决理由各异，其中亦体现了学理界对这一问题的讨论和争议的核心观点。目前我国学理界对保险人法定解除权与合同撤销权适用关系的争论，主要集中在"排除说"与"选择说"两个学说之间。

1. 排除说：保险人法定解除权排除合同撤销权的适用

"排除说"的观点认为：投保欺诈下，保险人仅可行使法定解除权，两项权利不得重复适用。主张这一观点的学者认为："《合同法》第 54 条的适用范围覆盖并超出《保险法》第 16 条的范围，《保险法》第 16 条属于《合同法》第 54 条的特别规定"[1]，《保险法》更具有特别性，《合同法》总则部分的规定是针对所有合同的一般法，对同一位阶的法律规范适用的冲突，应当根据"特别法优于一般法"的原则认定适用关系，故而保险人法定解除权优先于合同撤销权适用。可见，"排除说"最为核心的观点是两个权利构成特别与一般的关系，保险合同问题应当优先适用《保险法》的规定。

---

[1] 武亦文：《投保欺诈的法律规制路径》，载《法学评论》2019 年第 5 期。

还有的学者认为："如果在此允许适用合同撤销权，将导致法律关系长期不稳定，置投保人于完全被动而纵容保险人粗放承保。"[1] 2009年《保险法》修改过程中的征求意见以及最终确定下来的第16条的规范内容体现了对投保人利益的倾斜保护，而加以行使期间的限制，就是为了避免保险人滥用法定解除权，影响保险合同的长效与稳定。不可否认，直接适用撤销权确实可能导致保险合同关系的不稳定，该考量不无道理，这一观点也与《保险法》修改时的本意是相符的，即改善投保人的不利地位，向投保人倾斜。但笔者认为，以修改法条之目的替换设置法条规范的根本目的，显然并不合理。且必须意识到，此举固然保护了投保人，但也使得投保欺诈问题的解决陷入瓶颈，若保险人既无法主张法定解除权，又无法行使合同撤销权，保险人的利益则无故受损，这一观点实质上背离了"主观恶意不受保护"的思想。

在我国台湾地区，学理界对此观点的支持理由亦大同小异。多数支持"排除说"的学者认为，台湾地区"保险法"第64条规定的"故意与不实说明系诈欺之一种",[2] 保险人解除权实为撤销权，台湾地区"保险法"第64条与"民法"第92条为特别与一般的关系。此外，若解除权与撤销权并存适用将违背保护被保险人的立法精神。[3]

2. 选择说：法定解除权与合同撤销权并存适用

"选择说"，也被称为"并存说""并存适用说"或"同时适用说"。这一学说的观点为：解除权与撤销权可以并存适用，保险人可自行选择行使何种权利。若保险人的权利受到损害，应当由保险人自己从"单方依法解除合同"和"请求裁判机构撤销合同"中择一行使。如果投保人故意违背告知义务的要求，且其行为构成欺诈，保险人在法定解除权外，亦能够通过行使《合同法》赋予的撤销权撤销该保险合同。[4] 其背后的主要理由有：其一，根据《保险法》"最大诚信"原则的要求，保险合同双方都应当自觉做到诚实守信。若仅可以适用解除权，则投保人不诚信的行为无法受到惩罚，显然不符合"最大诚信"原则的要

---

[1] 夏元军：《论保险法上解除权与民法上撤销权之竞合》，载《法律科学》2010年第2期。
[2] 江朝国：《保险法逐条释义》（第2卷），元照出版公司2014年版，第603页。
[3] 参见江朝国：《保险法逐条释义》（第2卷），元照出版公司2014年版，第603页。
[4] 参见最高人民法院保险法司法解释起草小组：《〈中华人民共和国保险法〉保险合同章条文理解与适用》，中国法制出版社2010年版，第98页。

求，甚至会对该原则造成冲击。而解除权和撤销权并存适用，可最大程度地惩罚投保人的背信之举，进而保证"最大诚信"原则的贯彻；其二，结合两权利之立法目的、构成要件及法效果等多方面分析，保险人法定解除权与合同撤销权系权利竞合之关系，两个不同的权利在投保欺诈的规制上，能够作为两种不同的救济方式同时存在；其三，因为"特别法优于一般法"的原则缺乏适用前提，所以有学者认为在投保人欺诈的情形中，法定解除权与合同撤销权的行使要件并不存在区别，也就谈不上特别法与一般法的关系，从而"特别法优于一般法"的原则并不足以支撑"排除说"的观点。

我国台湾地区大多数支持"选择说"的学者认为，台湾地区"保险法"第64条与"民法"第92条是两种不同的规定，存在并存的可能性。并认为台湾地区"保险法"第64条的立法目的是"对价平衡"原则的一种表现，这与民事欺诈为了保护意思表示真实是不同的。[1]

三、比较法中法定解除权与合同撤销权的适用

我国《保险法》的修订在一程度上受到了域外立法的影响，且域外立法的经验亦值得我们借鉴与学习。我国在引入"不可抗辩条款"时学习了美国的立法经验，因此在投保欺诈问题中我们亦有必要讨论美国关于保险人解除权的立法内容。大陆法系国家中，德国明确规定在投保人欺诈投保时，保险人可以行使撤销权对自己的权益进行救济，这对我国如何解决这一问题具有重要借鉴意义。故我国在完善和修改法律的过程中，了解域外立法情况是十分必要的。

（一）英美法系：投保欺诈例外之规定

1. 英国：解除权唯一适用

英国作为告知义务制度的起源地，于2015年颁布了《英国2015年保险法》[2]，这是英国自1906年后第一次修改保险法。《英国2015年保险法》降低了对投保人告知义务的要求，根据《英国2015年保险法》第3条规定："被保险人"一方（投保人）仅对"保险人"一方（保险人）所提出的询问内容负有的

---

[1] 参见江朝国：《保险法逐条释义》（第2卷），元照出版公司2014年版，第603页。
[2] 《英国2015年保险法》，http://www.cmla.org.cn/hyyd/hyzs/2018/0717/2062.html，最后访问日期：2020年5月24日。

告知义务，投保人应当将其所知晓的与保险合同相关的重要事项告诉保险人。并在第 7 条补充规定了对"重要事实"的认定，即"足以影响保险人是否同意承保或采用何种条款承保的情况"，[1] 并通过列举的方式加以说明。

英国的立法条文中，对投保人未如实告知的主观过错进行详细的区分，根据投保人的主观过错程度，保险人可获得不同程度的救济，以便法院更好地运用法条对现实案件作出判决。若投保人主观存在故意和重大过失的过错，则保险人可以解除合同并免除赔付责任且无需退还保费。若投保人并非因故意或重大过失的，则根据对合同订立的影响程度确定权利行使后将产生的法律后果。立法预设了保险人知晓真实情况后的三种情形：一是保险人不会订立保险合同，对保险人的救济即解除保险合同但必须返还保费；二是保险人将会以不同条款订立合同，视为变更合同进而宣布终止该合同且不得解除合同；三是保险人仍然会承保但会提高保费，若出现这种情况，保险人可以按一定的比例减少本应该给付的保险金。

此外，根据人寿保险与财产保险合同的不同，英国立法中规定的保险人救济方式也存在不同。由于人寿保险的特殊性，保险人的法定解除权有"不可抗辩期间"的限制，时长为自合同订立之日起的 5 年。而由于财产保险的短期性，其不存在这一规定。但英国立法同时又于"不可抗辩条款"后设置了"欺诈例外"的情形。从前文所述的英国立法，可以推定英国就投保人告知义务履行中，是排除撤销权适用的。其缘由在于权利行使后产生的法效果，显然英国立法中行使解除权产生的法律效果与撤销权是一致的，因而解除权与撤销权并无本质区别。故在投保欺诈的情形下，保险人仅行使解除权即可，可以认为英国采取解除权唯一适用之模式。

2. 美国：不可抗辩条款及欺诈例外制度

美国保险行业起步较早，相关的制度也更加完善，其对于"不可抗辩条款"的设置对我国完善立法规定有非常重要的参考意义。我国立法将"不可抗辩条款"设置在《保险法》的总则部分，也就意味着该条款可以约束所有类型的合同。但美国设置的该条款并非如此，而是区分不同类型的合同分别发挥作用。在

---

[1]《英国 2015 年保险法》，http://www.cmla.org.cn/hyyd/hyzs/2018/0717/2062.html，最后访问日期：2020 年 5 月 24 日。

财产保险的纠纷中并不适用这一规定,若投保人未履行如实告知义务,保险人可以随时提出解除合同。而在人寿保险合同中,保险人行使解除权就会受该条款的规制,美国大部分州都将人寿保险合同保险人行使解除权的客观期限规定为两年,其"不可抗辩条款"仅约束人寿保险合同的保险人。这与人寿合同的特殊性质不可分割,大部分人购买人寿保险是作为一种投资,希望能够获取其中的利息,为将来提供保障。若因投保人的过失,不仅失去收获保障的权利,更失去原本的保费,显然对投保人非常不利。[1]

我国引入"不可抗辩条款"时,并未学习美国区分不同类型合同,且未设置"欺诈例外"制度。"为了防止该道德风险泛滥,有些州的不可争议条款制度采取了应对措施,将投保欺诈规定为不可争议条款适用的法定除外情形。"[2] 美国立法中设置"欺诈例外"制度主要在投保人具有较大主观恶意的情形中适用,即被保险人一方存在虚假告知行为的情形,且该虚假陈述应当为"重大陈述"或"故意"虚假陈述。如纽约保险法第 3105(b)条[3]中规定,只有当投保人构成严重的欺诈行为时,保险人才得以解除合同,并且部分州对保险人履行义务的程度要求非常高。保险人在严格履行了审查职责后还是难以发现的情况下,才可提出解除合同。以美国密歇根州的规定为例,超出两年期限后,若保险人有证据证明投保人存在欺诈性告知情形时,该保险合同是存在争议的。[4] 虽然在实践中,存在着保险人举证困难、"欺诈例外"的规定并不轻易得以行使的情况,但"欺诈例外"的规定既让保险人被欺诈后有救济的可能性,也适度地平衡了保险合同双方的权利义务关系。

美国"欺诈例外"制度是与"不可抗辩条款"结合诞生的,且仅针对人寿

---

〔1〕 参见孙宏涛、施啸波:《美国保险法中不可抗辩条款规定及其启示》,载《中国保险报》2018年4月25日,第4版。

〔2〕 李青武、于海纯:《论美国不可争议条款规制投保欺诈的制度构成及其正当性》,载《比较法研究》2014年第1期。

〔3〕《纽约保险法》第 3105 条(b):"(1)失实陈述不得避免任何保险合同或根据该失约追偿,除非该失实陈述是重大的。除非保险人对虚假事实的了解会导致保险人拒绝订立该合同,否则任何虚假陈述均不应视为重大陈述。(2)关于医院、医疗、外科,或本章第三十二条或第四十三条所规定的处方药费用保险,任何虚假陈述均应避免任何保险合同或根据该保险合同败诉,除非该虚假陈述也是故意的。" https://california.public.law/laws/n.y._insurance_law_section_3105,最后访问日期:2020 年 5 月 25 日。

〔4〕《罗得岛州保险法》第 27-34.2-7.1 条:"保单或保险凭证生效满两周年后,保险公司不得仅以虚假告知为由,争议保险合同;仅当证据表明,被保险人知道且故意虚假告知涉及被保险人健康的事实,上述保单或凭证可以争议。"

保险合同设置；而我国的"不可抗辩条款"约束所有类型的保险合同。然而保险人举证存在较大困难的实际情况，让设置"欺诈例外"制度开始成为一个解决现状问题的方法，这一制度可以改善我国保险法下保险人行使权利困难的现象，给予保险人更长的时间搜集证据主张权利。

（二）大陆法系：德国、日本立法的不同模式

同为大陆法系国家，德国与日本在对待保险人法定解除权与合同撤销权适用关系上的态度是截然相反的。分析两个国家关于告知义务、保险人解除权的规定，可为我国解决权利适用问题采取何种模式提供可行方法。

1. 德国立法：保险人解除权与撤销权并存适用

首先要明确的是，德国的法律规定允许解除权与撤销权选择适用。《德国保险合同法》第 22 条确定了保险人在欺诈性投保下行使撤销权的正当性。[1] 从立法条文中可以得知，《德国保险合同法》以撤销权不受影响的表述，简洁有力地表明了保险人可行使撤销权。对保险人法定解除权与撤销权的适用关系，德国采取了"选择适用"模式，该模式为我国解决保险人解除权与合同撤销权的适用关系问题提供了可参考的立法例。

《德国保险合同法》在第 19 条[2]规定了告知义务，德国采取"书面询问有效告知模式"，即保险人必须以书面形式询问投保人，并且要求保险人询问的内

---

[1] 参见孙宏涛：《德国保险合同法》，中国法制出版社 2012 年版，第 66 页。
[2] 《德国保险合同法》第 19 条（1）在订立保险合同之前，对于保险人以书面方式询问的对其决定订立保险合同有重要影响的事实，投保人应当向保险人如实告知。在保险人接受投保人的订约请求后但正式签订保险合同前，如果保险人向投保人询问了上述重要事实，则投保人有义务就上述事实向保险人如实告知。（2）如果投保人违反了前款规定的告知义务，保险人可以解除保险合同。（3）如果投保人违反告知义务并非基于故意或重大过失，则保险人不能解除合同。在上述情况下，保险人有权在通知投保人之日起的一个月内终止合同。（4）保险人基于投保人重大过失未履行告知义务而解除合同的权利与其按照本条第 3 款规定终止合同的权利都不得行使，如果即使保险人知晓了上述投保人未告知的事实其仍然会与之订立合同。在非基于投保人过错违反告知义务的情形下，其他情况应成为保险合同的组成部分并对保险人的请求具有溯及既往的效力。（5）只有当保险人在单独的书面文件中向投保人说明不履行如实告知义务的法律后果时，保险人可以享有第 2 款至第 4 款规定的权利；如果保险人已经知晓投保人未告知的风险事实或投保人未如实告知重大，则保险人不能行使上述权利。（6）如出现第 4 款第 2 句规定的情况，并由于保险合同的变更导致保险费增加的数额超过原保费的 10%或保险人因投保人未如实告知而拒绝继续承保时，投保人可以在收到保险人的通知之日起一个月内直接终止合同并无须事先通知保险人。在保险人的上述通知中应告知投保人上述权利。

容必须为客观上重要的问题，对是否订立合同具有重要影响的事实。[1] 若投保人并未按照法条的规定向保险人履行如实告知的义务，则保险人得解除保险合同。与我国仅对投保人主观心态作两个类型的区分不同，《德国保险合同法》将投保人不实告知时的主观状态分为故意、重大过失，以及非基于故意和重大过失。德国立法经过修改后，将投保人的主观过错进行了更详细的区分，主要分为一般过失、重大过失、一般故意与欺诈。与此同时，也根据保险人不同的主观心态细化了保险人的解除权。

德国现有立法对投保人的诚信要求稍有降低，因而在权利行使期间上也有更多相应的调整。主观除斥期间为保险人知晓投保人违反告知义务起的一个月内，客观期间则长达十年。德国《保险合同法》对解除合同的法律后果也有明确的规定，若投保人的主观过错为一般或重大过失，保险人仅能终止合同，此时产生的法律效果与解除合同不同。在投保人主观故意构成欺诈时，保险人的解除权客观行使期限为十年。德国立法将投保人未如实告知的状态划分为多个类型，而我国仅作故意和重大过失之区分。不难看出，我国在区分投保人主观过错时并不详细，反映在司法实践中，便容易模糊故意与重大过失的界限。

2. 日本立法：保险人仅能主张解除权

日本于2008年推出了《保险法》，其中不少规定都有着新时代的特色。作为一个保险行业发达的国家，日本在《保险法》规定上所展现的理论与原则，对我国完善法律规定有着重要的参考意义。

日本《保险法》的立法与我国立法存在着许多相似之处，其中同样将投保人不履行告知义务的主观心态区分为故意和重大过失，投保人也仅对"询问单"提出的问题负有如实告知义务。但日本《保险法》区分人寿保险合同与非人寿保险合同，关于不同保险的投保人的如实告知义务分别规定于该法的第4条和第31条，投保人需披露与保险事件发生具有可能性的重大事实。[2] 日本保险法上对重要事项的规定与我国《保险法》的要求本质也是相同的，均强调该事项对保险人承保的影响。在对投保人的诚信程度要求基本一致的情形下，日本通过较

---

[1] 参见仲伟珩：《论德国保险法关于投保人违反告知义务规定及对我国保险法的启示》，载《法律适用》2012年第6期。

[2] "《日本保险法》第4条、第31条"，载"Japanese Law Translation"网，http://www.japaneselawtranslation.go.jp/law/detail/?id=2775&vm=02&re=02，最后访问日期：2020年5月28日。

长的"不可抗辩期间"平衡保险人与投保人之间的权利与义务。根据日本《保险法》第 28 条与第 55 的规定,[1] 解除权的除斥期间为 1 个月,"不可抗辩期间"为 5 年。此外,日本在立法中并未设置"不可抗辩条款"的例外情形,即 5 年"不可抗辩期间"经过后,保险人解除权消灭。

且日本在立法与司法审判过程中均强调因果关系,只有投保人未如实告知的事项和保险事故的发生之间存在因果关系时,保险人才可以向投保人提出拒绝赔付保险金。其进一步规定,若投保人存在欺诈行为,保险人无须返还保费。以保险人行使解除权后产生的法律后果判断,可发现日本《保险法》规定解除权仅对未来发生效力,不具有溯及力。结合日本《民法》对撤销权的规定,显然日本立法的态度采取的是解除权排除撤销权模式。撤销权具有溯及力,若允许撤销权的使用则有悖于《保险法》规定的保险合同解除仅对未来有效的规定。因而,在投保人欺诈的场合仅适用解除权。

(三) 域外立法对我国《保险法》完善的启示

通过研究域外立法不难发现,各国对投保人如实告知义务的规定有类似的原则和制度,但各国实际情况不同又导致了立法细则与实施上存在差异。比较域外立法的不同,了解域外立法的情状,对我国完善《保险法》的规定有重要的启示作用。

表 1 域外立法规定比较分析

国家	保险类型	投保人主观状态/行为	权利救济	行使期限[2]	法律后果	欺诈例外规定
英国	财产保险	故意/重大过失	解除合同	无	合同无效,无须退还保费	要求保险人举证
英国	财产保险	非故意/重大过失	解除合同	无	合同无效,无须退还保费	要求保险人举证

---

[1] "《日本保险法》第 28 条、第 55 条",载"Japanese Law Translation"网, http://www.japaneselawtranslation.go.jp/law/detail/?id=2775&vm=02&re=02, 最后访问日期: 2020 年 5 月 28 日。

[2] 1 个月为主观除斥期间,5 年为客观除斥期间。表格中斜杠前均为主观除斥期间,斜杠后为客观除斥期间。

续表

国家	保险类型	投保人主观状态/行为	权利救济	行使期限	法律后果	欺诈例外规定
英国	人身保险	故意/重大过失	解除合同	5年	合同无效，无须退还保费	要求保险人举证
		非故意/重大过失	解除合同	5年	合同无效，退还保费	要求保险人举证
			变更合同	5年	合同终止，扣减赔付额	要求保险人举证
美国	财产保险	隐瞒	解除合同	无	合同无效，无须退还保费	
		虚假陈述	解除合同	无	合同无效，无须退还保费	
	人寿保险	隐瞒	解除合同	2年	合同无效，无须退还保费	
		虚假陈述	解除合同	2年	合同无效，无须退还保费	欺诈、难以发现
德国		一般	终止合同；增加保费	1月/5年	合同继续履行，退还剩余保费	
		重大过失	解除合同	1月/5年	保险人承担赔偿责任，保有保费	
		一般故意	解除合同	1月/10年	保险人无须承担责任，保有保费	
		欺诈	解除合同	1月/10年	保险人无须承担责任，保有保费	
			撤销合同	1月/10年		

211

续表

国家	保险类型	投保人主观状态/行为	权利救济	行使期限	法律后果	欺诈例外规定
日本		重大过失	解除合同	1月/5年	区分有无因果关系，有因果关系保险人不承担责任，无因果关系应承担；保有保费	
		故意	解除合同	1月/5年	区分有无因果关系，有因果关系保险人不承担责任，无因果关系应承担，保有保费；若投保人构成欺诈，则无需退还保费	

1. 细化对投保人的主观过错的分类

比较域外对保险人解除权的规定，大多数国家在规定投保人的主观状态时都作了比较详细的区分。通常在"故意"与"重大过失"的基础之上，对同为"故意"或"过失"根据恶意程度划分了更加详细的类型，如德国设置的"一般过失"与"一般故意"的主观过错。可以看出，我国在对投保人主观过错的区分上是比较粗糙的。诚然，日本立法也仅作了"故意"与"重大过失"的区分，但日本为保险人行使解除权设置的"不可抗辩期间"为5年，较我国两年的客观期间更有利于保险人维护权益。在我国为解除权设置的行使期间较短的情况下，应当提高对投保人主观善意的要求，这在法条上就体现为对投保人的主观过错有更加细致的划分。因为越详细地区分投保人的主观状态，越有利于实务中对投保人主观过错的规制。立法对保险合同双方的约束应当是平衡的，在对保险人行使解除权的方式和期间有高要求的同时，对待投保人的主观过错同样持有高要求的态度才是合理的。

2. 审慎选择解除权与撤销权的适用模式

尽管德国和日本同为大陆法系国家,但其在对待保险人法定解除权与合同撤销权上态度呈现出两种模式。德国明确了"选择适用"的模式,而日本则向"排除适用"的模式倾斜。我国在立法上与大陆法系国家相似,然而对这两个权利适用模式却不能盲目借鉴。德国与日本各不相同的选择都有其现实的基础所在,因而我国立法若要对此问题作出明文规定,应当审慎地选择权利适用的模式,以我国保险行业的发展现状为基础,衡量当下保险合同双方当事人的权利义务关系,从而严谨分析应当采取何种权利适用的模式。而英美法系所设置的"欺诈例外"制度,无疑也是对两个权利适用模式的一种态度。通常而言,将投保人欺诈设置为"不可抗辩期间"的适用例外,实质上也是对保险人解除权的倾向。存在"欺诈例外"的情形,意味着保险人解除权的行使尚有余地,自然也就避免了解除权与撤销权在适用问题上的冲突与矛盾。因而我国立法者在解决保险人法定解除权与合同撤销权适用关系的问题上,应当秉持谨慎选择之态度,不能脱离实际情况。

域外立法都是建立在其特定的社会环境和实际情况下的,学习和借鉴域外经验的过程中应当注意与我国实际情况结合。不能一味地套用,在修改条款时应当审慎、严格,避免出现严重的缺漏。伴随着保险行业的发展,完善立法条文非常必要。只有不断完善立法,才能更好地规范当下的法律行为。

四、法定解除权与合同撤销权并存适用的证成

通过前文的分析与论述,已了解我国保险人法定解除权与撤销权的适用存在争议的现象,不同学说观点间的讨论亦为两个权利的适用关系提供了诸多理论支撑。结合我国保险行业现状,笔者以为"选择说"更符合我国当下立法与实务的要求。本章中,笔者将回归法条本身对撤销权并存使用之应然进行讨论,并对"排除说"的观点进行回应,讨论不应当采用"排除说"之理由。

(一)撤销权并存适用之应然:权利竞合关系

权利竞合现象的产生,并不必然是立法漏洞所致。两个权利发生竞合,反而使得权利人得以从多项权利中选择维护权利最大化的权利行使,对法益保护更加周密。若要对权利竞合分析,则需对两个权利行使及构成要件进行对比,了解两

个权利在构成要件上是否存在全部重合抑或部分重合的情况。

1. 行使权利之不同

保险人法定解除权与合同撤销权，无论是在权利性质抑或是行使方式上，都是两个截然不同的权利。就两个不同的权利而言，保险人应当是同时享有该权利的，并得以自行选择适用。

从权利性质这一角度出发，法定解除权是典型的形成权。《保险法》第16条的规定并未明确说明解除权的行使方式，但依据我国法律中对解除权行使方式的规定进行类推，保险人若要行使解除权，单方面通知投保人即可，在合法的情况下无须征得投保人的同意。但我国撤销权的规定却与其他国家不同，相比于其他国家撤销权单方面行使的规定，我国撤销权更类似于诉权。我国学界对形成权的性质也存在着争议，主要有"形成权说"和"诉权说"两种。笔者更加支持"诉权说"，合同撤销权虽然称为撤销权，但其与现在普遍所称的撤销权不同，实质为一种请求诉权。[1] 根据《合同法》第54条的规定，被欺诈人行使撤销权须向人民法院或仲裁机构申请，而不能对合同另一方当事人直接行使该权利。即便名义上这一"撤销权"是被欺诈一方享有的，但实际上撤销权能否适用并不由被保险人单方决定，而是需要裁判机构作出判决或仲裁。正常情形下，法定解除权的行使无须经过裁判机构的认定，仅在另一方当事人提出异议时才需向裁判机构认定。虽"诉权"仅指向人民法院提出诉讼请求之权利，且《合同法》第54条亦有向"仲裁机构"请求仲裁的规定，但这似乎不在"诉权"涵盖范围内。保险人向人民法院提出诉讼时，无疑在行使其诉讼权利，因而不能以向"仲裁机构"请求仲裁即否定撤销权所具有的诉权性质。

除在行使方式有差异之外，两个权利的行使期间亦不相同。除斥期间开始计算的时间点为"知道或应当知道"某一事实的存在，保险人法定解除权的除斥期间规定为一个月，合同撤销权的除斥期间为一年，合同撤销权的除斥期间更长，这显然更有利于保险人进行举证，这亦是保险人选择主张撤销权的原因之一。我们必须认识到，实务中保险人自行举证十分困难，允许更长的除斥期间对我国保险行业的公平稳定发展具有积极意义。其更重要的区别在于法定解除权还

---

[1] 参见任以顺：《论投保欺诈背景下的保险人合同撤销权——以一起投保欺诈案件的两级法院判决为线索》，载《保险研究》2015年第3期。

规定有两年"不可抗辩期间",以此限制保险人行使该权利。时间上的不同,让两个权利能够发挥出不同的作用,也能产生不同的救济效果。

从权利的行使角度看,保险人解除权与合同撤销权并不相同,于保险人而言,是两种完全不同的权利,保险人拥有选择何种权利行使的自由。若在投保欺诈问题上禁止保险人行使合同撤销权,显然不合理。

2. 权利行使构成要件存在部分重合

《保险法》第16条之构成要件与《合同法》第54条"欺诈"之构成要件存在部分重合,但与两个权利构成逻辑上的特殊性所要求的部分重合则不同。有些案件事实仅被《保险法》第16条约束,有的案件则仅受《合同法》"欺诈"约规制。同时还存在部分案件受两个规范约束的情况,投保欺诈即为此种类型。

依《保险法》第16条之规定,保险人法定解除权的适用要件主要包括:一是投保人主观故意或重大过失;二是投保人未如实告知;三是未如实告知内容在保险人询问范围内;四是该内容对保险合同成立有重大影响。

依《合同法》第54条第2款的规定,仅说明欺诈为合同可撤销的原因之一,并未对"欺诈"的构成要件作明确说明。通说认为,我国《合同法》规定的"欺诈"适用民法意义上的规定。欺诈的构成要件系"双重故意"说:"第一,须有欺诈行为;第二,须有欺诈之故意;第三,须被欺诈人因受欺诈而陷入错误判断;第四,须被欺诈人基于错误判断而为意思表示。"[1] 概括而言,欺诈人主观为故意,客观表现为欺诈行为对表意人的意思表示产生影响。

表2 解除权与撤销权之构成要件分析[2]

权利	主观要件	客观要件
解除权	①故意 ②重大过失	①未如实告知 ②未告知内容在保险人询问范围内 ③对保险合同成立有着重大影响

---

[1] 梁慧星:《民法总论(第5版)》,法律出版社2017年版,第185页。
[2] 参见梁慧星:《民法总论(第5版)》,法律出版社2017年版,第185页。

续表

权利	主观要件	客观要件
撤销权（欺诈）	①故意	①欺诈行为 ②被欺诈人受欺诈陷入错误认识 ③被欺诈人做出错误的意思表示

依上述表格内容，可以明确保险人法定解除权与合同撤销权在主观故意上是重合的，而客观要件重合与否则需进一步的分析；若不存在重合，则投保欺诈亦不应当适用撤销权。

订立保险合同过程中，投保人不实告知的不同主观心态将导致不同的结果。当投保人主观为重大过失时，则该行为仅被解除权救济。如在订立人寿保险过程中，投保人虽已知被保险人曾患有某一疾病，但面对保险人询问时误以为该疾病对合同订立影响不不大，并告知保险人错误的事实。此后保险人若发现真实情况，仅能提出解除合同，该案件事实仅为《保险法》第16条约束。而《合同法》第54条中其他的可撤销原因，如"被胁迫"的胁迫故意则仅受撤销权规制。此即两个权利各自约束并不重合的部分。在投保人故意的情形下，投保人或出于有利可图而欺骗保险人，在面对保险人询问时，隐瞒真实情况或告知虚假事实。显然此情形下投保人怀有故意的主观心态，即使保险人陷入对保险标的的错误认识进而与投保人签订保险合同，这一故意也显然符合"欺诈"故意的要求，此时的"故意"既被《保险法》第16条规制，同时也满足民法上"欺诈"行为的主观要件。投保欺诈案件中投保人主观故意部分，与保险人法定解除权和合同撤销权两个规范的主观构成要件相符。相比于合同撤销权，保险人法定解除权对投保人的主观善意程度有更高的要求，这与《保险法》"最大诚信"原则是相契合的。只有高度的诚信才能使得保险合同的订立更为公开透明，亦让保险人能更好地评测风险。合同撤销权虽规定于《合同法》中，但"欺诈"的要求却适用于所有民法体系，仅对故意这一主观恶意程度较大的要件作出规定，也有利于其他法律进行特殊规定。民法对欺诈的认定是一个底线性质的存在，若欺诈提高了对主观善意程度的要求，反而不利于其他法律的适用。有学者针对法定解除权的构成要件提出了"故意要件缓和说"和对"重大过失"加重评价的观点[1]来说明法定解除权与撤销权在主观要件方面是一致的,但笔者认为,在司法过程中还是应当严格区分故意和重大过失。固然《保险法》主张"最大诚信"原则,对保险人的诚实守信有高要求,但故意与重大过失的界限应当是清晰的。投保人有重大过失不等同于投保人怀有谋取不法利益的心态,投保人在进行投保时,是希望得到保障以及获取未来合法利益。若仅因投保人的重大过失就让其承担与故意不实告知一样的后果,反而会逆向刺激投保人,助长投保欺诈现象的滋生。以人寿保险合同为例,投保人选择签订保险合同是期待在未来发生重大保险事故时得到一定的保障,以避免出现过分艰难的局面。若加重对投保人重大过失的评价,则对本处于弱势地位的投保人不利,可能会助推投保人的侥幸心理选择欺诈骗保。概言之,解除权与撤销权在主观心态上虽有重合部分,但两者亦有较大的差异。

当投保人主观为故意时,投保人不实告知行为与撤销权的"欺诈"行为重合。通说认为,民法欺诈行为"指为使被欺诈人陷入错误判断,或加深其错误、保持其错误,而虚构、变更、隐匿事实之行为"。[2] 而《保险法》第16条规定的不实告知行为主要表现为隐瞒事实真相或告知虚假事实。显然,两个权利的客观行为要件是相似的。评价客观行为的差异中,最为明显的在于未告知的内容是否会对另一方的认识产生重要影响。保险人行使法定解除权的行使要件,要求投保人未告知的内容必须为"足以影响保险人决定是否同意承保或者提高保险费率的"事项。而合同撤销权则对合同一方当事人的告知内容没有提出要求。如在人寿保险合同中,投保人可能并未告知保险人自己曾割过阑尾这一事实,从"危险估计说"的角度分析,割阑尾的手术并不会对保险人是否承保或提高保费产生重大影响,也不会提高保险事故发生的概率,保险人承保的风险也不会随之增加。但合同撤销权的要求不同,只要合同一方当事人故意不告知自己曾割过阑尾的事实,使得另一方陷入错误的认识并基于该认识作出意思表示,行为人就满足了合同撤销权的规范要件。

---

[1] 参见刘勇:《论保险人解除权与撤销权的竞合及适用》,载《南京大学学报(哲学·人文科学·社会科学版)》2013年第4期。

[2] 梁慧星:《民法总论(第5版)》,法律出版社2017年版,第185页。

"数个权利存在于同一标的,而其行使可生同一结果,称为权力竞合。"[1] 法定解除权与合同撤销权的构成要件存在部分重合情况,当投保人故意不实告知与保险标的相关的重要事实时,其行为同时满足法定解除权与合同撤销权的构成要件。仅从构成要件的角度看,保险人法定解除权与合同撤销权部分重合,此时存在着权利竞合现象。若要讨论两个权利为何种适用关系,还需进一步分析权利行使产生的法律效果。

3. 权利行使的法效果:法律后果、合同效力

根据前文所述,依据我国《保险法》的相关规定,法定解除权行使后产生的法律后果主要涵盖责任承担与保费两个方面的内容。以投保人的主观心态为基础,主观恶意程度不同,法律规定的法律后果也不同。无论投保人抱有的主观心态为何,只要被认定为存在不实告知的行为,保险人即可免除赔付保险金的责任。但投保人的恶意程度不同却对保费的退还有影响,当其为故意时,保险人无须退还保费,而投保人为重大过失时,保险人应当退还保费。[2]《保险法》并未对解除权行使后保险合同的效力作明确规定,但可从立法者意图及其他法条规定进行推断,而法律后果能侧面印证立法者对待解除权行使后保险合同效力持何态度。

法定解除权行使后保险合同无效,针对该无效是否具有溯及力这一问题,学理界有不同的观点,即"肯定说"、"否定说"和"折中说"三个学说。"肯定说"与"否定说"各自都有不足,对解除权行使后保险合同的现实情况考虑不全面。相较而言,笔者更加支持"折中说"。一方面在于保险合同的特殊性,其既是持续性合同,又是最为典型的射幸合同;另一方面在于投保人具有重大过失和故意不履行告知义务时,其主观恶意程度差别大。"保险合同解除后的溯及力是一个复杂的问题,应加以具体区分",[3] 因此,笔者认为可以将前文所述投保人的主观过错程度为基础,以判断投保欺诈下法定解除权行使后合同效力如何。保险合同双方的权利义务明确,投保人负有缴纳保费的义务,享有在保险事故中获得保险金的权利,保险人的权利义务则与之相对。若保险人退还所收取保费,意味着保险人不再享有保险合同约定的权利。换言之,保险人基于该保险合同所

---

[1] 梁慧星:《民法总论(第5版)》,法律出版社2017年版,第78页。
[2] 参见樊启荣:《保险法(第1版)》,北京大学出版社2011年版,第74页。
[3] 樊启荣:《论保险合同的解除与溯及力》,载《保险研究》1997年第8期。

享有之权利消失，投保人负有的义务也可认为并未履行。合同解除后，保险人不必履行保险金赔付义务，投保人的权利同样不存在。显然，当事人双方的权利义务并非仅自合同解除权后不存在，更是追溯至合同有效时。双方不再互负义务，保险人和投保人之间的关系回归至未订立保险合同时的状态，以保险人免责这一后果逆推，笔者认为，解除合同对保险合同的效力是溯及既往而非合同终止。若将保费作为保险人享有权利的标志，保险合同解除后保险人却继续享有合同赋予的权利，这一情况似乎与前文所述观点冲突。其实不然。笔者以为，此时保险人留有保费并非合同继续的象征，其本质是对保险人的救济，"可以认为这是对违约者的一种惩罚和对保险人的保护"[1]。作为射幸合同，保险合同要求双方当事人高度的诚信。无论保费返还与否，实际上都不对合同解除后自始无效产生影响。投保人所负告知义务，系先合同义务，投保人故意不履行如实告知发生于合同订立前，系保险人对危险估计之基础。诚然，保险人应当尽严格审查义务，但保险人要审查投保人所述情况是否真实，实际上存在着很大的困难，毕竟保险人能够判断事实真相如何的依据系投保人所提供的信息。因而，为更好地约束投保人，对投保人故意不履行告知义务科以不退还保费，使得保费具有了惩罚的意义。[2] 不退还保费的意义并不是保险人继续享有合同权利，而是通过不退还保费的法律后果，对投保人的恶意行为进行惩戒。这会令投保人为避免陷入既无法获得保险金赔偿又失去保费的情形，去选择主动履行如实告知义务，从而减少投保欺诈现象。

表3 行使解除权的法律后果[3]

主观要件	合同效力	法律结果
重大过失	合同解除，具有溯及力	①不承担赔偿或给付保险金的责任；②应当退还保费。
故意	合同解除，具有溯及力	①不承担赔偿或给付保险金的责任；②不退还保费。

---

[1] 李新天、汤薇：《试论我国保险合同的解除制度》，载《法学评论》2005年第4期。

[2] 参见刘勇：《论保险人解除权与撤销权的竞合及适用》，载《南京大学学报（哲学·人文科学·社会科学版）》2013年第4期。

[3] 参见樊启荣：《保险法（第1版）》，北京大学出版社2011年版，第75页。

与解除权较为模糊的法条规定相比,《合同法》对合同撤销权的法律后果及合同效力问题的规定更加清晰详细。该法第 56 条明确规定合同撤销权行使后,该合同自始无效。第 58 条则规定了撤销合同后,当事人的责任承担以双方的过错为基础。合同当事人需返还财产,于保险合同中,即保险人收取的保费应当视为基于合同而取得,因此,在应当返还的情形下保险人须退还保费。欺诈性投保中,若保险人支付保险金后发现投保人存在欺诈行为,则保险人所赔付的保险金即可认定为其所受损失,投保人应当返还。概言之,合同撤销权行使的后果包括合同自始无效及当事人责任承担方式。

表 4　行使合同撤销权之法律后果

主观要件	合同效力	法律后果
故意	自始无效	①返还所得财产; ②无法返还的折价赔偿; ③过错方承担赔偿责任。

根据上述分析,保险人法定解除权与合同撤销权行使后产生的法效果相似。于合同效力上都具有溯及力,并对投保人的违约行为进行处罚,显然二者不存在相互排斥之情形,对合同产生的效力均能够体现出保险合同自始无效的效果。若产生法律效果近乎一致,亦不存在相互排斥之说。"假使法效果间相互排斥,那么只有其中之一得以适用"[1],换言之,若两规范间法效果并不互相排斥,则两个权利规范可以并行适用。针对投保欺诈情形,保险人法定解除权与合同撤销权构成并存适用关系,在两个权利产生的法律效果相似时,保险人可以择一适用。

保险人法定解除权与合同撤销权系两个不同性质的权利,在行使方式与行使期限上均存在差异,而两个权利在构成要件上存在重合部分的同时也有区别。保险人法定解除权与合同撤销权是保险人享有的两个不同权利,是两种不同的救济途径。在法律效果并不会互相排斥且产生的法效呈现等效的情形下,保险人可以在法定解除权与合同撤销权间择一行使。

---

[1]　[德]卡尔·拉伦茨:《法学方法论》,陈爱娥译,商务印书馆 2003 年版,第 146 页。

（二）撤销权适用关系分析：规范意义、立法目的及价值判断

拉伦茨在《法学方法论》一书中对法条竞合如何适用问题的观点为："两种法效果应同时发生，或其中之一排除他者的适用。于此仍取决于各该规范的意义、目的及其背后的价值判断。"[1] 通过前文的分析，保险人法定解除权与合同撤销权构成要件存在部分重合，且法律效果并不相互排斥，因而要对两个权利适用关系作最终判断，必须结合两个权利的规范意义、立法目的和价值判断进行。

1. 规范意义及目的不同

在《保险法》第16条的修改过程中，立法者引入了"不可抗辩条款"以减少保险人滥用权利的现象。诚然，这一修改旨在保护投保人利益，但仅以修改意旨涵盖第16条的立法目的，显然以偏概全，即便修改过程中的征求意见稿以及相关解释都印证了法条修改对投保人的保护，然究其根本，《保险法》第16条规范的意义在于保护保险人之利益，这既是"最大诚信"原则的要求，亦体现了"对价平衡"的理论。第16条设置如实告知义务的目的在于，保证保险合同双方当事人对保险标的的风险有正确的认知。必须认识到保险合同作为射幸合同的独特之处，只有保险人对未来之风险进行预测和评估后，才能决定以何种条件与投保人订立合同。若无法正确预测风险，对保险人而言，十分不利。在探讨《保险法》第16条的立法目的时，必须与修改《保险法》第16条的目的严格区分，而不能将修改法条的目的与法律规范的根本目的混为一谈。故允许保险人行使撤销权将有悖于以保护投保人目的为由反对撤销权适用的观点，显然不足以使人信服。

合同撤销权的立法目的在于保护当事人的表意自由，尊重当事人意思表示的自由，确保意思表示的真实性，使其不受约束地表达自己内心的真实意思，允许被欺诈人撤回存在瑕疵的意思表示。保险人法定解除权与合同撤销权立法目的并不相同，两个权利适用有着各自特定的目标。

从立法目的来看，保险人法定解除权与合同撤销权有着各自不同的立法目的，法条规范的意义也各不相同，因而对同一案件事实有着各自不同的评价结果。但有学者提出，"最大诚信"原则与"对价平衡"原则系政策性目的，"是

---

[1] [德] 卡尔·拉伦茨：《法学方法论》，陈爱娥译，商务印书馆2003年版，第147页。

意思表示与交易安全在保险法领域的具体表现"。[1] 笔者认为,此观点忽视了不同规范立法目的的特殊意义所在,将不同的立法目的泛化显然违背了法条设置的初衷。因而,为了体现保险人法定解除权与合同撤销权各自不同的立法目的,合同撤销权不应当直接与解除权并行适用,反而作为一项补充性权利更为恰当。若允许合同撤销权与法定解除权在同一期间适用,而合同撤销权较长的除斥期间必然使得保险人更倾向于行使撤销权,久而久之,将会导致法定解除权在投保人故意不履行如实告知义务的情形中失去规范意义。

2. 弥补解除权之不足

《保险法》在立法设置上,提倡订立保险合同的高效性,追求交易活动的简单快捷。但在过分强调保护投保人利益的同时,容易忽略保险人的利益。若依"排除说"观点之见,在保险人解除权消灭后不允许撤销权的行使,显然背离了"任何人不得从其错误中获取利益"的思想。在投保欺诈的现象中,存在错误甚至是不法行为的投保人不被惩罚,与法律所追求的公平正义亦相背离。所以在立法中,我们应当惩罚不法的行为,维护合理合法的利益。有观点称,允许保险人行使合同撤销权不利于保险合同的稳定。但两个权利适用的前提是投保人存在过错,保险合同的订立并不符合要求,投保人未履行如实告知义务甚至存在欺诈行为。若为了让投保人不处于上述的被动状态,而不顾投保人是否存在欺诈行为、保险人的利益是否受损,这无异于颠倒是非,损害最值得保护的司法公正性。笔者认为,若已经确定投保人存在欺诈行为,则应当给予被欺诈的保险人保护自己利益的权利,这是法律追求公平正义的应有之义。当投保人自身已经存在恶意时,若依旧主张保护这一恶意,显然不符合法律逻辑,其带来的恶劣影响更甚于保险合同之不稳定。当解除权和撤销权都能够被运用来遏制投保人的恶意,才能对投保人起到警示作用,从而减少投保人欺诈投保的行为。只有在投保人如实告知的情况下,才得以真正地保证保险合同的稳定,而不需要牺牲合同任何一方的利益。

如果单纯地为了追求保险合同的稳定,牺牲保险人的财产与信任利益,显然是违背立法价值的,更忽视了法律逻辑所在。并且需要注意的是,过分偏袒投保

---

[1] 参见刘勇:《论保险人解除权与撤销权的竞合及适用》,载《南京大学学报(哲学·人文科学·社会科学版)》2013年第4期。

人是否会在社会上造成更加不好的影响，是否会对公平正义的价值产生损害，还有待于进一步研究。

（三）对"排除说"核心观点的回应：逻辑的特殊性关系

保险人法定解除权与合同撤销权分属于两部不同的法律，且《保险法》与《合同法》处于同一位阶。在两个权利适用关系的讨论中，持"排除说"观点的学者通常会将两个权利之间认定为"特别法与一般法"的关系，从而主张"特别法优于一般法"，保险人法定解除权优先于合同撤销权。实则不然。在本章内容中，笔者将从"特别法优于一般法"原则的适用前提及成立条件两方面，阐述两个权利为何不构成特别与一般的关系。

1. 逻辑上特殊性关系的适用前提

拉伦茨在其论著《法学方法论》中通过"后法优先于前法""上位法优先于下位法"及"特别法优先于一般法"等理论原则，对两个规范的适用关系进行讨论。[1] 根据拉伦茨的分析思路，对保险人法定解除权与合同撤销权竞合现象进行分析，首先《保险法》与《合同法》系不同的部门法，不适用前后法关系的原则。且《保险法》与《合同法》位于同一位阶，皆由人大制定并通过实施，因而也不适用"上位法与下位法"原则。法条规范的适用原则仅剩"特别法与一般法"，而这一原则也是"选择说"与"排除说"争议的核心所在。

持"排除说"观点的学者，大多认可《保险法》保险合同制度部分与《合同法》的规定为"特别法与一般法"的关系，因而在保险人法定解除权与合同撤销权的适用关系上，应当适用"特别法优于一般法"。我国台湾地区亦有不少学者支持"保险法优先适用"学说，认为若在法定解除权除斥期间经过后仍允许保险人撤销合同，将违背如实告知义务在保护投保人上的立法意旨。[2] 假设保险人法定解除权与合同撤销权构成逻辑上的"特别法与一般法"关系，也不必然意味着其适用逻辑上特殊规定排除一般规定的原则。该原则存在着适用前提，拉伦茨认为，"只有当法效果相互排斥时，逻辑上的特殊性关系才必然会排除一般规范的运用。"[3] 笔者认为，若以此适用前提分析保险人法定解除权与合

---

[1] 参见〔德〕卡尔·拉伦茨：《法学方法论》，陈爱娥译，商务印书馆2003年版，第146-148页。
[2] 参见江朝国：《保险法逐条释义（第2卷）》，元照出版公司2014年版，第603页。
[3] 参见〔德〕卡尔·拉伦茨：《法学方法论》，陈爱娥译，商务印书馆2003年版，第147页。

同撤销权，并不会得出法定解除权排除撤销权适用的结论。依前文所述，两个权利的法律效果虽存在着差异，但并非互相排斥之关系。若保险人法定解除权与合同撤销权立法效果并不互相排斥，则应当允许保险人择一适用。

此外，有部分学者以《保险法》仅规定解除权而未规定撤销权为由，反对"特别法优于一般法"原则的适用。但笔者以为，该解释不足以支撑"排除说"。评价二者是否构成特别法与一般法关系时，应当对同一案件事实均有规定，而非两个规范必须有相同权利的设置。我们必须认识到，赋予当事人不同的权利，其背后蕴含着对不同价值以及法益的追求，权利仅是救济手段，不同的权利并不意味着两个法条规范未对同一问题作出约束。相比于这一观点，笔者认为从立法者意图解释更具有合理性，即立法者是否将保险人法定解除权作为终局性规定。固然，立法者倾向于保护投保人的利益，但在《保险法》的规定中，仅强调保险人不得任意解除保险合同，而并未对保险人的其他权利加以限制。我国解除权与撤销权系两种不同权利，《保险法》未明文限制保险人撤销合同，逆推之，立法者显然未将解除权作为保险人维护自身权益的唯一规定。倘若保险人法定解除权与合同撤销权构成逻辑上的特殊性关系，也不必然适用"特别法优于一般法"原则。退而言之，保险人法定解除权与合同撤销权并不必然构成逻辑上的特殊性关系。

2. 逻辑上特殊性关系成立判断

拉伦茨认为，只有"特殊规范的适用范围完全包含于一般规范的适用范围内"才构成逻辑上的特殊性关系，[1] 保险人法定解除权适用于投保人不履行如实告知义务的情形，而投保人的不实告知情形则包括重大过失不实告知与故意不实告知。其中，投保人因重大过失未履行如实告知义务的情形，并不包含于合同撤销权的适用范围内。而合同撤销权适用的可撤销范围包括胁迫、欺诈及重大误解等情形，虽适用范围更广，但却未将重大过失情形纳入适用范围中。法定解除权的适用范围并未完全包含于合同撤销权的适用范围内，因而法定解除权与合同撤销权并不构成逻辑上的特殊性关系。从而不得以两个规范构成特殊性关系，适用"特别法优于一般法"原则排除撤销权之适用。

故"排除说"所持核心观点并不足以说明两个权利之间的排除适用关系，反之，两个权利的构成要件存在差异，法律效果并不相互排斥，对于两个不同性

---

[1] 参见［德］卡尔·拉伦茨：《法学方法论》，陈爱娥译，商务印书馆2003年版，第146页。

质的权利，应当给予保险人自由选择之权利。

五、保险人法定解除权与合同撤销权适用关系的建立

通过前文分析，保险人法定解除权与合同撤销权的构成要件存在重合，法效果相似，且不构成特别法与一般法之关系。[1] 在投保欺诈情形下，保险人法定解除权与合同撤销权理论上为并行适用关系，保险人有自由选择之权利。但直接允许适用撤销权同样会带来诸多问题，因而在实际适用问题上，必须建立一个完善的适用体系。以我国当前立法体系而言，合同撤销权更应当作为补充适用之权利，以弥补《保险法》第 16 条的不足。若要建立完善的适用体系，避免权利适用争议，可对撤销权的适用条件加以限制，并强调司法对案件事实的审查与认定，建立一个更加完善的保险人解除权与合同撤销权的适用体系。

（一）建立完善的法定解除权与合同撤销权并存适用的体系

在投保欺诈情形下，保险人行使撤销权以维护自身权益是正当且合理的。但在司法实务中仍然应当审慎适用该权利。以我国现有立法体系，若直接将合同撤销权引入投保欺诈的规制体系内，亦会引发诸多实务问题。相较而言，合同撤销权更应当作为一项补充性权利，平衡投保人与保险人之间的利益。因此，必须对合同撤销权的适用加以限制，两个权利的并行适用才更具有可行性。

1. 限制适用条件的必要性及可行方法

首先，必须明确并非所有投保欺诈问题都适用撤销权。正如前文所述，撤销权的适用应该是补充性的规定，是弥补撤销权对投保人主观恶意的惩罚不足，对投保人的主观恶意程度应有更高的要求。允许保险人行使撤销权，一方面在于我国设置的"不可抗辩期间"仅为两年，该期间系客观期间，与保险人之主观心态无关，因此若因为保险人主观不知情以致解除权消灭进而无法挽回自身合法利益，反而对保险人是一种惩罚，但保险人并未存在任何形式上的主观恶意。而另一方面也必须对撤销权行使加以限制，若任由保险人行使撤销权而不加以限制，长此以往，必定会导致合同解除权失去应有效力。限制保险人行使撤销权，就必

---

[1] 参见谷昔伟：《保险解除权与合同撤销权的竞合适用——兼谈保险法若干问题的解释（三）征求意见稿第 10 条》，载《人民司法（应用）》2015 年第 5 期。

须强调保险人解除权与合同撤销权的行使期间。

其次,在行使期间这一问题上,可以参考《保险法司法解释三》征求意见中的态度,通过司法解释将合同撤销权作为法定解除权的一个补充。在法定解除权客观期间经过后,保险人才得以适用撤销权。换言之,合同订立后两年内若保险人发现投保人的欺诈行为,仅可向投保人提出解除合同。若客观期间经过后,保险人发现投保人的欺诈性投保,应当允许撤销权的一年除斥期间加入。但考虑到一年的除斥期间与三十天的除斥期间会重复,因而若保险人知道或应当知道之日起的三十天内寻求救济,则仅可行使法定解除权,以给予保险人更多的时间进行举证。行使期间的增加,将更有利于保险人的救济。解除权的行使更像是保险人的一种"私力救济",通过双方之间的通知、协商维护利益。而当这种救济失去时,撤销权的补充适用,是对保险人权益的救济,亦是对公平正义的维护。笔者认为,这样的设置既能够最大限度地保护保险人的合法利益,同时也可以避免权利竞合时出现法条形同具文的现象。

2. 以司法解释确定撤销权适用举证与过错承担问题

在投保欺诈问题中,往往保险人也存在着承保过错甚至是故意引导投保人欺诈的情形。若保险人自身存在着失误的情形,则保险人与投保人均有过错,《合同法》第54条规定有"双方均有过错"情形,而合同撤销权的行使能够平衡双方的责任,对双方出现的过错均作出惩罚。司法解释可以强调保险人的举证责任,并要求保险人证明自身在订立保险合同过程中并无过错。若其无法证明自身无过错,可以认定投保人与保险人双方均有过错,则双方均须承担一定的过错责任。以保费退还为例,若保险人存在审查事实不严等过错,适用撤销权则不得保有全部保费。作为过错承担的方式,保险人应当退还部分保费给投保人。如此,能够在保险人与投保人的利益之间进行平衡,避免过分向某一方倾斜。

至于保险人存在着故意引导投保人欺诈投保情形时,投保人并非出于故意不实告知,显然不属于投保欺诈范围内,保险人主张欺诈可撤销是无法得到支持的。

(二) 对法院审理投保欺诈案件的建议

保险人可以行使合同撤销权,这意味着保险人的利益得到了更多的保护。与此同时,也必须加强对保险人义务的要求。法院在审判的过程中,可以强化对保险人说明义务和审查义务的查实。应当提高义务的要求程度,让权利与义务保持平衡的状态。同时，法院在审理案件时就更加需要对投保人的主观心态进行区分，严格区分"故意"与"重大过失"等主观过错，避免保险人滥用权利。

1. 强调保险人的履行义务

法院在审理案件时，应当注意保险人是否尽职尽责，是否达到了严格履行说明义务与审查义务的要求。一方面，是因为保险合同作为特殊领域内的合同，并非所有人都能理解订立合同过程中的注意事项。若保险人不对保险标的、如实告知义务的重要性进行说明，很难引起投保人的重视，以致投保人在主观不知情的情况下违反如实告知义务，事后保险人再以投保人重大过失解除合同。此种行为在司法实践中也有不少案例，因此法院在审查的过程中应当强化对这一义务的审查。

另一方面，保险人未严格进行信息审查与核实，也是投保欺诈现象频繁发生的原因之一。随着互联技术的发展，现阶段很多人通过手机、电脑等线上联络方式进行投保，而保险销售员为了绩效考核也容易粗放保险。为了提高订立合同的效率，保险公司往往不会严格地履行审查核对的义务。而法院在审理案件时，亦容易疏忽对这一义务履行程度的调查。固然，对保险人履行审查义务的真实情况查证比较困难，但法院在审理案件时仍旧需要加强对保险人履行这一义务的调查。立法的不断完善以及纳入撤销权作为补充性的权利，主要是为保险人的合法利益提供更完善的救济途径，使保险人不会因为失去权利而利益受损，但同时也需要督促保险人积极履行义务。

2. 审判过程严格区分不同主观情形

我国《保险法》第16条仅对投保人的主观心态作"故意"与"重大过失"之区分，这样的区分显然无法满足现实需要。而允许撤销权适用更要明确"故意"与"重大过失"之界限。保险人需通过客观证据证明投保人的主观过错，显然是十分困难的。若撤销权作为补充适用之权利，会对保险人更为有利，因而为了避免过分向保险人倾斜，应当更加严格地认定投保欺诈情形。因重大过失引起的不实告知显然不应当适用撤销权，故法院在审理案件的过程中需严格区分这两种状态的不同，审慎地认定"故意"。投保人明知真实情况而不如实告知并不一定构成"欺诈"，也可能是投保人自身对这一真实情况认识不足。以"带病投保"情形为例，投保人或许知晓被保险人患有疾病之事实，但其选择不告知的原因或是认为其"不重要"，或是认为被保险人能够痊愈。换言之，投保人系为了得到更好的保障而非故意使保险人陷入错误认识中，则不可认定投保人构成欺诈。在此情形下，保险人主张撤销合同也就无法得到支持。我们要求投保人应当保有一般理性人的判断，但对于一些问题的认识是存在个体差异并受其所处环境的影响的，为了更加审慎地适用撤销权，法院作出判决前应当谨慎判断投保人的主观心理。

此外，《合同法》第 54 条可撤销合同中，不仅含有"欺诈"的情形，还有对"重大误解"的规定。在允许合同撤销权适用时，既要注意区分"重大过失"和"重大误解"，也要排除"重大误解"下撤销权的适用。[1]"重大过失"是疏忽造成的，更多时候是投保人没有到达一般理性人要求而出现的。"重大误解"则是一个特定概念，是一方当事人对合同订立的标的、合同性质等存在错误的认识，是一种认识性的错误。[2] 法院在裁判时，要区分两个情形。在投保欺诈背景下，仅允许合同撤销权在故意的情形下发挥作用。

六、结语

立法的滞后性在所难免，针对投保欺诈现象，我国《保险法》第 16 条的规定并不完善，甚至在法律适用上越发难以发挥应有的作用。而保险人法定解除权与合同撤销权，在投保人故意不履行如实告知义务构成欺诈的情形下，发生权利竞合。对两个权利的适用关系问题，学理界与实务界都存在着诸多讨论，各方从法理、规范制度等多角度进行分析，试图寻找最优解。而当立法未有明确规定时，应当立足当下实务现状对这一问题进行讨论。原则上，保险人法定解除权与合同撤销权系两个不同的权利，两者的权利性质不用、构成要件存在部分重合，保险人可自行选择适用。但两个权利有着各自不同的立法目的及规范意义，且为平衡保险人与投保人间的利益，避免出现保险人任意行使撤销权的现象，合同撤销权更应当作为补充适用之权利。

若撤销权得为补充性适用，保险人法定解除权依旧有其适用空间，在投保人故意不实告知场合不致形同虚设。而撤销权的适用亦能弥补我国《保险法》第 16 条对保险人权利救济之不足，平衡保险合同双方利益，维护保险行业的诚信长效发展。

（初审：匡敏洁　蒋巧霞）

---

[1] 参见谷昔伟：《保险解除权与合同撤销权的竞合适用——兼谈保险法若干问题的解释（三）征求意见稿第 10 条》，载《人民司法（应用）》2015 年第 5 期。

[2] 参见隋彭生：《关于合同法中"重大误解"的探讨》，载《中国法学》1999 年第 3 期。

图书在版编目（CIP）数据

法律与金融. 第七辑 /《法律与金融》编辑委员会组编
北京：当代世界出版社，2021.1
ISBN 978-7-5090-1554-4

Ⅰ. ①法… Ⅱ. ①法… Ⅲ. ①金融法-文集 Ⅳ. ①D912.280.4-53

中国版本图书馆 CIP 数据核字（2021）第 026499 号

书　　名：	法律与金融. 第七辑
出版发行：	当代世界出版社
地　　址：	北京市东城区地安门东大街 70-9 号
网　　址：	http：//www.worldpress.org.cn
邮　　箱：	ddsjchubanshe@163.com
编务电话：	（010）83907332
发行电话：	（010）83908410
经　　销：	新华书店
印　　刷：	北京虎彩文化传播有限公司
开　　本：	720 毫米×960 毫米　1/16
印　　张：	15
字　　数：	252 千字
版　　次：	2021 年 1 月第 1 版
印　　次：	2021 年 1 月第 1 次
书　　号：	978-7-5090-1554-4
定　　价：	69.00 元

如发现印装质量问题，请与承印厂联系调换。
版权所有，翻印必究；未经许可，不得转载！